PRÉSENCE DE L'HISTOIRE

15,4r

ANDRÉ CASTELOT

LA DUCHESSE DE BERRY

DU MEME AUTEUR

Chez le même éditeur :

L'AIGLON, Napoléon II *(Prix Richelieu 1959).* Traductions : New York *(Harper and Brothers)* ; Londres *(Hamish Hamilton)* ; Vienne *(Paul Neff)* ; Milan *(Rizzoli)* ; Stockholm *(Albert Bonnier)* ; Buenos Aires *(Selectas).*

MARIE-ANTOINETTE *(Ouvrage couronné par l'Académie française).* Traductions : New York *(Harper and Brothers* et *Literary Guild Selection)* ; Londres *(Vallentine Mitchell)* ; Milan *(Rizzoli)* ; Vienne *(Paul Neff)* ; Stockholm *(Albert Bonnier)* ; Mexico *(Azteca).*

LES GRANDES HEURES DES CITÉS ET CHATEAUX DE LA LOIRE. Bruxelles *(Club du Livre du mois).*

MADAME ROYALE. Traduction: Vienne *(Paul Neff).*

L'ALMANACH DE L'HISTOIRE.

LES BATTEMENTS DE CŒUR DE L'HISTOIRE. Traduction: Copenhague *(Schultz).*

LE GRAND SIÈCLE DE PARIS. Traductions : Vienne-Berlin *(Paul Neff)* ; New York *(Harper and Brothers)* ; Londres *(Hamish Hamilton).*

VERS L'EXIL...

PHILIPPE-EGALITÉ, le prince rouge *(Ouvrage couronné par l'Académie française).*

SARAH BERNHARDT. Traduction : Tel Aviv *(Yehuda Weiss Ltd).*

Son et lumière : LES GRANDES HEURES DE CHAMBORD *(Epuisé).*

Son et lumière : LES IMPROMPTUS DE COMPIÈGNE *(Epuisé).*

Théâtre

La Reine galante, comédie en deux actes et huit tableaux.

Textes

Le drame de Sainte-Hélène (Histoire de la captivité vue par les témoins) *(Presses de la Cité).*

Dans l'ombre de l'Histoire (souvenirs inédits du prince de Faucigny-Lucinge) Ouvrage couronné par l'Académie française *(André Bonne).* Epuisé.

Dernières lettres d'amour (Correspondance inédite de la comtesse de Genlis et du comte Anatole de Montesquiou, préface de M. le duc de la Force de l'Académie française *(Grasset).*

La Féerie impériale (Le Second Empire vu par les témoins) (Librairie académique Perrin).

Chez d'autres éditeurs :

Le fils de l'Empereur *(Presses de la Cité).*

Louis xvii *(Sfelt).*

Louis xvii *(Fayard).*

La tragédie de Varennes *(Fayard).*

Le Calvaire de Marie-Antoinette, préface de M. Alain Decaux *(Bibliothèque historique).*

ANDRÉ CASTELOT

LA
DUCHESSE DE BERRY

d'après des documents inédits

LIBRAIRIE ACADÉMIQUE PERRIN
PARIS

© 1964, by LIBRAIRIE ACADÉMIQUE PERRIN.
116, rue du Bac, Paris (7ᵉ)

*A la mémoire
du prince Rogatien de Faucigny-Lucinge
arrière-petit-fils du duc de Berry.*

TABLEAU SIMPLIFIÉ DE LA MAISON DE BOURBON

I

Louis dit

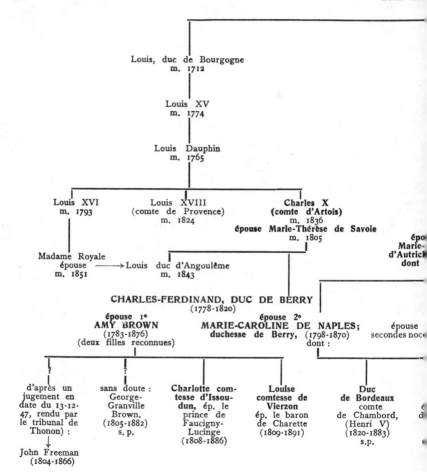

Louis, duc de Bourgogne
m. 1712

Louis XV
m. 1774

Louis Dauphin
m. 1765

Louis XVI
m. 1793

Louis XVIII
(comte de Provence)
m. 1824

Charles X
(comte d'Artois)
m. 1836
épouse Marie-Thérèse de Savoie
m. 1805

épo
Marie-
d'Autrich
dont

Madame Royale
épouse ——→ Louis duc d'Angoulême
m. 1851   m. 1843

CHARLES-FERDINAND, DUC DE BERRY
(1778-1820)

épouse 1°
AMY BROWN
(1783-1876)
(deux filles reconnues)

épouse 2°
MARIE-CAROLINE DE NAPLES;
duchesse de Berry, (1798-1870)
dont :

épouse
secondes noce

d'après un
jugement en
date du 13-12-
47, rendu par
le tribunal de
Thonon) :

↓
John Freeman
(1804-1866)

sans doute :
George-
Granville
Brown.
(1805-1882)
s. p.

Charlotte com-
tesse d'Issou-
dun, ép. le
prince de
Faucigny-
Lucinge
(1808-1886)

Louise
comtesse de
Vierzon
ép. le baron
de Charette
(1809-1891)

Duc
de Bordeaux
comte
de Chambord,
(Henri V)
(1820-1883)
s.p.

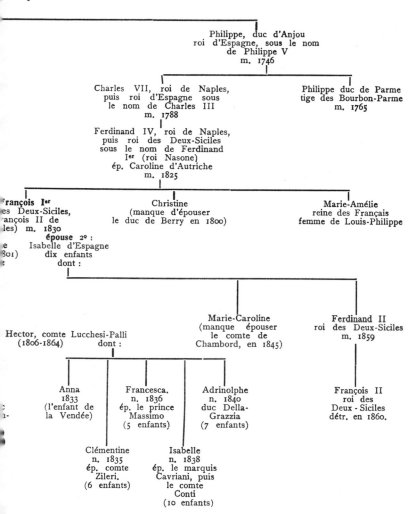

Philippe, duc d'Anjou
roi d'Espagne, sous le nom
de Philippe V
m. 1746

Charles VII, roi de Naples,
puis roi d'Espagne sous
le nom de Charles III
m. 1788

Philippe duc de Parme
tige des Bourbon-Parme
m. 1765

Ferdinand IV, roi de Naples,
puis roi des Deux-Siciles
sous le nom de Ferdinand
Ier (roi Nasone)
ép. Caroline d'Autriche
m. 1825

rançois Ier
es Deux-Siciles,
ançois II de
les) m. 1830
épouse 2º :
e   Isabelle d'Espagne
3o1)   dix enfants
         dont :

Christine
(manque d'épouser
le duc de Berry en 1800)

Marie-Amélie
reine des Français
femme de Louis-Philippe

Hector, comte Lucchesi-Palli
(1806-1864)   dont :

Marie-Caroline
(manque épouser
le comte de
Chambord, en 1845)

Ferdinand II
roi des Deux-Siciles
m. 1859

Anna
1833
(l'enfant de
la Vendée)

Francesca.
n. 1836
ép. le prince
Massimo
(5 enfants)

Adrinolphe
n. 1840
duc Della-
Grazzia
(7 enfants)

François II
roi des
Deux - Siciles
détr. en 1860.

Clémentine
n. 1835
ép. comte
Zileri.
(6 enfants)

Isabelle
n. 1838
ép. le marquis
Cavriani, puis
le comte
Conti
(10 enfants)

AVANT-PROPOS

AVANT-PROPOS

Ce livre a pu être écrit grâce à de nombreux documents inconnus jusqu'à ce jour et provenant principalement d'archives privées. Aussi dois-je exprimer, tout d'abord, ma profonde reconnaissance au prince Rogatien de Faucigny-Lucinge, arrière-petit-fils du duc de Berry et d'Amy Brown. Il m'honorait de son amitié et, deux ans avant sa mort, avait bien voulu mettre à ma disposition de volumineux Mémoires dont j'ai publié depuis des extraits et qui furent écrits par son père. Celui-ci, né en 1824, filleul de Charles X, vécut en exil dans l'intimité des derniers Bourbons, et, chaque soir, notait ce qu'il avait entendu, vu et appris. Cette masse de documents inédits apporte des faits nouveaux et des précisions importantes sur la duchesse de Berry, le comte Lucchesi-Palli et les personnages ayant gravité autour de ce ménage pittoresque. J'ai pu également utiliser des notes et des lettres concernant la mystérieuse Amy Brown et un rapport nous révélant ses démêlés avec Louis XVIII. Les archives de la Maison de Lucinge contiennent encore des documents iconographiques de valeur, des pièces diverses et des lettres inédites de la famille royale dont j'ai eu la bonne fortune de pouvoir me servir.

LA DUCHESSE DE BERRY

Je témoigne également ma reconnaissance à M. Maurice de Charette, arrière-petit-fils de la comtesse de Vierzon, petite-fille du roi Charles X. Répondant avec amabilité et précision à mes diverses questions, il a bien voulu faire à mon intention de patientes recherches dans les archives du château de la Contrie appartenant à sa mère, Mme Joseph de Charette. Il m'a communiqué des documents émouvants et ignorés, concernant, entre autres faits, l'assassinat du duc de Berry, ou se rapportant aux dernières années de la duchesse.

Le marquis de Luppé, historien de talent, préparait une étude sur la vie du fils de Charles X à Londres, dans laquelle devait trouver place une vingtaine de lettres inédites écrites par le duc de Berry durant l'Émigration. Par héritage cette correspondance appartient à M. de Luppé et fait partie des archives du château de Beaurepaire.

— Votre travail est plus avancé que le mien, me déclara mon éminent confrère, utilisez donc ces lettres pour votre livre.

J'adresse à M. de Luppé toute ma gratitude pour ce geste de rare courtoisie, qui m'a permis de faire revivre le duc de Berry au cours de son exil en Angleterre, période de sa vie jusqu'à présent assez obscure.

Encore plus obscure est assurément la jeunesse d'Amy Brown. Le prince Jean-Louis de Faucigny-Lucinge s'est rendu dernièrement à Londres et a pu me rapporter toute une documentation sur son aïeule qui lui a été fournie par M. Dade, descendant d'un frère d'Amy. Ces renseignements m'ont été très précieux. Qu'il veuille bien croire à mes sentiments très reconnaissants.

Une récente décision de justice avait autorisé M. John Freeman à porter le nom de Bourbon-Artois et l'avait reconnu comme étant l'arrière-petit-fils du duc de Berry et d'Amy Brown, unis en légitime mariage. Puis, cinq années et demie plus tard, le tribunal de Chambéry annulait cette décision et le prince de Bourbon-Artois redevenait

AVANT-PROPOS

M. John Freeman. M. John Freeman n'a cependant pas hésité à me confier le dossier de son procès en réclamation d'état.

J'adresse aussi tous mes remerciements à son fils, Henry Freeman (ex-de Bourbon-Artois). Il a bien voulu répondre à mes nombreuses demandes ; il a effectué, à mon intention, des recherches en Angleterre et en Suisse, et m'a permis de me servir de documents provenant des archives de sa famille.

Je dois également remercier vivement Mme Hertz, propriétaire du château de Rosny, dont la belle collection nous a permis d'illustrer ce volume.

J'ai beaucoup d'obligations à ceux qui, chemin faisant, m'ont aidé dans mon enquête : Mme la princesse Guy de Faucigny-Lucinge, la comtesse de Massol, la marquise de La Ferronnays, M. Maxime d'Aroux de la Serre, M. Guilloux de l'O.N.M., mon ami Alain Decaux, M. Pierre Géraudel enfin, l'amabilité faite homme, qui a grandement facilité mes recherches aux Archives Nationales. On le verra, grâce à lui il nous a été possible de présenter ici sous un jour nouveau les événements ayant suivi l'assassinat du duc de Berry et d'apporter à la vie intime des personnages de ce livre, à leurs voyages à travers la France, des détails savoureux encore ignorés (1).

A.C.

(1) Il est d'usage dans la collection *Présence de l'Histoire* de ne pas alourdir le bas de chaque page par une pluie de références. Ayant utilisé pour cette étude des documents n'émanant pas des Archives Nationales, le lecteur comprendra la raison qui m'a obligé à faire une exception à cette règle. A quoi servirait le travail de *défrichement* accompli par un historien, si ses confrères, venant après lui, ne pouvaient en tirer parti ?

Abréviations

Documents inédits provenant de la Maison de Faucigny-Lucinge : *Archives F.-L.*

Documents inédits appartenant à M. John Freeman : *Archives B.A. (Bourbon-Artois).*

Documents inédits provenant de la maison de Charette : *Archives de la Contrie.*

I

UNE TRAGÉDIE EN COSTUME WATTEAU

U NE « immense foire en dépla-cement », une cohue sans nom, un assemblage d'hommes, de vieillards, d'enfants descendus de leurs colombiers et s'apprêtant à jouer « une tragédie en costume Watteau ! »

C'est ainsi que se présentait, au mois de juillet 1792, l'armée des Princes qui, à la suite des troupes autrichiennes et prussiennes, avait pénétré en France pour sauver le roi Louis XVI à demi prisonnier aux Tuileries.

Les émigrés étaient tellement certains de ne plus revoir Coblence que leurs femmes suivront en carrosse. Elles abandonneront leur travail... car elles travaillent ! La marquise de Guillaume tient un café, la marquise de Virieu est couturière, la duchesse de Guiche infirmière, la marquise de Lumilhac lingère, Mme de Lamartinière ravaudeuse et Mme de Rocheplate marchande des quatre-saisons.

A l'étape, sous l'œil ahuri des Autrichiens, on déjeunait en plein air, servi par les valets... Chacun des 12 000 soldats possédait en effet deux domestiques... On allait ensuite faire sa cour aux Princes, à Monsieur, futur roi Louis XVIII, à son frère le comte d'Artois, et aux deux fils de ce dernier, les ducs d'Angoulême et de Berry. Les frères de Louis XVI étaient entourés de 120 aides de camp, de 16 lieutenants généraux, de 118 maréchaux de camp, ayant eux-mêmes 360 officiers d'ordonnance... Il y avait encore un certain nombre d'officiers de marine qui, faute de bateaux, papillonnaient comme leurs collègues terriens. Quant aux « bas-officiers » se trouvant à la tête des 12 000 hommes de troupe, on renonce à les dénombrer ! De plus les Princes avaient à leur service un étrange régiment de valets revêtus de costumes verts, portant un sabre au côté, et possédant chacun un cor de chasse...

Tous affirmaient qu'ils seraient à Paris quinze jours plus tard !

L'un des plus ardents se trouvait être le jeune prince Charles-Ferdinand, duc de Berry, fils cadet du comte d'Artois, qui devait bientôt atteindre sa quinzième année, étant né à Versailles le 24 janvier 1778, à 11 heures 15 du matin.

Sa mère, l'insignifiante Marie-Thérèse de Savoie, avait « gâté » le sang de Henri IV. Charles-Ferdinand tenait d'elle un nez presque retroussé, des yeux saillants, des épaules trop hautes et une taille médiocre. Ses yeux bleus et son esprit « prompt en saillies » rappelaient seuls la race des Bourbons. Sans son « irrésistible sourire », il eût passé pour fort laid... Ce sourire « qui n'avait pas d'équivalent, nous dit son ami La Ferronnays, livrait son bon cœur tout pétri de qualités. Malheureusement personne ne s'était jusqu'à présent occupé de lui ».

— Nous avons été élevés comme des cochons ! s'exclamait son frère le duc d'Angoulême.

Et c'était vrai !

« On n'avait pas pris grand soin non plus de ses défauts, poursuit La Ferronnays, si bien qu'il était malaisé de dire où finissaient les uns et où commençaient les autres. C'était sans cesse des surprises. On le voyait changer comme un baromètre, osciller de l'énergie à l'abattement, de la bonhomie à la rudesse, et toujours sans mesure. Il avait des excuses. Sa triste enfance avait ignoré toutes ces premières tendresses qui pétrissent l'homme chez l'enfant. Relégué à Versailles dans la pénombre d'une mère ulcérée de l'abandon où on la laissait, le prince avait traversé, solitaire et sans joie, l'âge où l'on a besoin d'être heureux. »

Il avait dû à l'impopularité de son père de quitter la France au lendemain de la prise de la Bastille.

— Nous reviendrons dans trois mois ! affirma le comte d'Artois en passant la frontière.

Il ne se trompait que d'un quart de siècle !

Depuis 1789, Angoulême et Berry avaient surtout été les hôtes de leur grand-père maternel, le roi de Sardaigne. Lorsque la guerre contre la France fut déclarée — une guerre de vingt-trois ans — le roi vit avec soulagement ses petits-fils quitter Turin.

— Les petits Artois sont bien encombrants, soupirait-il.

Aujourd'hui, entre son père et son frère, derrière son oncle, Charles-Ferdinand, les yeux brillants de joie, marchait en tête de l'armée. Il était fier d'avoir reçu le baptême du feu à Thionville. Ayant croisé les compagnies bretonnes qui avaient eu l'honneur de marcher les premières, il s'était exclamé :

— Je voudrais être Breton pour voir l'ennemi de plus près !

Verdun était tombé... et après ce premier succès, ces messieurs ne se contenaient plus. Artois pontifiait :

— L'armée prussienne ? disait-il en prenant des poses de matamore, nous n'en avons plus besoin !

Lorsqu'on apprit que Louis XVI venait d'être destitué et enfermé au Temple avec les siens, le comte de Provence préconisa la manière forte :

— Il faut tomber sur la capitale comme la foudre afin de ne pas donner aux factieux le temps de se reconnaître !

En attendant d'emprunter à la foudre sa rapidité, l'armée avançait de deux lieues par jour...

Le 19 septembre 1792 la « cohue » se prépare à la bataille. Ces dames s'enfoncent dans leurs carrosses en poussant de petits cris effarouchés, et les émigrés, mêlés à l'armée autrichienne de Clerfayt, campent au village de Somme-Tourbe, sur la route de Châlons. Ce soir-là, Kellermann est à Dommartin-la-Planchette et Dumouriez à Sainte-Menehould. L'avant-garde *sans-culotte,* forte de 5 000 hommes, occupe, à moins d'une lieue de la grand-route, un tertre où tournoient les ailes d'un moulin... le moulin de Valmy.

Autour du duc de Berry et de son frère, c'est un joyeux tumulte. Les jeunes aides de camp piaffent... Les Républicains vont être massacrés sur les lieux mêmes où, voici un an, ils avaient osé arrêter Louis XVI et Marie-Antoinette fuyant Paris ! Certainement, demain matin Dumouriez sera obligé de quitter Sainte-Menehould, reculera jusqu'à la route de Châlons et sera contraint de livrer bataille !

Le lendemain matin un épais brouillard enveloppe le camp. Au loin on commence à entendre la canonnade. Les troupes de Hohenlohe-Ingelfingen doivent sans doute attaquer les positions françaises. On écarquille les yeux dans la brume. Dumouriez va-t-il apparaître ? Pourquoi, selon le plan prévu par Brunswick, ne vient-il pas se faire massacrer par l'armée des Princes ? Pourquoi ? Parce qu'il est en train de se porter au secours de Kellermann qui a massé ses forces autour du moulin de Valmy.

Le brouillard se lève vers midi. Les émigrés entendent toujours la canonnade, mais ne voient pas l'ombre d'un chasseur français. Au loin, le duel d'artillerie semble s'intensifier... mais c'est là tout ! Soudain, vers dix-huit heures, tout s'apaise. Les Princes vont-ils passer à l'attaque ? Non ! La bataille de Valmy — la canonnade de Valmy, plutôt — est terminée. Les boulets de Dumouriez ont fauché des files entières de Prussiens... Les Républicains n'ont peut-être pas remporté une grande victoire, mais n'en ont pas moins battu les « invincibles » troupes du roi de Prusse !

Le lendemain le comte de Provence, entouré de son frère et de ses jeunes neveux, reste en selle une partie de la journée. Assurément, puisque l'on a su se maintenir sur ses positions de départ, l'ordre va être donné d'attaquer ! Non ! La campagne est finie !

UNE TRAGÉDIE EN COSTUME WATTEAU

Le grand vainqueur, celui qui va réussir à transformer la cohue empanachée et dorée en un misérable troupeau en pleine déroute, ne sera ni Dumouriez, ni Kellermann, ni les soldats en sabots de la jeune république...

Ce sera la pluie !... Une pluie torrentielle qui commence à tomber le soir du 20 septembre, noyant l'Argonne sous un déluge d'eau... Le 29 — il pleut à verse depuis neuf jours — Provence et Artois reçoivent l'ordre de retraite. La Champagne pouilleuse — elle n'a jamais aussi bien mérité son nom — voit passer une « traînée d'agonie et de morts », une cohorte de vagabonds. Pas de fourrages, pas d'eau potable, pas de pain, pas de sel, pas d'autres viandes que du cheval. Tous les convois s'enfoncent jusqu'aux essieux dans un fleuve de boue. « On rencontrait partout, a raconté Chateaubriand, caissons, affûts, canons embourbés, chariots renversés, soldats expirants ou expirés dans la boue... » Minés par la dysenterie, les malheureux avançaient, talonnés par les dragons de Dumouriez.

Perdu dans la misère commune, le duc de Berry marche à pied en compagnie des aides de camp en haillons, claquant de fièvre et dont la jactance a fait place au plus profond abattement.

On se sépara à Montmédy. Les plus favorisés, les moins malades, partirent rejoindre les soldats de Condé afin de poursuivre la lutte ; les autres, misérable troupeau, s'éloignèrent sur les routes d'Allemagne, vendant les dernières pièces de leurs équipements pour acheter du pain.

« Il faudrait la plume de Jérémie pour donner une idée de la position où nous nous trouvons », soupire Artois que la déroute a séparé de son frère et de ses fils. Il est tellement désemparé que ses créanciers en profitent pour faire jeter le futur Charles X en prison pour dettes... Il en sort au bout de trois jours et toute la famille se retrouve en Westphalie, à Hamm dans une grande baraque en bois louée à prix d'or. C'est là, atterrés, ne comprenant rien à la tragédie qui se joue sans eux, qu'ils apprennent, à la fin de janvier 1793, l'exécution de Louis XVI...

La défaite était totale !

*

* *

Près de trois années plus tard — à la fin du mois de juillet 1795 — les volontaires de la petite armée de Condé, alors à la solde de l'Autriche, virent arriver Charles-Ferdinand, duc de Berry, qui venait combattre avec eux les troupes républicaines. Légalement Louis XVII n'était plus, et, le mois précédent, le comte de Provence avait pris le nom de Louis XVIII. Le comte d'Artois ramassait le titre de « Monsieur, frère du roi », abandonné par son aîné. Louis XVIII n'ayant pas d'enfant et le duc d'Angoulême témoignant aux femmes une indifférence congénitale, le duc de Berry, fils de l'héritier du trône, devenait presque dauphin de France. Il fut donc accueilli avec honneur.

— Je crains bien, Monseigneur, lui dit le prince de Condé, que nous ne vous amusions pas autant cette campagne que nous aurions pu le faire l'année dernière ; mais ce n'est pas ma faute.

Les *amusements* de Condé avaient consisté à prendre brillamment d'assaut la ligne de Weissembourg et, à Berstein, après un combat en première ligne, à conquérir le village avec une poignée d'hommes.

Charles allait être à bonne école !

Par ailleurs les *amusements* de l'ennemi pouvaient également lui offrir de beaux exemples. « Dans les deux camps, a écrit Chateaubriand, était la gloire, également attirée par l'éclat des succès et par la noblesse des revers. »

Depuis la terrible retraite de 92, demeurant à Hamm, tandis que son père soupirait aux genoux de la jolie Mme de Polastron, Charles avait appris le métier des armes... Il avait également appris à devenir un homme. « Une beauté surannée et débordante s'était substituée près du Prince à son gouverneur M. de Sérent, pour lui enseigner ouvertement la tentation. » Elle y était admirablement parvenue — presque trop même ! — et le duc de Berry ne pouvait pas voir l'ombre d'un jupon sans se souvenir qu'il était le descendant du Vert-Galant et l'arrière-petit-fils de Louis XV... Il avait même déjà été follement amoureux de la fille du duc de Grammont, et avait voulu l'épouser. Louis XVIII avait mis le holà et envoyé son neveu calmer l'ardeur de son sang dans la violence des combats.

Charles fut aussi téméraire sur le théâtre des opérations guerrières que sur la carte du Tendre et Condé dut charger M. de La Rochefoucauld « de veiller sur Monseigneur ».

— Mais prenez garde qu'il s'en aperçoive, lui recommanda-t-il, car il se fâcherait.

La Rochefoucauld eut fort à faire. « M. le duc de Berry voulut assister aux moindres affaires, raconte Chateaubriand. Lorsqu'on lui représentait qu'il se ferait blesser : « Tant mieux, disait-il, cela fera honneur à ma famille. »

A l'une de ses amies, il écrit :

« La guerre va recommencer, nous en serons, nous autres princes. Il faut espérer, pour l'honneur du corps, que quelqu'un de nous s'y fera tuer ! »

Aussi, un an plus tard — le 23 juillet 1796 — Charles reçoit-il le commandement *ad honores* de la cavalerie et assiste-t-il à tous les combats d'Huningue, de Kambach, de Munich et de Schussen-Ried. Ses camarades l'aiment en dépit de sa violence et de son caractère versatile. « Un rien le distrayait, suffoquait ses impressions les plus violentes, comme le verre d'eau que l'on jette au visage d'un enfant, nous dit La Ferronnays. Chez lui rien ne durait, tout était à fleur de peau. » Ses colères étaient, de ce fait, aussi brusques que passagères... L'accès terminé, il se trouvait alors l'être le plus malheureux du monde. Bref, Charles « était homme à faire une brouille tous les matins et un raccommodement tous les soirs ».

« Il avait blessé par des paroles sévères à la parade un officier général, nous raconte Chateaubriand ; celui-ci fit une réponse hardie que ses camarades essayèrent en vain de couvrir de leur voix ; le Prince l'entendit et cacha son émotion. Il laissa partir la colonne, fit ensuite appeler l'officier, l'emmena dans un bois avec des témoins, et lui dit :

« — Monsieur, je crains de vous avoir offensé ; ici je

31

ne suis point un prince, je suis un gentilhomme français comme vous ; me voici prêt à vous donner toutes les satisfactions que vous exigerez.
« Et il mit l'épée à la main. »
L'officier ému lui baise la main et la scène se termine dans une effusion générale.

*

* *

Léoben a mis fin à la campagne... L'armée de Condé passe au service de la Russie et se retire en Volhynie. Avant d'aller rejoindre son régiment de *Cavaliers-Nobles* dont il vient de recevoir le commandement Charles va voir son père en Ecosse, puis rend visite à Louis XVIII à Mitau. Le roi trouve son neveu maigri « ce qui ne m'a pas étonné, écrit-il au comte d'Artois, vu le genre de vie qu'il a mené cet été... » Il semble, ajoute-t-il « en savoir long sur certain chapitre... » Les combats n'ont nullement calmé le tempérament de feu du duc de Berry et Louis XVIII, qui n'a aucun mal à maîtriser des désirs absents, conseille à son neveu de s'apaiser. Pourquoi ne prend-il pas exemple sur Angoulême ?... mais le fiancé de Madame Royale n'avait, lui aussi, aucun mérite à rester vertueux.

Fuyant avec hâte la morale royale, Charles va retrouver les Condéens à Dubno. Dès son arrivée, il s'aperçoit que la vie ne sera guère aisée. Sans doute les dames volhyniennes, fort hospitalières, ne lui occasionneront pas trop de frais, mais il n'en sera pas de même des *Cavaliers-Nobles*. Leur commandement exige certaines dépenses, que Charles a bien du mal à régler avec sa maigre pension de 3 000 roubles. Celle du prince de Condé dépasse 40 000 roubles et le duc d'Enghien en reçoit 15 000 du Tsar !

Le duc de Berry n'a que la ressource de crier misère auprès de Louis XVIII qui lui envoie, dit-il « bien moins que je ne voudrais et bien plus que je ne peux »...

« Dans neuf jours je n'aurai plus un rouble », mande Charles quelques mois plus tard. Le roi lui adresse le même secours que précédemment en lui recommandant de

n'y point voir ses moyens car « ils sont nuls », mais sa
« bonne volonté ».

D'Avaray, l'ami de Louis XVIII, prend pitié de ce « fils
de France » en proie à la gêne et lui conseille « de rompre
son petit état de maison, de percer son pourpoint au coude,
s'il ne l'est déjà, et de choisir cinq ou six braves gentil-
hommes pour faire auberge avec eux ».

Mais le duc de Berry ne mène-t-il pas déjà ce genre
d'existence ? Lié avec le jeune La Ferronnays et avec les
Montsoreau, il vivote près d'eux fort simplement. Cette
vie toute familiale a d'ailleurs une heureuse influence sur
son caractère vif et impulsif. La liberté de ses propos est
endiguée par un simple regard de Mme de Montsoreau. Ses
manières se policent et son esprit s'affine.

Le duc d'Enghien, petit-fils du prince de Condé, avait
vu arriver sans plaisir le duc de Berry à Dubno. Son
cousin, neveu du roi, avait le pas sur lui et cette supériorité
avait le don de l'agacer prodigieusement. « Le duc de
Berry ne prend pas beaucoup ici, écrivait-il. Il a déjà eu
des scènes assez graves » ; — Enghien oubliait de dire qu'elles étaient suivies d'une prompte réconciliation — ; « Il est
dur dans ses propos et inconsidéré dans ses actions. » Ces
quatre derniers mots visaient l'excès de zèle du duc de
Berry. Désirant que ses *Cavaliers-Nobles* fussent supé-
rieurs aux dragons d'Enghien, Charles avait décidé un beau
jour de ne plus assister à aucune réception, de se priver des
plaisirs de la chasse et de les remplacer par des inspec-
tions, revues, manœuvres et exercices de tous genres qui se
succédèrent à un rythme infernal ! Berry allait même jusqu'à obliger les soldats qui ne lui avaient pas donné satisfaction, à venir faire, dès leur descente de cheval, du ma-
niement d'armes dans son salon !

Une décision prise par Condé mit le comble à l'anta-
gonisme des deux princes. L'armée avait reçu l'ordre de
partir rejoindre le général Souvarov en Allemagne. Malheureusement la cavalerie ne se trouvait qu'à moitié montée. Condé décida que les dragons de son petit-fils seraient
complétés par des *cavaliers-nobles* du duc de Berry. Celui-

ci n'aurait qu'à attendre l'arrivée des nouvelles montures
expédiées d'un problématique dépôt russe !

La colère de Charles fut indescriptible...

— Le duc d'Enghien a commandé l'avant-garde en 1796,
déclara le prince de Condé en essayant de l'apaiser, tandis
que V.A.R. n'avait qu'un commandement *ad honores* !

Cette comparaison désobligeante ne fit que redoubler
la fureur de l'irascible Charles... Finalement — car on ne
savait comment en sortir — Enghien vint proposer à Berry
« de garder chacun ce qu'ils avaient de chevaux, et, pour
le surplus, de remonter leur régiment à leurs frais ». Charles, en dépit de sa situation de fortune assez médiocre, accepta et s'endetta. Ce fut aussitôt une vaste surenchère.
Des Juifs alertés arrivèrent avec une masse de chevaux.
« Il y en avait jusque dans les maisons », nous dit La
Ferronnays. Le nombre des montures dépassa largement
celui des cavaliers démontés... et le marché s'écroula. On
trouvait un cheval pour un louis ! « J'avisai de choisir une
paire de carrossiers dans cette multitude de chevaux laissés
pour compte, rapporte La Ferronnays. D'autres suivirent
l'exemple. Et chacun de se pourvoir, charmé par la pers-
pective de faire désormais les étapes en voiture ! »

Condé essaya bien de s'opposer à cette première tentative d'armée portée... mais ce fut en vain ! Personne ne
voulut aller à pied, sauf une petite escorte entourant les
drapeaux semés de fleurs de lys noires en signe de deuil.
A l'entrée des villes, on dégringolait des charrettes et l'armée défilait à peu près en bon ordre, suivie de son interminable charroi.

Après une marche de 400 lieues, l'avant-garde condéenne
arriva le 1er octobre 1799 près de Constance... juste à
temps pour se battre avec les troupes françaises. Le combat se déroula aux cris de *Vive le Roi ! Vive Condé ! Vive
la République !*

Charles arriva quand tout fut terminé... Une fois de
plus, les républicains se trouvaient victorieux !

Bien entendu, Paul 1er attribua la défaite à ses alliés
et rappela ses troupes.

— Il n'y a de constant chez l'empereur que l'incons-

34

tance ! soupira Souvarov en donnant l'ordre de retraverser l'Allemagne et la Pologne afin de rejoindre la Volhynie que l'on avait quittée trois mois auparavant. Les Condéens faisaient grise mine... lorsqu'une nouvelle courut le camp. Les Anglais prenaient les émigrés à leur solde ! Sur quel théâtre d'opérations allaient-ils être conduits ? En attendant c'est le « général Hiver » qui a la parole, et Condé, Berry et Enghien dirigent leurs hommes vers Linz où ils vont passer la mauvaise saison.

*

* *

— Nous ne devons la précieuse existence de Mgr le duc d'Angoulême et de Mgr le duc de Berry, disait-on couramment à Versailles, qu'à des devoirs politiquement remplis.

Le comte d'Artois n'avait jamais beaucoup apprécié la femme qu'on lui avait imposée. Sans doute Marie-Thérèse de Savoie était-elle fort joliment faite, et « fraîche comme une rose », mais elle se trouvait affligée d'un nez qui n'en finissait pas et sa timidité dépassait les bornes permises. Les cérémonies du *lever* et du *coucher* la remplissaient de confusion ; elle ne pouvait s'habituer à s'habiller ou se déshabiller devant toute une foule et se cachait derrière les rideaux. On avait toutes les peines du monde à l'en faire sortir ! Elle n'avait qu'un désir : vivre cachée, passer inaperçue et ne déranger personne. On se hâta, au lendemain de la naissance des deux petits princes, de lui donner entière satisfaction sur tous ces points.

Ce fut à qui ne s'occuperait pas d'elle ! Au lendemain de la prise de la Bastille, elle quitta vraisemblablement la France puisqu'on la retrouva à Turin, chez son père... mais l'on ne sait au juste comment. Mari, enfants, beau-frère, et même le roi son père, l'oublièrent totalement... Les contemporains s'empressèrent de suivre cet exemple. Aussi, grande fut la stupéfaction — et l'embarras — du colonel républicain Alix lorsque, les Français occupant Turin, il découvrit, abandonnée de tous, la femme de Mon-

35

sieur, la belle-sœur du roi Louis XVIII. Afin de ne plus devoir penser à elle, il s'empressa de lui donner une escorte de hussards et la fit conduire vers les lignes autrichiennes...

La mère du duc de Berry était venue s'installer à Klagenfurt, non loin de la frontière autrichienne. Son mari et le roi son père, fidèles à leur ligne de conduite, oublièrent de lui donner une pension et la malheureuse végétait en ne dépensant que 40 francs par mois. Son seul luxe consistait à fumer du tabac d'Espagne, et ses distractions à regarder au télescope les collines avoisinantes ou à pêcher à la ligne, en compagnie de sa lectrice, Mlle du Ponceau, qui formait toute sa cour.

(Signalons, afin de ne pas l'oublier nous aussi, que la comtesse d'Artois mourra à Klagenfurt un jour de 1805. Seul, peut-être, Charles s'en apercevra...)

Quand il se souvenait d'elle, Berry avait pour sa mère des élans de tendresse qui, pour être peu fréquents, n'en étaient pas moins fort touchants. Ainsi au mois de février 1800, Marie-Thérèse recevait une lettre de son fils qui, devant traverser la Carinthie lui annonçait sa prochaine venue. « Aimez toujours votre Berry, chère maman, ajoutait-il, il le mérite pour son tendre attachement pour vous. N'écoutez jamais que son cœur, il est si bon. Comment ne pas aimer la meilleure des mères ? » La comtesse d'Artois ne pouvait en vouloir à son fils de son long silence et de sa non moins longue absence !

Quelques semaines plus tard, Charles arrivait à Klagenfurt et s'installait auprès de sa mère. En voyant « Madame », La Ferronnays fut absolument épouvanté. La « fraîcheur de roses » n'était même plus un souvenir ! Marie-Thérèse de Savoie était laide à faire peur et sentait le tabac à faire fuir un corps de garde. Son visage, long et étroit, avait pris le parti de s'accorder avec son nez. A force de vouloir passer inaperçue, elle semblait avoir raccourci : sa taille, paraît-il, ne dépassait pas quatre pieds ! Quant à sa mise, l'ami de Charles prétend qu'elle semblait encore plus étonnante que sa figure.

Le duc de Berry fut présenté aux autorités de la petite ville. Le gouverneur, le prince de Hohenlohe, le reçut fort bien, et sa femme l'invita à souper. La malheureuse princesse était encore plus affreuse que la comtesse d'Artois...

Afin que l'on ne puisse pas accuser le mauvais goût du prince de Holenlohe, il faut préciser qu'étant célibataire, et se trouvant à l'agonie, on était venu lui proposer, comme une ultime bonne œuvre, d'épouser la fille, pauvre et laide, du prince de Salm et de lui assurer ainsi un état doublé d'un douaire. Ainsi fut fait... mais Hohenlohe ressuscita subitement. Il prit son parti de l'aventure... et jamais, du moins à Klagenfurt, on ne vit meilleur ménage !

L'autre autorité de la petite ville était l'évêque de Salm dont la manière de voyager ne manquait pas d'originalité. «Lorsqu'il devait partir de bon matin, raconte La Ferronnays, il se couchait la veille sous sa remise, dans sa berline où il était comme dans un lit. A l'heure dite, le cocher mettait les chevaux à la voiture et l'évêque s'en allait tout endormi.»

En dépit du pittoresque des autorités klagenfurtoises, Charles ne s'éternisa pas auprès de sa mère. Il la laissa reprendre ses parties de pêche interrompues par son arrivée, et prit la route d'Italie.

Louis XVIII avait, en effet, décidé de lui faire épouser une princesse de Bourbon-Sicile. Le duc de Berry avait souscrit avec joie à ce projet : se marier avec la fille d'un roi régnant allait lui permettre de vivre aux dépens de son beau-père et de recevoir un commandement dans son armée. Du temps de Versailles, il eût suffi d'envoyer un ambassadeur à Naples. Prince exilé et pauvre, Berry devait aller se présenter en personne.

En apprenant le projet de mariage, l'impératrice d'Autriche avait déclaré dédaigneusement :

— Il n'est pas d'assez bonne maison... et puis c'est un émigré !

La femme de l'empereur oubliait simplement qu'elle était elle-même née Bourbon-Sicile et que ses parents avaient dû quitter leur royaume de Naples, devenu, par décision de Bonaparte, la République Parthénopéenne... Ferdinand IV et la reine Caroline, sœur de Marie-Antoinette, s'étaient retirés dans leur possession de Sicile. Les Français avaient été obligés de quitter Naples, mais la famille de Bourbon-Sicile demeurait encore à Palerme, son refuge depuis deux ans. Bonaparte qui venait de se faire nommer premier consul n'acceptait pas avec résignation la perte de « son » Italie... et la guerre avait repris... En attendant, mieux valait rester en Sicile. C'est là, au mois de mai 1800, que Charles débarqua de la frégate russe qui lui avait fait traverser le détroit.

La reine l'accueillit fort bien. C'est elle qui régnait. Son mari était un souverain d'opérette ; vêtu en *lazzarone,* il passait ses journées à la pêche, puis vendait son poisson sur le port, vantant la fraîcheur et la qualité de sa marchandise, discutant le prix et n'hésitant pas à traiter de tous les noms ses clients qui, après avoir flairé sa pêche, la refusaient dédaigneusement...

La reine lui présenta Marie-Christine et Marie-Amélie, ses deux filles disponibles. C'est la première qui, en principe, devait devenir la fiancée de Charles — la seconde épousera un jour le futur roi Louis-Philippe et sera reine des Français. Berry commença à faire sa cour. Marie-Christine n'était pas très jolie, sans doute... mais la beauté n'avait rien à faire dans l'histoire ! On ignore quelle impression Charles produisit sur la jeune fille... Par contre on sait qu'il fit la conquête de la jolie Marie-Clémentine, femme du prince héritier, le futur roi François II de Naples. « Le duc de Berry est un charmant prince, écrivait-elle à son amie la princesse de Lorraine, mon mari l'aime comme un frère ; il a gagné l'amitié de toute la famille et l'attachement général. »

La princesse Marie-Clémentine était mère d'une petite fille... Sans doute Charles ne fit-il guère attention à elle. C'était encore une enfant de deux ans, toute menue, toute blonde, aux yeux d'émail ; malheureusement elle louchait légèrement. Elle avait nom Marie-Caroline... et, dans seize années, deviendra la femme du duc de Berry. Car le mariage avec Marie-Christine ne se fera point... le roi et la reine, en dépit de leur accueil cordial, se montraient assez réticents... Louis XVIII avait bien adressé une demande officielle, malheureusement le messager — M. de

Chastellux — avait dû s'égarer en chemin et n'arrivait pas...
La reine Caroline ne s'en inquiéta nullement... Ce retard
allait lui permettre de gagner du temps. Prenant prétexte
de son prochain départ pour Vienne, elle décida de remettre le projet « à six mois ».
Six mois ! C'était bien long !
— Le roi a embrouillé toutes les affaires ! soupira Charles, en peignant sa déception à sa mère.
Louis XVIII n'était pas coupable... mais Berry avait été
précédé à Palerme de sa détestable réputation de libertin.
Le séjour que la reine Caroline de Naples fera à Vienne
auprès de sa fille la poussera encore plus à temporiser afin
de lasser « le promis ». Les frasques du duc de Berry étaient
trop connues à la Hofburg !...
Louis XVIII essaya de plaider la cause de son neveu :
« Il n'a pas été élevé, écrit-il à la sœur de Marie-
Antoinette. Le comte de Damas était un mentor et non
un gouverneur. Dans une âme bien née, les feux de la
jeunesse, ces vœux trop écoutés de la nature, s'atténuent
et disparaissent devant la jouissance réelle qu'on trouve
en s'unissant à une épouse jeune, aimable et surtout ai-
mante. »
Par ailleurs il essayait de prêcher l'abstinence à Charles
qui, ayant quitté Palerme peu après la reine, visitait l'Italie et trouvait les Italiennes fort désirables. Il était cependant indispensable que, durant les six mois à venir, le
duc de Berry essayât de ne même pas regarder une femme...
« La répugnance que vous semblez avoir pour cette contrainte salutaire me peine, avouait le roi. Triomphez-en,
je vous en conjure ! »
Est-ce pour faire un essai loyal de *contrainte salutaire*
qu'il abandonna l'Italie et partit rejoindre ses compagnons
d'armes « qu'il n'aurait jamais dû quitter », avoue-t-il ?
On ne sait... Toujours est-il que nous retrouvons le duc
de Berry au mois de septembre, à l'armée condéenne qui
se trouvait alors à Heimhoffen. Quelques jours après son
arrivée, il écrit à sa mère : « Nous venons de faire une
marche en avant qui a bientôt été suivie d'une marche
rétrograde. Nous avons reçu trois fois l'ordre d'attaquer

et autant de contre-ordres. Il est impossible d'être plus balancés que nous ne l'avons été !» Cette «valse hésitation» n'était pas seulement due aux éternels changements de l'état-major, mais à la furieuse poussée des soldats de Moreau qui mettaient souvent les deux armées en présence... mais les Républicains ne voulaient pas tirer sur les Condéens.

— Nous sommes Français comme vous ! s'écrièrent-ils en débordant, sans combattre, la faible arrière-garde de Condé.

A force de reculer, on finit par se trouver à Léoben où drapeaux tricolores et drapeaux blancs se saluèrent militairement... et c'est enfin l'armistice précédant la paix de Lunéville.

Berry va-t-il regagner Palerme et prendre du service dans l'armée du roi Nasone ?

« Je suis fort ennuyé de ce que je deviendrai, écrit-il à sa mère... et je ne partirai pour la Sicile que lorsque je saurai sur quoi compter !»

En attendant, il va passer l'hiver au château de Rann, voisin de la frontière de la Croatie. C'est une lugubre forteresse entourée de sapins et ensevelie sous la neige. On n'entend que le cri des oiseaux de proie et des chouettes. On pénètre dans ce «château de revenants» par un pont-levis croulant, enjambant un fossé plein de glace.

Charles essaya de tuer le temps en compagnie des *Émigrettes,* les charmantes filles des membres de son petit état-major. On joue au «traîne-mon-ballot»... la règle de ce jeu n'est point venue jusqu'à nous, mais l'on sait qu'il était question de mouchoir noué dont il fallait frapper les jeunes filles. Louis XVIII qui a eu vent de ces divertissements appelle son neveu auprès de lui, à Varsovie, mais il le prévient : «Il n'est que trop facile dans ce pays-ci de se livrer à ses inclinations, mais j'espère que vous n'oublierez pas, outre l'inconvenance qu'il y aurait à vous y laisser aller, vous trouvant entre votre belle-sœur et moi, qu'il ne faut pas m'ôter les moyens d'être votre avocat contre ceux qui n'ont que toujours profité du passé. »

UNE TRAGÉDIE EN COSTUME WATTEAU

En attendant son départ pour cette cure de chasteté, le duc de Berry a un triste devoir à remplir : recevoir les derniers adieux des 10 000 Condéens définitivement licenciés. Mais, ainsi que l'a dit Chateaubriand, « quand on licencie une armée, elle retourne dans ses foyers ; les soldats de l'armée de Condé avaient-ils un foyer ? »

L'Angleterre, ne sachant plus qu'en faire, leur avait bien proposé de se battre en Egypte.

— Quelle outrecuidance ! s'exclama Condé.

C'était oublier que les émigrés se battaient pour remettre leur roi sur le trône de France...

Il ne restait plus que le licenciement.

« Ils allaient porter, sur tous les chemins de la terre, le deuil de leurs fanfares de guerre et de leurs refrains d'amour, le deuil de leur croyance et de leurs illusions... l'éternel deuil de leur vieille France (1)... »

La tragédie continuait... mais les costumes Watteau s'en étaient allés en lambeaux !...

(1) Costa de Beauregard.

II

AMY

Les parties de *traîne-mon-bal-
lot* avec les Émigrettes étaient-elles parvenues aux oreilles
de la reine Caroline ?... Ce n'est pas impossible ! En tous
les cas le projet de mariage avec Marie-Christine fut définitivement abandonné. Charles, dégoûté de tout, soupirait :
— Le bonheur n'est pas fait pour moi !

Le mariage de son ami La Ferronnays avec Mlle de
Montsoreau, auquel il va assister à Klengenfurt, l'emplit encore plus d'amertume. Sans doute se réjouit-il du
bonheur de son meilleur ami ; mais il ne peut s'empêcher
de montrer un peu de jalousie... C'est un écorché vif !

Pour comble, il se couvre de ridicule au cours de la
représentation du *Célibataire,* de Doret, joué pour célé-
brer les adieux du marié à sa vie de garçon. On avait
demandé au duc de Berry d'interpréter le principal personnage, c'est-à-dire de jouer le rôle de Terville, le célibataire. Il s'était exécuté avec joie... Ce fut là « une idée
funeste ! » Au milieu de la pièce « Terville » reste coi. On

a beau lui souffler des coulisses et de la salle... pas un mot ne sort de ses lèvres et l'on doit baisser le rideau. Terville — le surnom lui resta — est désespéré. Son humeur devient de plus en plus exécrable et sa susceptibilité maladive.

La cérémonie du mariage célébrée, Charles quitte le salon pour une raison quelconque. Une des Émigrettes rappelle alors qu'il est d'usage d'embrasser sa femme après le contrat. Poussé par son beau-père, La Ferronnays serre avec joie son épouse dans ses bras.

On raconte la scène à Berry, il est furieux.

— On aurait dû comprendre à quel point j'aurais été heureux de voir ce premier bonheur de mon ami, s'exclame-t-il. On s'est caché de moi, on a fait exprès de me causer ce chagrin !

Il se croit persécuté.

Le lendemain, loin d'être calmé, il se monte encore davantage. « Marchant à grands pas dans sa chambre, il se dit le plus malheureux des hommes, et veut renoncer à l'espoir d'avoir un ami. »

— Je vais me tuer ! s'écrie-t-il tout à coup.

Le voyant saisir un pistolet et en glisser le canon dans sa bouche, La Ferronnays prend un autre pistolet, l'arme, le met contre sa tempe et déclare froidement :

— Monseigneur, je vous donne ma parole d'honneur que si vous vous tuez, je me tuerai aussi.

Les deux hommes restent quelques instants dans cette position ridicule... enfin Charles jette son arme, ouvre les bras et les deux amis s'embrassent. Le prince ressemblait à « un petit garçon sage, nous raconte La Ferronnays, les yeux gonflés et rouges des larmes versées durant vingt-quatre heures, mais l'air heureux et cherchant par cent petits soins à faire oublier les angoisses qu'il avait causées à sa cour et à se faire pardonner ».

AMY

*

* *

Au début de 1802, le duc de Berry partait rejoindre son père qui, depuis 1799, demeurait à Londres dans un bel hôtel situé au 46 *Baker Street.* Il a promis à son oncle d'être « sage » et Louis XVIII avoue en avoir été *comblé de joie.* « Que Dieu vous maintienne dans ces bonnes dispositions », écrit-il tout en poursuivant ses investigations matrimoniales. Il songe d'abord à la jolie veuve de l'Électeur de Bavière, puis, le projet ayant été accueilli fraîchement, il pense à Antoinette de Parme. Au moment où les négociations commencent, la jeune fille se fait religieuse... Il y a bien encore la jeune princesse de Saxe, mais elle n'a que douze ans et son père saisit ce prétexte qui lui permet de décliner l'offre et de ne pas mécontenter Bonaparte.

— Je n'en vois pas d'autres qui puissent vouloir de moi, constate tristement Charles.

C'est le 25 mars 1803 que La Ferronnays retrouve son ami à Londres. « Ah ! écrit-il à sa femme restée en Allemagne, quel Terville j'ai retrouvé ! Un Terville tombé à plat de son rêve amoureux et par conséquent d'une humeur massacrante... Il ne parle que d'ingratitude ! C'est toujours ainsi lorsqu'il est mécontent de lui-même. »

Il s'échauffe sous le moindre prétexte. Un jour, à propos d'un plat manqué, il taquine La Ferronnays, chargé du ménage. Bien vite il en vient à dire des choses si blessantes que son ami se lève, quitte la table et remonte chez lui, laissant le duc continuer seul son repas. Le lendemain La Ferronnays refuse de descendre déjeuner... Mais comment pourrait-il en vouloir à « Terville » ? Charles fait chercher son ami par son valet de chambre et lui déclare :

— M. de La Ferronnays, je vous ai offensé hier devant mes gens, c'est devant eux que je vous dois une réparation.

Il convient ensuite qu'il avait eu absolument tort et

finit par se jeter dans les bras de son ami en s'écriant :
— Eh bien, es-tu content ?

Son cœur lui dicte toujours un joli geste... et un geste assez rare chez un prince mal élevé.

« Il a la tête bien vive, dira La Ferronnays, mais personne ne connaît son cœur. On le croit bon, il est excellent. Il a aussi de l'esprit. Pourquoi ne fait-il que si rarement usage de ses belles et nobles qualités ? »

Pourquoi ? Parce que le duc de Berry s'ennuie de plus en plus. Il essaye de s'étourdir et bientôt, oubliant la promesse faite à Louis XVIII, il cesse d'être « sage »...

Il est bientôt atteint d'une attaque de goutte et La Ferronnays le soigne avec dévouement. « On accuse le genre de vie que Terville a adopté d'être la raison de ce triste état de choses, écrit-il à sa femme. Peut-être. Mais je crois que les humeurs qu'il a eues toujours dans le sang y contribuent plus encore que le reste... si vilain soit le reste. »

Ce « reste » ne le sort pas le moins du monde de son apathie et de son insurmontable ennui... Il soupire et, raconte La Ferronnays, « court dans les salons de l'air le plus détaché de ce qui se passe et comme si cela ne le regardait pas. »

Charles est un cœur à prendre... Il est amoureux de toutes les femmes en attendant de l'être d'une seule.

Est-ce à cette époque, à la fin de 1803, peu après l'arrivée de La Ferronnays à Londres, que Charles fit la connaissance d'Amy Brown, celle qui devait être la première femme de sa vie ?

Voici donc que nous rencontrons le nom d'Amy et nous sommes obligés de le faire suivre d'un point d'interrogation... le premier d'une longue série.

Que savons-nous au juste au sujet de la charmante Anglaise dont la vie amoureuse a eu des répercussions jusqu'à notre époque ?

Jusqu'à présent pas grand-chose ! Fort heureusement W.-R. Brown, petit-fils d'un frère d'Amy — Joseph Brown

AMY

— a écrit en 1924, à la fin de sa vie, quelques pages (1) qui vont nous permettre d'évoquer cette claire et douce figure que l'Histoire a laissée dans l'ombre.

Amy naquit le 8 avril 1783 (2) à Maidstone, petite ville du comté de Kent, sur la Medway, affluent de la Tamise. Elle était fille de Marie-Anne Deacon, décédée le 10 mai 1806, et du pasteur Joseph Brown, qui s'éteindra à 77 ans, le 8 août 1824. Il était le cadet d'une excellente famille écossaise — les lairds de Colstum. Sans porter de titre, les Brown étaient de petite noblesse et avaient reçu des armes (3). Amy avait six frères et sœurs, dont quatre moururent fort jeunes.

W.-R. Brown nous peint Amy sous les traits d'une intrépide amazone, galopant des journées entières dans les *downs* du Hampshire, comté où les Brown passaient la belle saison. D'après son petit-neveu, Amy était ravissante. Ce jugement a d'ailleurs été ratifié par tous les contemporains. Grande, un teint d'une « clarté lumineuse », des yeux étincelants ombragés de longs cils noirs, des « dents éblouissantes », il se dégageait d'elle une « fraîche impression de santé ». Très musicienne, douée d'une jolie voix, elle se livrait, en outre, aux plaisirs de l'aquarelle qu'elle devait un jour enseigner à Charles. Élevée par une gouvernante française, elle parlait un français assez pur.

Comment rencontra-t-elle le duc de Berry ?

Le nom d'Amy apparaît pour la première fois dans les *Mémoires* de la duchesse de Gontaut qui sera un jour la gouvernante des enfants de France : « Le plus grand plaisir du duc de Berry à Londres était l'Opéra, « *goût un peu cher*, me dit-il un soir, *pour un prince émigré* ». Il fit cet aveu avec tant de grâce, que je le répétai, et

---

(1) Rappelons-le, ce document appartenant à M. Dade, descendant, lui aussi de Joseph Brown, fut tout dernièrement remis au prince Jean-Louis de Faucigny-Lucinge qui a bien voulu le mettre à ma disposition.

(2) Voici son acte de naissance : « *Extrait des Registres de baptême de la paroisse de « Tous les Saints », à Maidstone, 8 avril 1783. Amy, née de Joseph et de Mary Brown.* » (Archives F.-L.)

(3) Archives F.-L.

chacune de mes amies s'empressa à lui faire hommage des billets de faveur appartenant aux loges de la société. M. le duc de Berry fut sensible à cette attention, et venait nous le dire ; elle lui fut d'autant plus agréable que cette année fut celle du début de *Madame*...» Madame, autrement dit : Amy Brown.

«Monseigneur, poursuit Mme de Gontaut, partageant l'enthousiasme général, ne manquait aucune de ces soirées. De la loge du duc de Portland, où j'étais souvent avec mes filles, nous jouissions de son admiration (1) ; mais non loin de là, nous avions remarqué une personne distinguée que tout le monde regardait, mais que nul ne connaissait. Elle était belle, quoique extrêmement pâle, bien mise avec simplicité. La curiosité qu'elle inspirait à nos compatriotes nous amusait d'autant plus qu'elle avait l'air d'y être parfaitement indifférente. Un jour La Chastre lui présenta l'affiche du spectacle, qu'elle repoussa ; M. de Clermont-Lodève, plus hardi, lui offrit un bouquet ; elle jeta sur lui un regard de dédain magnifique. Dans cette occasion, nous remarquâmes le sérieux un peu froid de Monseigneur, qui ne trouvait pas de bon goût de chercher à tourmenter cette jeune femme. M. de Clermont persistant dans ses politesses et sa curiosité, nous dit qu'enfin il était parvenu à en connaître l'histoire.

«Dans le quartier, on l'appelle Mme Brown, nous dit-il ; elle demeure près du Parc, où chaque jour elle promène son enfant, petit garçon de six ou sept ans, auquel elle paraît prodiguer des soins maternels. On la dit bonne, charitable, douce, mais toujours silencieuse.

«Nous ne pûmes en savoir davantage de M. de Clermont, conclut Mme de Gontaut, qui nous parut devenir mystérieux...»

Le ton subitement «*mystérieux*» de Clermont-Lodève, le «*sérieux un peu froid*» de Charles laissent à réfléchir.

---

(1) La duchesse de Gontaut prête au duc de Berry des sentiments quelque peu enjolivés. Dans une lettre inédite Charles écrit à son ami Clermont-Lodève, le 9 décembre 1805 : «L'opéra est détestable ; l'on a mis Nelson en ballet, ce qui m'a fort déplu.» (Archives de Beaurepaire.)

AMY

Le duc de Berry, lorsqu'il s'agissait d'une jolie femme, n'avait pas l'habitude de montrer tant de réserve !... et il est fort possible qu'à l'insu de la société française, et même de ses amis, le duc portât déjà Amy dans son cœur. Il est, en effet, difficile de fixer une date au récit de Mme de Gontaut. Elle nous dit bien par la suite que la scène « devait se passer vers le temps des guerres de Russie et d'Espagne » — c'est-à-dire en 1811 ou 1812 — mais bien avant cette époque — dès 1808 — les lettres inédites (1) du duc de Berry adressées à son ami Clermont-Lodève prouvent que Charles avait découvert l'amour...

Où Charles et Amy cachaient-ils leur bonheur ? A Londres même, ainsi que l'ont affirmé la plupart des historiens ? A Kensington, alors faubourg de la capitale, selon certains ? A Maidstone, *Market Street*, d'après W.-R. Brown, petit-neveu d'Amy ? Peut-être ont-ils tous raison. Le duc de Berry pouvait, tout en demeurant lui-même à Londres, se rendre chaque jour voir Amy à Kensington et passer une partie de l'été à Maidstone, ville natale de sa « *bonne Emma* », ainsi qu'il appelle Amy.

Quoi qu'il en soit, lorsque Charles part pour la chasse, il est tout aise de rentrer « chez lui », afin, précise-t-il, « de me retrouver dans mon petit ménage, où tu sais combien je suis heureux ». Ce dernier mot revient constamment. Bientôt — le 13 juillet 1808 — une petite fille, nommée Charlotte, vient au monde — c'est la future

---

(1) Rappelons-le, cette correspondance appartient au marquis de Luppé qui a eu l'extrême amabilité de la mettre à ma disposition. Seuls quelques brefs extraits ont été publiés au début du siècle dans *le Temps* par le père de l'actuel marquis de Luppé.
La première lettre est datée du 9 décembre 1805, la dernière du 27 juillet 1813. Le duc de Berry ne commence à parler de son bonheur qu'au début de 1809, faisant allusion à la naissance, l'été précédent, de sa première fille.
Tout ce chapitre et la première partie du suivant ont pu être écrits grâce à ces « matériaux » nouveaux qui font partie des archives du château de Beaurepaire, demeure estivale du marquis de Luppé. Le lecteur étant prévenu, nous n'indiquerons pas ici la source pour chaque fragment de lettre cité.

comtesse d'Issoudun (1). « Elle est bien gentille et m'intéresse comme tu peux le croire », écrit le duc le 14 avril 1809. A ce moment Amy commençait une nouvelle grossesse. Le 19 décembre naissait, en effet, la petite Louise qui recevra plus tard le titre de comtesse de Vierzon (2). « M'en voilà deux, annonce Charles à son ami, c'est au moins assez ; je suis décidé à moucher la chandelle ! » Et quelques jours plus tard : « Je suis revenu lundi matin en très bonne santé après avoir fait de très belles chasses, bonne chère, bons vins et compagnie agréable, mais j'ai été bien content de me retrouver dans mon cher petit ménage et de revoir mes chères petites filles et leur bonne mère. Il me semble que c'est ce matin que je suis revenu, tant le temps me passe vite. »

Cependant, en 1810, il fut de nouveau question pour lui d'un mariage avec une princesse. Sans doute, Charles, heureux dans son « petit ménage », témoignait-il fort peu d'enthousiasme devant ces projets matrimoniaux, mais il ne semble pas qu'il leur ait opposé un veto absolu. Cette même année, Louis XVIII renouait les pourparlers avec le roi de Saxe qui, en 1803, avait allégué la jeunesse de sa fille. Cette fois, le roi fit comprendre que la légèreté de Charles l'inquiétait. « Mon frère a été jeune, plaida Angoulême, mais à présent, il va avoir trente ans. La fougue des passions est passée et il ne lui reste que les qualités

---

(1) *Extrait du registre des actes de baptême de la chapelle de Sa Majesté Catholique à Londres.* « Aujourd'hui samedi 30 novembre, l'an 1809, a été présentée une fille nommée Charlotte Marie-Augustine, *fille de Charles-Ferdinand* et de Amy Brown, laquelle a été ondoyée le 18 de juillet l'an 1808, par M. l'abbé Chené, à la chapelle française de King Street, et j'ai suppléé aux autres cérémonies du baptême ; le parrain le comte Auguste de La Ferronnays, et la marraine, Marie-Charlotte, comtesse de Montsoreau qui ont signé avec nous. » Suivent les signatures, puis celle de P.-A. Massot, curé de Saint-Sylvain de Mortainville, diocèse de Bayeux, et prêtre sacristain de la chapelle de Sa Majesté Catholique.

(2) « Aujourd'hui samedi, trente décembre 1809, a été baptisée par moi, soussigné, une fille nommée Louise-Marie-Charlotte, *fille de Charles-Ferdinand* et de Amy Brown, née du 19 décembre 1809. Le parrain, Louis, baron de Roll et la marraine, Marie-Charlotte-Albertine, comtesse de La Ferronnays, qui ont signé avec nous, (suivent les signatures, puis celle du même abbé Massot). »

du cœur et de l'esprit pour rendre sa femme heureuse. »
Le roi saxon ne sembla pas convaincu... et puis il craignit
également de déplaire à Napoléon qui l'avait fait roi en
1806.

Cet échec laissa Berry parfaitement indifférent. Nous
n'étions plus en 1803 ! Aujourd'hui, il avait trouvé le
bonheur !

Toujours en 1810, Clermont-Lodève venait lui proposer
d'épouser la sœur de Louis-Philippe, fille de Philippe-
Egalité. « Tu me mandes, lui répond Charles, que tu voudrais que je fusse amoureux de « Mademoiselle », mais,
en conscience, crois-tu que je puisse jamais présenter à
la fille de Louis XVI pour sœur, celle de son assassin ?
Les bontés qu'ils ont eues pour toi te font oublier cela ;
moi-même, si je ne consultais que mon propre bonheur
et l'amitié très tendre que j'ai pour son frère, j'y serais
peut-être bien porté, mais cela est impossible et je suis
fâché que cela soit entré dans plusieurs têtes. »

Troisième projet : un mariage dans la maison de Sardaigne qui n'eut aucune suite, le roi Victor-Emmanuel ayant
fait savoir « qu'il remettait de marier sa fille après la paix
générale ».

Berry ne s'en attriste guère. Il ne se lasse pas de la
jolie Anglaise, *« qui se conduit à merveille »*. Voici deux
extraits datant de 1813, c'est-à-dire de sa dernière année
d'exil. Parlant d'amis qui viennent de perdre leur fille, il
ajoute : « Je sais tout ce qu'ils ont éprouvé par les sentiments que j'ai pour mes chères petites filles qui, grâce à
Dieu, se portent à merveille, ainsi que leur bonne mère
qui fait le bonheur de ma vie ». Le 20 juin — son avant-
dernière lettre — il écrit bien joliment : « Je jouis de la
plus pure de toutes les félicités humaines, d'aimer et d'être
aimé de mes chers petits êtres charmants et de leur adorable mère, et vois le moins possible le reste du monde qui
m'est fort indifférent... »

« Le bonheur de ma vie »... « la plus pure de toutes les
félicités humaines »... Il est pleinement heureux ! Et il sem-

ble aujourd'hui fort probable qu'une cérémonie religieuse, catholique ou protestante, ait uni Amy et Charles (1).

*

*   *

« Je vous recommande de tâcher de vaincre un peu une espèce d'opiniâtreté et de rudesse dans le caractère qui vous mettrait mal avec vos camarades ; ne veuillez pas toujours avoir raison et quand même vous seriez sûr de l'avoir, cédez quelquefois ; un peu moins d'amour-propre, et je suis sûr que vous réussirez parfaitement. »

De quel ennuyeux mentor sont ces lignes ? Du duc de Berry à son ami Clermont !

Il faut reconnaître qu'Amy avait réussi à transformer celui qu'elle aimait de tout son cœur et de toute son âme. Il est à supposer, connaissant le tempérament exceptionnel de Charles, qu'il ne lui resta pas toujours fidèle, mais il s'est néanmoins considérablement assagi. La vie qu'il mène est celle d'un bourgeois de la *City*. Ses distractions sont devenues bien paisibles. « Je joue à la paume aussi mal qu'à mon ordinaire, écrit-il, c'est là mon seul plaisir, car je n'ai plus de chevaux. » Il « ne désire rien au delà de sa chère petite maison ». Il y reste des après-midi entiers écoutant Amy chanter des airs italiens — ses airs préférés — ou s'adonnant à la peinture que lui enseigne la jeune femme. Amy était bon professeur et Charles ne manquait pas de talent. Il s'intéressait d'ailleurs beaucoup à l'art et acheter des tableaux était son seul luxe.

« Le duc de Berry venait me voir le matin, a raconté Mme Vigée-Lebrun. Il arrivait quelquefois portant sous son bras de petits tableaux qu'il venait d'acheter à bas prix. Ce qui prouve combien il était connaisseur, c'est que ces peintures étaient de superbes Wouwerman, mais il fallait un tact très fin pour apprécier leur mérite sous la couche de poussière qui en dissimulait la beauté. »

Le soir, il va souvent jouer de la flûte chez les La

(1) Voir à ce sujet l'appendice de cet ouvrage.

Ferronnays. Soirée paisible... Mme de Montsoreau travaille à une tapisserie, toujours la même, nous dit son gendre. M. de Montsoreau « arpente le salon au point de faire plusieurs lieues tous les soirs ». Parfois on joue la comédie, on bouscule les meubles et, à la fin de la soirée, le modeste petit logis semble avoir été ravagé par un tremblement de terre.

« Il avait beaucoup d'esprit naturel, nous dit Mme de Boigne qui vit le duc de Berry à cette époque. Il contait d'une manière charmante ! c'était un véritable talent. Il était libéral, généreux et pourtant rangé. Avec un revenu fort médiocre, il n'a jamais fait un sol de dettes. Tant qu'il avait de l'argent, sa bourse était ouverte aux malheureux, aussi largement qu'à ses propres fantaisies, mais, lorsqu'elle était épuisée, il se privait de tout jusqu'au moment où elle devait se remplir de nouveau. »

L'une de ses petites faiblesses consistait à écouter les derniers ragots et à les rapporter à Clermont-Lodève dont le régiment « guerroye » à Gibraltar ou à Malte. Dans ses lettres il se moque de cet ami qui, trop amateur de femmes, « a gagné une rime en « is » qui lui dure depuis six semaines, mais qui lui épargne bien de l'argent... » Bien différent est cet autre camarade qui : « A passé la nuit pour la première et dernière fois de sa vie avec une fille » et jure « qu'il n'a jamais passé une nuit aussi désagréable... »

Dans cette existence de bourgeois cancanier, de père de famille, d'amoureux, d'amateur d'art, de musique et de comédie de salon, une seule ombre : ses visites à Louis XVIII qui — nous l'avons dit — avait quitté la Russie, en 1806. Le roi et sa courette se sont installés en 1808 au château de Hartwell, à six lieues de Londres. « Je vais toutes les trois semaines à la campagne, ce qu'on appelle voir mon oncle, mais quoique cela doit sûrement faire du bien à ma santé, j'y trouve les jours bien longs et les nuits bien tristes ! »

Il est sans Amy.

Lorsque son neveu est auprès de lui, Louis XVIII en

profite pour lui faire de la morale. Il lui reproche sa vie, son « concubinage », son embourgeoisement, le peu d'intérêt, surtout, qu'il porte à la politique. L'algarade doit être sévère s'il faut en croire le soupir que Charles pousse dans l'une de ses lettres : « Hartwell est ma seule croix dans ce monde. »

Il est certain — sa correspondance nous le prouve — qu'en 1812, le duc de Berry se moquait éperdument de la situation européenne. Ce n'étaient pas les joies paisibles de son petit ménage qui étaient la cause de son dégoût, mais l'Angleterre. Le gouvernement de sa Gracieuse Majesté Britannique ne tenait nullement à voir les princes français prendre de l'importance. « Pas d'immixtion des Bourbons dans les affaires ! » Tel était le mot d'ordre ! L'Angleterre faisait la guerre pour son profit et non pour celui du roi de France.

Charles, au début de son séjour en Angleterre, ne rêvait que plaies et bosses. Il prenait au sérieux les bavardages stériles des émigrés, recevait avec enthousiasme les messagers arrivant de France, les poches bourrées de projets contre-révolutionnaires. Il faillit rejoindre Cadoudal, puis partir ensuite pour la Bretagne avec deux mystérieux Vendéens... mais le comte d'Artois s'y était opposé. Bientôt un projet plus sérieux lui avait été proposé : prendre du service dans l'armée suédoise. Celle-ci avait accepté sa candidature avec condescendance : « On le dit assez bien, déclarèrent les Suédois, et nous verrons ce que nous pourrons faire de lui. » Les Anglais s'étaient inclinés « n'ayant plus le moindre intérêt, déclare La Ferronnays, à empêcher M. le duc de Berry d'aller faire une guerre ridiculement chevaleresque et de livrer des batailles d'avance perdues ».

Charles partit au mois de septembre 1807 et arriva à Stockholm pour apprendre la défaite définitive du roi de Suède et la signature de la paix. Revenu à Londres, il avait eu alors le secret espoir de pouvoir combattre en Espagne avec les troupes anglaises. « J'enrage, écrit-il le 12 juillet 1808, de ne pas aller en Espagne, mais le gouvernement y a mis obstacle de la manière la plus positive... Pas un mot de nous, ni ici, ni là. C'est aussi extraordinaire que dérai-

54

sonnable.» Le 6 février 1809, il remarquait : « L'on se prépare à envoyer encore des hommes en Espagne, je trouve que l'on a tort, les Anglais ne sont bons à rien sur terre. D'ailleurs l'affaire d'Espagne est flambée ; ce vilain Corse réussit toujours. Il est vrai que les puissances du continent l'y aident de leur mieux.» Et pendant ce temps-là il végétait à Londres !... Il ne lui restait que la chasse. « Je voudrais bien, soupirait-il, que l'on me mît à même de faire des choses d'un autre genre, mais cela ne prend malheusement pas cette tournure !»

Ces soupirs n'avaient servi à rien... On ne voulait pas le « laisser aller chercher des coups de fusil ».

En 1812, l'inaction a eu raison de lui et le découragement est venu. Les platitudes des souverains européens devant le « Corse » l'écœurent au-delà de tout. La politique ? L'espoir que le comte d'Artois met dans Bernadotte et Louis XVIII dans l'empereur d'Autriche ? Il « rit de ces espérances » ! La défaite française en Espagne ? Il s'en désintéresse ! Il s'est endormi dans son bonheur londonien. Il l'avoue sans vergogne, il ne craint qu'une chose : avoir à régner un jour sur la France ! Lorsque Clermont-Lodève vient lui parler de la situation européenne qui pourrait peut-être évoluer au mieux des intérêts des Bourbons... — le fameux commencement de la fin — il s'écrie : « Tout cela vaut pour moi le récit de ce qui se passe entre les Chinois et les Tartares et ne m'intéresse nullement !» La lettre est du 27 juillet 1813... Six mois plus tard, il est bien obligé de s'intéresser « aux Chinois et aux Tartares »... et il ne tardera pas à y prendre goût !

*\
*   **

Les Alliés ont franchi le Rhin. La France est envahie. La chute de Napoléon est une question de mois, de semaines peut-être. Il faut éviter que les Alliés mettent sur le trône de France soit Marie-Louise, soit Bernadotte, ou encore le duc d'Orléans... le fils régicide ! Un seul moyen :

être présent. Aussi Monsieur et ses fils demandent-ils d'aller combattre sur le continent.

Ne pouvant guère faire autrement — mais non sans soupirer — le gouvernement britannique lâche ses otages. Le comte d'Artois est autorisé à partir pour Bâle « comme le premier venu », Angoulême rejoindra Wellington sur les bords de la Bidassoa et suivra avec les bagages... Quant à Berry, il peut se rendre à Jersey où, lui dit-on, les Anglais préparent une entreprise contre la Normandie.

Le départ de Charles n'a rien de glorieux. Il ressemble fort à celui d'un commis voyageur qui s'absente pour ses affaires. Le 30 janvier 1814, après avoir embrassé Amy et ses filles, le duc monte dans le stage, la voiture publique pour Weymouth. Il fait un froid terrible, la neige recouvre la route d'une croûte glacée et la guimbarde verse trois fois... A Weymouth, la mer est démontée. Il faut attendre ! Quelques fidèles entourent leur prince : La Ferronnays, le comte de Nantouillet, le chevalier de Bruslart, le comte de Mesnard, Leroi. Un valet de chambre et deux valets de pied complètent le « corps expéditionnaire »... C'est en cet équipage que l'on va conquérir le trône ! Clermont-Lodève est parti quelques jours auparavant et attend son maître et ami à Jersey.

Le 6 février la mer se calme enfin et le petit groupe embarque à bord du *Packett*. On met à la voile escorté par un *cutter* de guerre anglais, l'*Eurotas*. Maintenant qu'une restauration paraît moins problématique, l'Angleterre tient à en avoir les avantages et accorde un minimum d'égards aux Bourbons.

Aussitôt quitté le port, les voyageurs voient les marsouins faire mille tours. C'est signe de mauvais temps ! Et bientôt le vent se lève... On perd l'*Eurotas* de vue. La mer bien vite est démontée et le capitaine du *Packett* ordonne de brûler des *bluelights*, signaux bleus de détresse. Le voilier, non sans mal, parvient à faire demi-tour et à regagner Weymouth où l'on retrouve le cutter venu se mettre à l'abri...

L'expédition commençait bien !

On se restaure et, la mer devenue plus hospitalière, le

Packett remet à la voile et, suivi du cutter, atteint Jersey. Le duc de Berry s'installe dans une maison située au fond de la baie de Sainte-Brelade, tandis que l'*Eurotas* et le *Packett* regagnent Plymouth.

Le petit groupe se rend compte des réalités. Il n'y a aucun préparatif de descente en France ! La Normandie est calme, paraît-il et ne « bougera certainement pas » ! Un peu d'espoir renaît cependant à l'arrivée d'un chouan, un certain Michelot-Moulin qui s'est jeté dans une coquille de noix pour rejoindre le duc de Berry. Sans doute se montre-t-il on ne peut plus réticent sur la mentalité roya-liste de la Normandie, mais le chevalier Bruslart s'offre de gagner le continent, en compagnie de Michelot, et de se rendre compte par lui-même de la situation.

Le 11 février les deux hommes embarquent sur un bateau de pêche et parviennent à atteindre la plage de Créance. Le duc de Berry reste de longs jours sans nouvelle... Enfin on reçoit un message du chevalier. Le résultat de l'expédition n'est guère encourageant. Bruslart était allé voir un certain « M. de M. », considéré comme un homme à poigne et le « plus sûr royaliste de la province ».

— Monseigneur est à Jersey, avait déclaré Bruslart, pensant que M. de M. allait immédiatement hisser le drapeau blanc, faire sonner le tocsin et appeler les paysans aux armes.

— Tout cela est bon pour des personnes qui n'ont rien à risquer, répondit-il à voix basse, mais j'ai une famille et une fortune à conserver.

Bruslart espérait surtout en « le Chevalier T. », un ardent royaliste, disait-on.

— Le Roi et les Princes sont fous, s'exclama l'ardent royaliste. Il n'y a que l'Empereur qui est digne de gouverner la France. Vous pouvez dire à votre roi que nous n'avons que faire de lui. Il peut rester où il est. Il n'est pas digne de nous commander !

« Bref, concluait Bruslart avec franchise, il n'y a vraiment sur la côte que les gendarmes qui soient prêts à recevoir M. le duc de Berry ! »

Bruslart et Michelot en savaient d'ailleurs quelque chose.

Poussées par le Préfet du département de la Manche toutes les maréchaussées de la région les traquaient jour et nuit ! C'est par le plus grand hasard que les deux messagers parvinrent à regagner Jersey...

Cependant, hors de la Normandie, la situation évoluait « favorablement »... Monsieur avait été acclamé à Vesoul, et Bordeaux « s'était rendu » au duc d'Angoulême. Il fallait agir. Le duc de Berry décida d'envoyer La Ferronnays à Londres pour demander au gouvernement anglais un vaisseau de guerre qui permettrait de gagner Cherbourg dont les habitants seraient peut-être plus compréhensifs. La nouvelle de la prise de Paris étant arrivée à Londres, l'ambassadeur obtient satisfaction et le cutter l'*Eurotas* est mis à la disposition du prince. Le 12 avril, le petit groupe s'embarque « afin d'aller voir si la côte de France était toujours aussi muette pour le roi ».

Elle l'était.

Le 13 avril, à la lunette, du pont du cutter, Charles voit le port de Cherbourg où flotte le drapeau tricolore... On distingue même les sentinelles faisant les cent pas sur la jetée.

« Me voici donc comme Tantale, écrit-il à Mme Moreau, en vue de cette malheureuse France qui a tant de peine à briser ses fers. Vous dont l'âme est si belle, si française, jugez de tout ce que j'éprouve ; combien il m'en coûterait de m'éloigner de ces rivages qu'il ne me faudrait que deux heures pour atteindre ! Quand le soleil les éclaire, je monte sur les plus hauts rochers, et, ma lunette à la main, je suis toute la côte ; je vois les rochers de Coutances. Mon imagination s'exalte, je me vois sautant à terre, entouré de Français, cocardes blanches aux chapeaux ; j'entends le cri de « Vive le Roi », ce cri que jamais Français n'a entendu de sang-froid ; la plus belle femme de la province me ceint d'une écharpe blanche, car l'amour et la gloire vont toujours ensemble. Nous marchons sur Cherbourg ; quelque vilain fort, avec une garnison d'étrangers, veut se défendre ; nous l'emportons d'assaut, et un vaisseau part pour aller chercher le roi, avec le pavillon blanc qui rappelle les jours de gloire et de bonheur de la France ! Ah ! Madame, quand on n'est qu'à quelques heures d'un rêve si probable, peut-on penser à s'éloigner ? »

Soudain, Berry entend le canon tonner.

Que se passe-t-il ? Va-t-on devoir livrer bataille ? Non ! Les Cherbourgeois ont appris l'abdication de l'empereur et la prochaine arrivée de Louis XVIII « appelé librement au trône » par le sénat... Et les salves se succèdent en l'honneur de S.A.R., neveu de Sa Majesté... Partout claquent les drapeaux blancs.

La mer se couvre d'embarcations où ont pris place le préfet, le général commandant la place, le général commandant la division et les autorités municipales, tous nommés à leur poste par Napoléon... à leur corps défendant, bien entendu ! Ces Messieurs s'inclinent bien bas devant le duc de Berry et clament leur loyalisme. Ils entraînent le Prince vers une barque et, un quart d'heure plus tard, Charles accoste... « Mille bras se tendent vers lui, l'enlèvent et le portent en triomphe ! » On crie : « *Vive Louis XVIII, vive les Bourbons, vive le duc de Berry* » *(1)*.

Le préfet de la Manche, *baron de l'Empire, chevalier de la Légion d'honneur et de l'Ordre impérial de la Réunion,* — tels sont les titres gravés sur son papier à lettres — écrit au comte Beugnot, ministre de l'Intérieur : « Je n'entreprendrai point de vous donner une idée de l'enthousiasme vraiment national avec lequel Mgr le duc de Berry fut accueilli sur tous les points de sa route. Il est au-dessus de toute expression. »

La platitude des fonctionnaires est, elle aussi, au-dessus de toute expression ! Tous tiennent à garder leur place... Aussi le président du Collège électoral déclare-t-il pompeusement à Berry :

— Tout est changé, Monseigneur, la main de Dieu fait une justice dont nos cœurs sont pénétrés.

Oubliant — ou ne voulant plus se souvenir — que quel-

---

(1) Toute la fin de ce chapitre a été écrite à l'aide des rapports des préfets de la Manche, du Calvados, de la Seine-Inférieure et de l'Eure. Documents inédits rassemblés aux Archives Nationales dans les cartons *F. I. a.* 560, 3 et *Fa.* 360, 1.

ques heures auparavant le drapeau tricolore flottait sur les remparts, il demande au prince de bien vouloir assurer à Louis XVIII, « à ce monarque chéri, la plus ferme assurance que la conservation de la dynastie *a été, est* et *sera* toujours le vœu de son département ».

Le soir, à la Préfecture illuminée, Charles dîne aux sons des airs de *Vive Henri IV* et d'*Où peut-on être mieux qu'au sein de sa famille ?*

Le lendemain avant de quitter la ville pour Bayeux, il fait libérer six cents conscrits réfractaires qui crient *Vive le Roi !* avec une spontanéité bien sincère, celle-là !

A Bayeux, Charles ayant eu le même geste, le maire a l'idée d'une curieuse mise en scène. Le soir, au théâtre, avant que ne commence *La Partie de chasse d'Henri IV*, le rideau se lève sur les déserteurs, à genoux, accompagnés de leurs femmes et de leurs enfants, « tendant vers le prince leurs mains reconnaissantes et le bénissant... »

Le jour suivant, en sortant de Bayeux par la route de Caen, le duc de Berry croise un régiment. Le général baron de Laage, commandant la région est inquiet... Les soldats de Napoléon risquent de gâter l'euphorie générale...

— Ces hommes sont peu sûrs, déclare-t-il timidement, mieux vaut les éviter.

Charles ne l'écoute pas. Il descend de voiture, s'avance et fait ranger les hommes.

— Je suis le duc de Berry, neveu du roi Louis XVIII, leur dit-il. Vous êtes le premier régiment français que je rencontre. Voulez-vous crier avec moi : Vive le Roi ?

Un immense cri lui répond :

— Vive l'Empereur !

Le général devient pâle... Une telle manifestation ! Dans son département ! Sa place est perdue ! Mais Charles sourit...

— Ce n'est rien, déclare-t-il en remontant en voiture. C'est le reste d'une vieille habitude.

L'accueil de Caen, à la grande satisfaction du général de Laage, devait effacer cette mauvaise impression. Dans toute la ville, écrit le préfet « c'est l'effusion de la joie

60

la plus pure. » Sur les murs s'étale en effet la proclamation du duc de Berry :

« C'est un Bourbon, c'est le neveu de votre roi qui vient se joindre à vous et vous aider à briser vos fers... Plus de guerre ! Plus de conscription ! Plus d'impôts arbitraires ! »

La dernière ligne a rallié tous les suffrages et le *briseur de fers* est accueilli par un chant scandé par Caennais et Caennaises :

> *Prince adoré, reprends ton héritage,*
> *Grave en nos cœurs une seconde image*
> *Du bon Henri !*

Le « Prince adoré » essuie une avalanche de discours.

« Quand il le faudra, assure le général de Laage qui ignore que Louis XVIII peut à peine quitter son fauteuil de podagre, nous revolerons au combat et à la gloire, guidés par le roi et le panache blanc d'Henri IV ! »

Les fonctionnaires napoléoniens clament leur *dévouement*, leur *soumission absolue*, leur *amour sans bornes* et leur *fidélité inaltérable*.

Devant un tel retournement d'uniformes, Berry se trouve un peu désarçonné et se contente de répondre :

— Vous venez d'exprimer les sentiments de tous les Français.

Le préfet qui a accueilli avec le même enthousiasme Napoléon et les princes de la famille impériale, envoie à Paris un rapport larmoyant, modèle de flagornerie. « Au cours du dîner, écrit-il, M. Joyau, avocat, officier de la Garde Nationale, tenait son jeune fils par la main. Le Prince appelle cet enfant, le met sur ses genoux et l'embrasse. Le père, à cette vue, verse des larmes abondantes ; l'émotion dont le cœur du Prince était rempli ne peut plus se contenir ; il se lève, serre M. Joyau dans ses bras, se rejette au milieu de la foule. Il embrasse, est embrassé, caressé, adoré.

« — Mes enfants, mes chers Français, je suis à vous, tout à vous !

« Le délire est à son comble, poursuit le préfet, on tombe à genoux. Les cris de *Vive le Roi, Vive Mgr le duc de Berry,* se raniment avec d'indicibles transports. Tous les yeux sont en pleurs, personne ne peut continuer le repas. Le Prince allait succomber à l'excès de telles sensations... Il se retire dans le salon où S.A.R. peut se remettre et respirer. »

On ne lui laisse pas le temps de reprendre son déjeuner interrompu, des femmes de la ville lui sont présentées. Charles avec galanterie leur demande l'autorisation de leur baiser la main « sans oser prétendre à plus de faveur », mais les Caennaises embrassent le prince... et la scène se termine dans un nouvel attendrissement général.

— C'est pour m'achever, déclare Charles.

Le soir, en habit de garde national, il va à l'Opéra voir l'inévitable *Partie de chasse d'Henri IV.* Sur la scène, des jeunes filles en blanc chantent un intermède :

> *Enfin il tombe en frémissant,*
> *Le cruel tyran de la France.*
> *Il tombe et tout le monde est content !*

> *On a vu nos bouches rebelles,*
> *Prostituer un noble encens*
> *A des idoles criminelles !*

Généraux et préfets aux « bouches rebelles » devaient se sentir mal à leur aise !...

Le lendemain, au moment du départ pour Rouen une nouvelle embrassade permet au préfet d'ajouter à son rapport un ultime couplet : « Rien n'égale la bonté, l'affabilité de cet excellent Prince. Dix fois je l'ai vu se jeter au milieu des flots du peuple qui le pressait et nous avons été obligés de l'arracher des bras d'une multitude ivre de joie... »

A Rouen le « fourrier du roi » est reçu par le préfet M. de Girardin, le général de Bordesoulle et le maréchal Jourdan... le vainqueur de Fleurus et de l'armée de Condé !

Les Rouennais ne se sont pas mis en frais d'imagination. Ils crient, heureux de faire du bruit :

AMY

> *Bon, bon, c'est un Bourbon*
> *Qui vient essuyer nos larmes.*
> *Bon, bon, car un Bourbon*
> *Est toujours un Bourbon !*

En compagnie du maréchal, Charles se rend à l'Opéra assister au spectacle donné en son honneur. La soirée commence par les *Deux Jaloux* et la charmante Mme Lanoue interrompt son rôle de Fanchette, pour déclarer en s'adressant au Prince :

> *O vous, d'une tige chérie,*
> *Auguste et noble rejeton,*
> *Contemplez la foule attendrie.*
> *Heureuse de voir un Bourbon.*

La seconde pièce, l'éternelle *Partie de chasse d'Henri IV* — trois fois en trois jours ! — est interrompue de semblable manière par M. Fleuriet qui s'avance au proscénium et s'exclame :

> *O Mars, ô Dieu de la fureur,*
> *Ton règne est celui du malheur.*

On ignore la réaction du maréchal, ex-compagnon de Napoléon-Mars. Si Jourdan eut des remords de se trouver là, ceux-ci durent certainement s'évanouir lorsqu'il apprit que le maréchal Berthier, major général de la Grande Armée, prince de Wagram, s'était porté le 21 avril à Saint-Denis à la rencontre du duc de Berry.

— Les maréchaux de France et tous les généraux qui se trouvent à Paris, avait-il déclaré à Charles, éprouvent un grand bonheur de féliciter V.A.R. de la voir rentrer dans la capitale de ses ancêtres. C'est au nom de toute l'armée que je viens exprimer à V.A.R. les sentiments d'amour, de dévouement et de fidélité qui l'animent pour le roi et son auguste famille.

L'auguste rejeton, qui se demandait sans doute s'il rêvait, se dirige vers Paris ayant le maréchal Berthier — l'ami intime du « vilain Corse » — à sa droite et le général

Moncey à sa gauche... le général Moncey que Berry avait failli avoir comme adversaire en Espagne. Ce jour-là, Charles dut certainement bénir les Anglais !

A midi et demi le cortège arrive à la barrière de Clichy. On peut encore voir là les traces des récents combats où Moncey s'était couvert de gloire. L'armistice avec les Alliés ne sera signé que le lendemain, Paris est occupé, mais le maire n'en déclare pas moins avec un large sourire :

— Monseigneur, que d'allégresse ! L'arrivée de V.A.R. vient ajouter aux transports de la ville de Paris !...

Puis il déclare, parfaitement inconscient :

— Les bruits de vos vertus vous ont devancé.

Il devait certainement confondre le duc de Berry avec le duc d'Angoulême !

— Entrez dans nos murs, ajoute-t-il. La pompe de cette cérémonie ne répond pas à notre empressement, mais le cœur des Français fera tous les frais de cette fête touchante.

Charles répond en garantissant « que son cœur n'avait jamais cessé d'être français ». Puis, par les rues de Clichy, du Mont-Blanc, le boulevard des Capucines, le prince, accompagné de maréchaux et de généraux, arrive place Vendôme. Le brillant cortège passe au pied de la colonne glorieuse... et quelques instants plus tard — il était alors une heure et demie — le duc de Berry pénètre dans la cour des Tuileries. Le comte d'Artois attend son fils en haut de l'escalier du Pavillon de Flore.

Dans le jardin une musique militaire joue « *Où peut-on être mieux qu'au sein de sa famille ?* » La foule, massée dans le jardin, applaudit ; Monsieur et son fils apparaissent au balcon et s'embrassent. Les Parisiens agitent des drapeaux blancs, crient *Vive le Roi ! Vive le duc de Berry !* « et cette allégresse universelle qui partait du sol, écrit un chroniqueur, semblait monter jusqu'aux cieux ! »

Il y a huit jours il n'y avait pas cent Parisiens qui connaissaient l'existence du duc de Berry... Aujourd'hui l'allégresse atteint le ciel ! Charles devait certainement être quelque peu éberlué par ce qui lui arrivait.

III

VIRGINIE

Le 2 mai, arrivant de Compiègne, le roi s'arrêta à Saint-Ouen au château du duc de Gesvres. Ce fut autour de Louis XVIII une cohue indescriptible de « dévouements brodés, dont le moindre, disait Frénilly, l'eût fusillé deux ans plus tôt ». Ces ralliés de la dernière heure n'avaient point participé à la « course au clocher » dont le but était d'arriver le premier à Boulogne pour accueillir le roi. Les avant-derniers n'avaient rejoint le « poteau » qu'à Compiègne... Les derniers — ceux de Saint-Ouen — se devaient donc de porter une cocarde blanche d'autant plus volumineuse... et ne s'en privaient point!

C'était le dernier acte de la révolution des mouchoirs de poche.

Le roi passa une partie de l'après-midi à « octroyer » une charte à ses «fidèles sujets»... et Frénilly affirmera qu'il avait signé ce soir-là l'abdication de Charles X !

Vers neuf heures, Louis XVIII, appuyé sur l'épaule de Blacas, va se coucher... mais en donnant « l'ordre », il ap-

65

pelle le duc de Berry, venu de Paris à sa rencontre, et lui confie le commandement de sa garde.

Charles est fort ennuyé. Depuis dix jours il oublie son « petit ménage » et découvre Paris et les Parisiennes. Il a formé le projet de se rendre ce même soir à l'Opéra... Il appelle le maréchal Macdonald et le prie de prendre à sa place le commandement du château. Le duc de Tarente qui avait seulement rallié à Compiègne, reçut cette promotion avec autant de joie et de fierté que le soir de Wagram, lorsque l'Empereur lui avait remis son bâton de maréchal...

Berry n'écouta même pas les paroles émues et reconnaissantes de Macdonald ; il bondit dans une berline de service qui attendait toute attelée :

— A Paris ! et brûlez le pavé !

Une demi-heure plus tard, il est à l'Opéra où le spectacle s'achève par le traditionnel ballet. Charles est immédiatement attiré par une des danseuses. Elle est brune, gracieuse et jolie comme un cœur. Berry, de sa lorgnette, ne la quitte pas... Bien vite la salle s'est aperçue du manège et sourit en regardant l'avant-scène du prince. De la salle, la nouvelle parvient aux coulisses. Ces demoiselles du corps de ballet ne sont pas très ferrées en histoire — et en 1814 les Bourbons se trouvaient être presque de l'Histoire ! Aussi la petite danseuse se renseigna-t-elle et ayant appris que sa conquête était le neveu du roi et, sans doute, un jour, l'héritier du royaume, elle soupira de joie... Lorsque, à la fin du spectacle, elle reçut dans sa loge une invitation à souper pour le soir même, la ballerine accepta sans se faire prier. Elle avait été la maîtresse du maréchal Bessières, tué à la bataille de Lutzen. Pouvoir maintenant afficher un « goût » royaliste ne nuirait certainement pas à son avancement... et elle quitta l'Opéra dans la voiture du prince !

La petite danseuse montra au « souper » un si agréable appétit que Charles éleva sa conquête au rang de maîtresse officielle.

« Jolie comme un ange et bête comme une oie » — selon la définition de la duchesse d'Abrantès —, la petite ballerine avait nom Virginie Oreille et était la fille de Jean Oreille, coiffeur du théâtre... Ce dernier, devenu le *beau-père* d'un prince du sang, se hâta d'abandonner peignes, fers et tondeuses. La danseuse allait-elle quitter elle aussi l'Opéra ?

— Monseigneur a trop de religion, affirmait Mme Oreille, pour laisser ma fille au théâtre.

Ce n'est pas « la religion » de Charles qui priva l'Opéra — momentanément d'ailleurs — de sa plus jolie pensionnaire, mais Virginie fut enceinte dès le premier « souper »... et, nous dit le général de Reiset dans ses *Mémoires*, « on plaisanta le pauvre prince sur la hâte qu'il avait témoignée de contribuer à la repopulation du royaume ». Il entretenait la danseuse sur un grand pied ; hôtel rue Saint-Honoré, maison rue Richepanse, nombreux domestiques, des attelages dignes de la Cour. Charles puise même dans le Garde-Meuble royal des objets d'art, de l'argenterie et des tableaux qu'il offre sans vergogne à Virginie. Les parents sont fort bien traités, s'il faut en croire une note de police annonçant que « à la représentation par ordre au théâtre Feydeau, où Monsieur le Duc de Berry assistait, la demoiselle Virginie, danseuse de l'Opéra, était avec son père et sa mère dans une loge en face de la loge royale ». Ne sont-ils pas les grands-parents de l'enfant qui va naître ? A ce propos, le duc de Berry, on s'en doute, n'allait pas s'arrêter en aussi bon chemin... du moins, s'il faut en croire un rapport de police en date du 18 août, affirmant que Charles, alors à Lille, « se promène avec une actrice nommée Rosica Lebreton, dont il aura certainement un enfant. Cependant, il en a déjà trois d'une Anglaise. Les enfants royaux coûtent cher ! » concluait l'inspecteur.

Après tant de nuits passées avec des Polonaises, Allemandes, Russes, Italiennes, Autrichiennes et Anglaises, Charles découvrait tout simplement que la femme française avait su perfectionner et enjoliver la manière d'accomplir un acte vieux comme le monde... Aussi rattrapait-il le temps perdu avec ardeur !

A cette époque, le duc de Berry revenait d'Angleterre où il avait été envoyé en mission auprès du Prince-Régent, afin de passer en revue avec lui un certain nombre de pro-

blèmes européens intéressant directement la France (1).
Bien entendu, l'opinion publique ne vit à ce voyage qu'un
but matrimonial. Pourquoi le duc de Berry n'épouserait-il
pas la princesse Charlotte, fille du Régent ? Charles ne
semble même pas avoir eu connaissance de ce projet... Il
profita de sa mission diplomatique pour ramener en France
Amy et ses filles.

Aussitôt arrivé sur le territoire français, le duc de Berry
confia Amy, Charlotte et Louise, au duc de Coigny et regagna Paris, précédant sa petite famille.

Le soir de l'arrivée de la jolie Anglaise dans la capitale,
il se passa à l'Opéra un incident que Mme de Gontaut nous
raconte dans ses Mémoires. Le roi devait assister au spectacle et la salle était comble. « Chaque loge était éclairée
par un lustre jusqu'à l'étage le plus élevé ; la loge du roi
éblouissante, ainsi que trois de chaque côté, dans lesquelles
se trouvaient les dames priées (invitées par le roi) en grand
habit de cour. J'étais dans une de ces loges. Une seule, au
second vis-à-vis de moi, était vide, ce qui fixa mon attention. J'y vis entrer une femme couverte d'un voile de dentelle qui l'enveloppait, mais laissait voir son visage, beau
et pâle, qui me rappela à l'instant la dame silencieuse de
l'Opéra de Londres. Elle se tint debout, mais illuminée par
le lustre, on la vit tout entière. Au moment où le cortège
du Roi approchait, tout le monde se lève, les yeux fixés
sur la loge royale ; un gentilhomme ordinaire de la Maison
du Roi s'avance, et à haute voix annonce :

— Le Roi !

M. le duc de Berry paraît, tous les princes le suivent,
chacun se range pour faire place au roi. Ce fut le moment
d'un profond silence, qui permit d'entendre un poids lourd
tombant au fond de la loge, aux secondes : la dame blanche
avait disparu. Le roi entrait alors, tous les regards se portè-

---

(1) Charles, nous dit un rapport de la Sûreté Générale, avait été
chargé par le roi de demander : « *a)* des explications sur l'envoi de
troupes que fait le gouvernement anglais sur la Belgique ; *b)* que Bonaparte soit surveillé plus que jamais dans son île d'Elbe ; *c)* tâcher de
rompre la liaison politique entre l'Angleterre et la cour de Vienne
qui prend un accroissement tel que nous devons en concevoir de l'inquiétude. »

rent vers lui, et les cris de « Vive le Roi » furent unanimes.
Je cherchai à comprendre quel pouvait être l'événement
arrivé à la dame, que je vis emporter évanouie et qui ne
reparut plus. Je vis que Monseigneur s'en était aperçu ;
il dit un mot à M. de Clermont-Lodève, qui disparut...
Pendant l'entracte, entre les deux pièces, M. de Clermont
vint me faire une visite ; je lui parlai de l'épisode de la
loge vide ; il me parut en avoir été très agité ; il me dit,
bien bas, que Mme Brown était arrivée de Londres une
heure avant le spectacle, que Monseigneur lui avait envoyé
le billet de la loge, lui recommandant d'y arriver le plus
tôt possible... la surprise qu'il voulut lui faire eût pu la
tuer... »

Sans doute Amy n'ignorait-elle point que Charles était
« fils de France », mais voyant de quelle pompe était entouré l'être qu'elle aimait, elle se rendit compte de la
« distance immense » qui les séparait, distance « à jamais
impossible à atteindre », ainsi que le précise Mme de Gontaut.

De nombreux rapports de police nous prouvent qu'en
dépit de cette « distance », Charles se rendait presque chaque
jour rue Blanche où il avait acheté pour Amy et ses filles
un petit hôtel entouré d'un vaste jardin qui s'étendait
jusqu'à la rue de Clichy.

Ces visites ne sont peut-être pas considérées par Charles
comme « la plus pure de toutes les félicités humaines » —
l'hôtel de la rue de Clichy n'est plus « la petite maison » !
— mais les policiers, dans leurs rapports quotidiens, n'en
parlent pas moins fréquemment de la « liaison très particulière » unissant Charles et Amy... Ce qui ne les empêche
pas de préciser que le prince ignore la fidélité et de rappeler les fréquentes « entrevues » de Virginie et du duc de
Berry.

Amy ignora-t-elle la liaison de son « mari » avec la danseuse ? On ne sait... Charles ne fait rien pour la cacher.
« On a répandu le bruit dans Paris qu'avant-hier, précisait
un rapport de police en date du 15 septembre, la demoiselle Virginie, danseuse à l'Opéra, s'était promenée dans une
calèche ayant à ses côtés M. le duc de Berry, et que, la

veille, cette même personne avait été vue au Bois de Boulogne, escortée par les gardes du corps de S.A.R. Monsieur, frère du Roi. » Quelques jours plus tard on signalait la présence de la jolie Virginie dans une loge du Théâtre Feydeau « *en face de la loge royale* »...

Charles estimait qu'il devait à sa réputation de ressembler à Henri IV dont la famille royale se réclamait sans cesse. Aussi multipliait-il les aventures, s'attaquant au petit personnel des Tuileries. Il avait remarqué particulièrement une jeune et jolie fille de dix-sept ans, d'origine bruxelloise : Marie-Sophie Delaroche, fille d'un fumiste, et passementière au Château. L'intérêt qu'il prit aux yeux bleus et aux boucles blondes de la jeune brodeuse fut le début d'une liaison que Charles, jusqu'à sa mort, mena de front avec celles d'Amy et de Virginie.

Toutes les occasions lui étaient bonnes... Combien de charmantes quémandeuses ne venaient-elles pas prier le duc de s'intéresser à leurs affaires, surtout à cette époque où les solliciteurs étaient légion ? On le vit un jour écrire au ministre des Affaires étrangères afin de recommander, pour un important poste consulaire, un certain M. Sourdot. Charles terminait sa lettre par ces mots : « Son épouse est charmante : elle a les plus beaux yeux du monde. » La lettre courut tout le ministère ! Les beaux yeux de Mme Sourdot coûtèrent fort cher au trésor, car un peu plus tard son mari, nommé au poste qu'il ambitionnait, s'enfuyait avec la caisse...

Est-ce à la suite de quelque sollicitation qu'il devint l'amant de Mme de M. dont la police ne nous donne que les initiales ? A propos de cette mystérieuse personne, on trouve une savoureuse histoire dans les Mémoires tirés des archives de la préfecture de Police. Charles soupçonnant Mme de M. d'avoir des bontés pour d'autres que pour lui désirait la faire surveiller. « Un homme à lui s'en vint donc à la préfecture de police parler à qui de droit, donna les instructions convenables et s'en alla. Un agent subalterne est mandé, et on lui enjoint de surveiller « une maîtresse du duc de Berry ». Lui, à son tour, obéissant à l'esprit hiérarchique, mande une mouche sous-inférieure et la commet au soin de rendre compte de ce que fait « la maîtresse du duc de Berry ». Or, pour ce misérable, l'existence de la haute et fière Mme de M. est lettre close, il ne connaît avec la canaille qu'une maîtresse du prince, une danseuse adorable, et persuadé que la jolie et fringante Virginie est celle dont il doit éclairer les pas, s'attache à la pauvre demoiselle comme un chien à son os. Ce drôle, quoique des derniers de la Préfecture, était un malin singe, capable de bien remplir sa mission, si, d'abord, il n'avait pas commis la faute énorme de se tromper de personne. Il fait donc son métier avec tant de zèle et d'intelligence que le prince, huit jours après, reçoit et lit un rapport détaillé, circonstancié, minuté, en termes francs qui lui apprennent les nombreux oublis que la céleste bayadère faisait de la foi jurée. »

On devine la stupéfaction, la colère, puis le désappointement du duc de Berry qui se précipite rue Richepanse, décidé à rompre définitivement avec Virginie. Mais, « la demoiselle raccommoda avec ses larmes la maladresse de la police, dérangea, sous prétexte de les arracher, quelques boucles de ses beaux cheveux et prit sur son canapé une attitude d'Ariane sur l'île de Naxos : le dénonciateur était un fourbe, mis en jeu par ses rivales ou ses ennemis... Le pauvre diable de policier passa pour avoir vendu sa plume et on obtint ostensiblement sa démission ; car, en réalité, le préfet de police le changea de brigade et tout fut dit... »

Et la liaison reprit de plus belle. Il ne se passe pas de semaine sans que l'on retrouve, dans les rapports de police, le nom du duc de Berry accolé à celui de Virginie.

Les inspecteurs nous apprennent aussi que Charles, durant les derniers mois de grossesse de sa danseuse, s'était intéressé à Mlle Bourgoing, de la Comédie-Française. Cette jeune personne affichait des sentiments à tel point royalistes, agitait à sa fenêtre tant de mouchoirs, de serviettes et de draps, que Louis XVIII ne put faire autrement que de lui accorder une audience. Le roi fit asseoir la comédienne auprès de lui, essaya même, dit-on, de vérifier si

Mlle Bourgoing méritait son surnom de « déesse de la joie et des plaisirs »... mais dut vite renoncer.

— Je n'ai jamais tant regretté d'avoir soixante ans ! soupira-t-il...

Ainsi que l'a dit Alméras « le roi les avait eus toute sa vie ! »

Mlle Bourgoing n'en reçut pas moins le lendemain une voiture attelée de deux beaux chevaux gris pommelés et un nécessaire de vermeil qui contenait, non des parfums, mais 8 000 francs en billets de banque. Cependant, lorsque la comédienne rencontra Virginie qui, ravie d'être enceinte d'un Bourbon, promenait son ventre comme un drapeau blanc, elle se sentit nettement distancée... Aussi « la déesse » ne montra-t-elle aucune cruauté lorsque Charles lui fit comprendre qu'il pouvait être aussi captivé par les représentations de la Comédie-Française que par celles que pouvait lui donner l'Opéra...

On s'en doute, les exploits amoureux du duc de Berry étaient commentés.

« On fait à cet égard, écrit un rapport de police, la réflexion suivante : qu'il serait à désirer que dans des circonstances politiques aussi importantes que celles qui existent, un prince français montrât un caractère plus réservé et plus imposant. » On s'attachait « à mettre ses mœurs en parallèle avec celles qu'on reprochait il y a vingt-cinq ans à M. le comte d'Artois et à M. le duc d'Orléans (Egalité) ». On rapportait que « M. Hennequin, caissier à la trésorerie, avait dit qu'il avait payé à une femme entretenue par le duc de Berry une somme de 45 000 francs... » Ailleurs on parlait de 1 500 francs par mois donnés à une autre femme...

— Oh ! celui-là, s'exclamait quelqu'un sous le péristyle des Tuileries, mène les affaires grand train ! Il va bien, pourvu que cela dure !...

Et les inspecteurs de tendre l'oreille et de noircir chaque jour de volumineux rapports sur ces ragots de trottoir ou de café... Cependant le duc de Berry eut les rieurs avec lui lorsqu'on découvrit un matin dans un fiacre, « après quel-

72

que course nocturne », les grands cordons de ses Ordres entremêlés à ses bretelles (1)...

Si bourgeois et gens de la Cour se montrent scandalisés — tout en riant peut-être sous cape — il n'en est pas de même du petit peuple... Un prince qui aime l'amour ne peut lui être que sympathique ! De tous les spectres poussiéreux revenus d'exil, le duc de Berry est le seul à se comporter en bon vivant. Aux Tuileries, lors des *Grands-Couverts,* le peuple s'extasie en voyant Charles se resservir trois fois d'un grand plat d'écrevisses de la Meuse. « Ce bel appétit, sa bonne humeur, nous dit un témoin, la rondeur de ses façons ont semblé plaire infiniment à la foule qui passait devant la table royale.»

De plus — à tort, d'ailleurs — il passait pour libéral. Sans doute préférait-il les émigrés aux bonapartistes et la monarchie absolue au gouvernement parlementaire, mais la Restauration lui avait apporté à profusion ce qu'il préférait au monde : les chevaux, les femmes, la chasse et des régiments à faire manœuvrer. La « croix d'Hartwell» se trouvait oubliée ! Il était presque reconnaissant à Louis XVIII et cette reconnaissance se manifestait en grande indulgence. Le roi avait si joliment fait meubler son appartement situé au rez-de-Chaussée du Pavillon de Marsan !... Une simple porte à ouvrir et il était dans Paris ! Sa chambre à coucher eût fait les délices d'une femme légère — on aurait dit alors d'un *castor.* Un carton des Archives Nationales (2) nous donne une minutieuse description de son lit recouvert de soie de Naples «fleuron blanc». Les rideaux blancs sont brochés d'or, les meubles recouverts d'Aubusson dont le dessin amarante est posé sur fond bleu. Sur la cheminée trône — ô ironie ! — une pendule symbolisant l'Amour et la Fidélité (3) !... L'installation de Charles avait coûté au trésor la bagatelle de 125 488,55 francs — environ 25 000 francs-or. Elle comprenait une anti-

(1) Rapport du 13 janvier 1815.

(2) A. N. 03 2010.

(3) Elle avait été payée 590 francs.

chambre, une salle à manger, une chambre à coucher, cinq salons et une « salle à manger noire » (?).

Dans ce décor il était pleinement heureux ! Parfois le roi l'envoyait en tournées de propagande... et il partait tout souriant, n'étant pas encore blasé sur ces gigantesques corvées. A peine revenu de sa tournée dans le Nord — Calais, Lille et Dunkerque — au mois de septembre et d'octobre 1814, il visite la Lorraine et l'Alsace. Pour recevoir dignement le neveu de Sa Majesté le ministre avait recommandé à ses préfets de « se conformer aux honneurs prescrits par le titre V du décret du 24 messidor an XII », décret signé par Napoléon (1)... Il était néanmoins précisé que le drapeau tricolore devait être remplacé par le drapeau blanc.

Charles, en dépit de la représentation quotidienne de la *Partie de chasse d'Henri IV* qui l'attend à chaque étape, est enchanté. Il joue au prince, distribuant à profusion des décorations. C'est ainsi qu'à Metz il donne l'*ordre du lys* à tous les officiers et sous-officiers d'un régiment (2)... Puis vite, après cette manne, il repart pour le département suivant. « Notre bonheur a été si rapide que l'on craindrait de n'avoir fait qu'un rêve céleste », assure un préfet qui se trouvait en place, bien entendu du temps de l'Usurpateur...

Lorsqu'il revient à Paris, retrouvant d'autres joies — Amy, Virginie, la petite Delaroche, et combien d'autres ! — il est tellement heureux, que durant toute la première Restauration il ne s'associe pas aux plaintes dont le comte d'Artois ne cesse d'accabler son frère. L'anarchie paternelle de Louis XVIII — l'expression est du temps — le laisse parfaitement indifférent.

Le roi voulait unir le passé et le présent ? Maintenir les bonapartistes en place ? Amnistier jusqu'aux violettes impériales ? Soit, du moment que Louis XVIII lui laissait courir les filles, crever ses chevaux et fatiguer ses régiments ! Au Conseil il lui arrivait même de prendre le parti du roi contre les *Ultras* de Monsieur. Par « respect religieux du

(1) A. N. FI a. 560, 3.

(2) *Ibid.*

74

trône », ainsi que le prétendait Frénilly ? Non ! son esprit était ailleurs, voilà tout !

Sans y attacher la moindre importance, il affectait même des sentiments réactionnaires.

« M. le duc de Berry avait alors le désir de vivre sociablement, nous dit Mme de Boigne. Il fit quelques visites et vint chez moi. Je lui arrangeai plusieurs soirées avec de la musique, il s'y amusait de très bonne grâce et montrait naïvement et spirituellement sa joie de la situation où il se trouvait replacé. Toutefois, le manque de convenance, inhérent à sa nature, se faisait sentir de temps en temps. Je me rappelle lui avoir parlé une fois pour Arthur de la Bourdonnais, jeune et bon officier qui avait servi sous l'Empereur, et qui souhaitait lui être attaché ; il m'écoutait avec intérêt et bienveillance, puis tout à coup élevant la voix :

« — Est-il gentilhomme ?

« — Certainement, Monseigneur.

« — En ce cas, je n'en veux pas, je déteste les gentilshommes.

« Il faut convenir que c'était une bizarre assertion au milieu d'un salon rempli de la noblesse de France, et, en outre, cela n'était pas vrai. Il s'était dit, avec son bon esprit, qu'il ne fallait pas être exclusif et qu'il était appelé à être le prince populaire de sa famille. Et, avec son irréflexion habituelle, il avait ainsi choisi le terrain d'une profession de foi, mal rédigée en tous lieux. Je le connaissais assez pour ne pas répliquer, il aurait amplifié sur le texte si je l'avais relevé. »

« Il manque de convenance ! », soupiraient les dames de la cour, scandalisées... Mais les Parisiens s'esclaffaient. En réalité Charles agissait comme un enfant heureux du jouet mis entre ses mains. Il montrait une joie naïve de sa nouvelle situation et se laissait aller à lancer des ruades comme un poulain échappé. Il marchait un jour dans une galerie du Château. Devant lui, cheminait à pas lents le vieux marquis Letourneur qui « un peu sourd et un peu distrait, nous raconte un témoin de la scène, n'ayant pas distingué le pas de charge de Monseigneur, reçut de lui un grand coup de pied à la partie saillante du corps qui se trouvait face au prince. Surpris et furieux le marquis porta la main, non à la garde de son épée, mais à la partie frappée. Le marquis se retourna et se vit en présence de M. le duc de Berry qui riait aux éclats... »

Le vieux courtisan changea aussitôt de physionomie. Un sourire heureux vint fleurir ses lèvres et il s'inclina en déclarant :

— On n'est pas plus aimable que Monseigneur !

Evidemment la plaisanterie était digne d'un portefaix !

Ses nouvelles dignités ne l'empêchaient nullement de retomber dans ses habituels accès de fureur... L'influence d'Amy n'était souvent plus qu'un souvenir.

— C'est la colère de Jupiter, s'exclamait Vitrolles épouvanté.

Il s'emporta un jour, au cours d'une revue, jusqu'à arracher les épaulettes d'un commandant d'infanterie. Louis XVIII tança son neveu, désespéré d'ailleurs de son acte, fit venir l'officier et lui tendit une paire d'épaulettes de colonel.

— Si le duc de Berry vous a enlevé vos épaulettes, c'est pour vous donner celles-ci !

Cependant à l'armée, principalement auprès des soldats, ce gaillard de Berry, ce trousseur de filles, n'était pas impopulaire... Il connaissait la manière d'interroger les hommes et de leur parler familièrement. Il eut même parfois des mots heureux. Lors d'une revue, un grenadier s'était avancé hors des rangs, au moment où le duc de Berry passait à hauteur, et avait crié comme on lance une insulte :

— Vive l'Empereur !

— Vous l'aimiez donc bien ? demanda Berry.

— Il nous a menés à la victoire !

— Le beau mérite, avec des soldats tels que vous !

Un jour, à Reims, nous révèle une lettre inédite du comte de Nantouillet (1), Charles reconnaît un officier supérieur — le colonel Levieux — qui, jeune sous-lieutenant,

(1) Archives B. A.

avait été fait prisonnier en 1796 par les Condéens. Berry se souvient même de son nom et l'interpelle :

— Mon brave Levieux, vous souvenez-vous de moi ? Je ne vous ai point oublié ; j'ai su quelle avait été votre conduite à votre retour en France. Vous êtes un brave !

Et après l'avoir embrassé, il ajoute :

— Mais vous n'êtes point décoré ? Le roi vous donne la croix de la Légion d'honneur et celle de Saint-Louis ; vous avez mérité l'une et l'autre !

Le débarquement de l'empereur vint, entre autres conséquences, interrompre la vie donjuanesque du duc de Berry. Au début du vol de l'Aigle, Charles prit le ton insouciant de mise à la cour.

— Nous avons une visite inattendue, mais j'espère que nous ne l'aurons pas longtemps... l'événement est peut-être fort heureux !

Il fut décidé que le duc de Berry partirait pour la Franche-Comté et prendrait la tête de l'aile gauche de l'armée. Bien entendu on lui adjoignit un « lieutenant » en la personne du maréchal Ney. Cependant Charles ne rejoignit pas son commandement. Le héros de la Moskowa quitta Paris seul.

— Nous allons attaquer la bête fauve, déclara-t-il en arrivant le 10 mars 1815 à Besançon.

Quatre jours plus tard, devant les troupes rangées en carré, Ney devait crier :

— Soldats, je vous ai souvent menés à la victoire ; maintenant je vais vous mener à la phalange immortelle que l'Empereur conduit à Paris.

Puis « il parcourut les rangs comme un homme en délire, embrassant jusqu'aux fifres et aux tambours ».

Le roi convoqua les Chambres. Comme bien des gens en France cette semaine-là — mais pour un tout autre motif — il avait remplacé sa croix de Saint-Louis par celle de la Légion d'honneur.

— Vous la voyez ? demanda-t-il au futur Louis-Philippe qui montait avec lui en voiture pour se rendre au Palais-Bourbon.

— J'aurais préféré la voir plus tôt, répondit le duc d'Orléans.

A côté du roi se tenait le duc de Berry l'air renfrogné. Il fulminait contre Ney... et sa passivité avait fait place à une véritable rage qui ne le quittera plus.

Devant les deux Chambres, ce fut une scène d'attendrissement et d'holocauste général. Après son père, Charles jura d'expirer fidèle à la Charte ; Louis XVIII fit le serment de périr sur le trône plutôt que de quitter Paris et tous les députés crièrent :

— Mourir pour le roi ! A la vie, à la mort !

Ce qui n'empêcha nullement la plupart de ces messieurs d'acclamer l'empereur quatre jours plus tard, le roi de décider son départ, et le duc de Berry de vitupérer jusqu'à ses derniers jours contre cette maudite Charte qu'à l'instar des Ultras, il n'appellera plus désormais que « la chatte du Roi »...

Les 17, 18, et 19 mars virent s'échafauder les projets les plus grotesques. La palme revient à Blacas qui eut l'idée d'une étrange pompe funèbre. Selon lui le roi devait se porter à la rencontre de M. de Buonaparte en calèche découverte et accompagné par les députés et les pairs, tous à cheval. « L'homme exécré » devant un tel spectacle ne pourrait que rebrousser chemin !

— Il manque à ce projet une chose essentielle, ironisa Vitrolles ; c'est que la procession soit précédée par l'archevêque de Paris portant le Saint-Sacrement comme saint Martin allant au-devant du roi des Wisigoths !...

Le duc de Berry était allé rejoindre les troupes cantonnées à Melun et devant « couvrir Paris »... mais, dans la soirée du 18, le 6e Lancier qui se trouvait en avant-poste, au pont de Montereau, fit simplement demi-tour, mit la cocarde tricolore et se considéra comme l'avant-garde... de Napoléon !

Il ne restait plus que la fuite.

Le duc de Berry s'empressa de faire partir pour l'Angleterre Amy et ses deux petites filles. Il alla ensuite dire au revoir à Virginie qui avait accouché trois semaines auparavant d'un magnifique garçon — le futur Charles de

Bavière — et gardait encore la chambre. Charles embrassa la mère et l'enfant et les confia aux soins du coiffeur-père.

— Ah ! plaignez-moi de vous quitter, répéta-t-il à plusieurs reprises, et ne m'oubliez pas...

Le coiffeur promit tout ce que l'on voulut. Depuis le 4 mars, date de naissance de l'enfant, il parlait de son petit-fils « avec l'orgueil d'un personnage ayant été visité par le Saint-Esprit »... L'arrivée de l'empereur devait, bien entendu, changer quelque peu ce sentiment. Voyant que la Restauration n'avait eu pour lui d'autre résultats que la grossesse de sa fille et la perte de sa place de perruquier, il racontait à tout venant sa déconvenue et ajoutait :

— Enfin ce qui met le comble à mon déshonneur, c'est d'avoir un Bourbon dans ma famille !

Tandis que son « beau-père » poussait des soupirs, le duc de Berry, à la tête de la maison militaire du roi, remontait à petites étapes vers le Nord. Cette déroute sans avoir combattu rappelait à Charles les terribles heures qui avaient suivi la bataille de Valmy. Depuis le départ de Paris — dans la nuit du 19 — une pluie diluvienne n'avait cessé de tomber. Les trois ou quatre mille gardes du corps, gendarmes royaux, mousquetaires gris, noirs, blancs et rouges, chevau-légers, soldats de parade destinés à ne pas quitter les portières ou les antichambres, se trouvaient dans le même état pitoyable qu'autrefois les soldats de l'armée des Princes. La pluie inexorable avait vite délavé les habits bleu roi à retroussis écarlates, les revers ornés de fleurs de lys, les culottes de peau blanche, les aiguillettes, plumes, galons et chamarrures ornant jusqu'aux petites tenues... Pauvre armée sans vivres, sans gîtes prévus, marchant au hasard, escortant en principe le roi qui la précédait de deux ou trois étapes !...

Un énorme fourgon contenant un million en or et en argent suivait tant bien que mal sous la garde de Hue, l'ancien valet de chambre de Louis XVI. Pour garantir ce magot de toute attaque, Hue couvrit la voiture d'un drap mortuaire et fit passer le trésor pour les cendres de Louis XVI et de Marie-Antoinette « que le roi emmenait pour les préserver de toute violation »... Et les paysans se découvraient pieusement devant les restes du roi martyr !

Enfin, talonnés par les troupes impériales du général Exelmans, les soldats d'antichambre atteignirent Bethune le 24 mars. A peine fut-on arrivé que l'on vint prévenir Charles que son ancien régiment, les lanciers de Berry, « passés à l'Usurpateur », arrivait aux portes de la ville. Ce fut aussitôt un affolement. La maison militaire du roi, dont tous les hommes avaient le grade de sous-lieutenant, — sans jamais avoir assisté au moindre combat — était détestée par les troupes qui avaient battu toutes les armées d'Europe. Les soldats-officiers coururent aux armes, tandis que les lanciers se formaient en bataille. Le sang allait-il couler ?

Presque seul, le duc de Berry s'avança à la rencontre de « l'ennemi » et arrêta son cheval devant le colonel. C'est en vain qu'il reprocha à l'officier « d'abandonner son drapeau » et « de renier sa croix de Saint-Louis ».

— Cette croix que j'ai moi-même accrochée sur votre poitrine !

Le colonel resta impassible.

Charles se tourna alors vers les lanciers et leur demanda de crier *Vive le Roi !* Un immense cri lui répondit :

— Vive l'Empereur !... Vive Berry !

C'était un demi-succès...

Le colonel commanda « *par quatre* » et le régiment se porta en arrière. Le duc de Berry fit aussitôt fermer les portes de la ville. Une rencontre sanglante était évitée.

Le roi se trouvait, disait-on, à Lille. En réalité il en était déjà reparti pour la Belgique, mais « l'armée » l'ignorait encore. La « maison militaire », à la tête de laquelle marchait maintenant le comte d'Artois, décida d'emprunter des chemins de traverse pour rejoindre Lille au lieu de suivre la chaussée de la Bassée. On éviterait ainsi « des détachements hostiles ». Peut-être !... mais on trouva des rivières de boue dans lesquelles les chevaux, comme jadis en Champagne, s'enlisèrent jusqu'au ventre. A Armentières, il fallut abandonner « l'artillerie » — douze bouches à feu... Une retraite de Russie sans gloire et sans grand homme !

Soudain une nouvelle courut : le roi avait émigré ! Tout d'abord on ne voulut point le croire... Mais il fallut se rendre à l'évidence lorsque Artois et Berry prirent la décision de licencier la maison militaire. Les hommes — des statues de boue — tout en criant à la trahison, se rangèrent sur la chaussée à la hauteur de Neuve-l'Eglise... cette chaussée que l'on n'aurait jamais dû quitter. Un à un, les commandants de compagnie furent appelés auprès du duc de Berry et du futur Charles X qui les embrassèrent en pleurant. Seulement cent cinquante hommes et trois cents cavaliers, choisis parmi les mieux montés, les moins sales et les plus compromis, resteraient avec les Princes. Le reste devait s'en retourner à Béthune où se ferait le licenciement, « avec l'espoir, mandait le comte d'Artois à son frère, que l'on puisse retrouver (un jour) ces individus ».

On verra ces malheureux « individus », misérables, noirs, non de poudre, mais de boue séchée, ayant vendu leurs chevaux, regagner Paris par petits groupes. Certains, la fidélité chevillée au corps, remontèrent vers la frontière et rejoignirent « l'armée » du duc de Berry qui se formait à Alost. Charles eut bientôt sous ses ordres 802 hommes qu'il inspectait et faisait manœuvrer en vue de l'ouverture prochaine des hostilités. Cependant, ainsi que l'écrivait Talleyrand, resté à Vienne : « Le roi se rendrait odieux à la France s'il donnait lieu de croire que c'est pour lui que la guerre est entreprise. » Berry voyait les choses autrement. Il ne lui aurait pas déplu de devenir le chef d'une nouvelle armée de Condé...

Les Alliés tranchèrent la question en faisant connaître à Gand, résidence de Louis XVIII, « leur décision formelle que la petite armée d'Alost, ni même les princes individuellement, ne prissent point part à la guerre ». Ce n'est point par excès de tact, on s'en doute, que ces messieurs agissaient de la sorte, mais ils se rendaient parfaitement compte que Louis XVIII devenu allié et belligérant — même symboliquement — serait en mesure, après la victoire commune, de refuser toute cession de territoire ou toute indemnité. Le roi de France ne serait pas vaincu, mais victorieux !... Or pour les Alliés il ne s'agissait plus de maintenir le traité de Paris, mais de le refaire. « Les puissances, précisait la déclaration du 12 mai, se trouvent rétablies envers la France dans la position où elles étaient le 31 mars 1814 »... c'est-à-dire au lendemain de la capitulation de Paris et à la veille de l'abdication de Fontainebleau.

Berry se consolait en écoutant ses hommes chanter :

> *Auguste eut un Mécène,*
> *Henri Quatre un Sully,*
> *Louis Quatorze un Turenne,*
> *Louis Dix-huit un Berry.*

Ce qui était pour le moins excessif...

Afin de grossir un peu « l'armée », on adresse aux soldats impériaux des appels à la désertion. On accordera quatre-vingts francs à chaque cavalier monté et vingt francs à chaque fantassin. On publie, le 6 mai, au nom du duc de Berry un appel vibrant : « Soldats, un de vos compagnons d'armes, un Français jaloux de la gloire et de l'honneur de l'armée vous appelle sous les drapeaux de l'auguste descendant de Louis XII et de Henri IV. »

On s'attendait à voir arriver des régiments entiers : vingt-huit hommes seulement acceptèrent d'échanger leurs aigles contre la cocarde blanche. Ils se présentèrent d'ailleurs assez piteusement, et en rougissant. A qui serviront les 6 000 fusils et les 10 000 uniformes que les Anglais ont finalement accepté de « tenir à la disposition de Sa Majesté Très Chrétienne, selon les besoins » ?

Le duc de Berry se console en faisant un enfant à une dame d'Alost et en reprenant ses « soupers » avec Virginie, venue retrouver son amant en dépit des protestations du coiffeur-père. Charles vit alors chez le bourgmestre Lefebvre, 10, rue de la Chapelle. Amy, effacée, tendre, soumise, n'a pas osé quitter l'Angleterre. Presque chaque jour, Charles se rend à Gand, où Louis XVIII, dans la belle demeure du comte d'Hanes de Steenhuyse, essaie de maintenir l'étiquette des Tuileries, dîne avec une pompe qui impressionne les dames de la ville admises à défiler devant la table royale. Berry, que le roi appelle — on ne sait pourquoi — Jean de Bry, préside en face de son oncle qui découpe lui-même, et envoye aux ministres sans ministère, aux colonels sans régiment, et aux préfets sans préfecture les morceaux qui leur conviennent. Le peuple se presse aux fenêtres.

Dès que le roi sort de l'hôtel, on se presse... On accourt pour voir le souverain en exil accueilli le dimanche à Saint-Bavon par Mgr de Broglie. Accompagné par le duc de Berry et par le service exigé par l'Etiquette, il se laisse emporter dans sa voiture aux huit chevaux gris. L'oncle et le neveu vont faire le tour des remparts ou se rendent jusqu'à Strop, une auberge où l'on sert une excellente friture.

Pour les Gantois, le roi de France obtient autant de succès que « l'éléphant mâle du Bengale, » « le seul précisait le prospectus qui ait paru en Europe et qui se couche au commandement de son conducteur ». On l'exhibe au même moment salle Saint-Georges, pour « un franc aux *premières* et cinquante centimes aux *secondes*... »

Berry assiste au Conseil qui a lieu tous les quatre jours. Gravement, le roi signe ordonnance sur ordonnance contre « l'Usurpateur. »

Un soir — c'était le 17 juin — le duc de Berry arrive à Gand à son heure habituelle... mais il n'est pas seul : ses hommes l'accompagnent. Les troupes de l'empereur ayant passé à l'attaque « l'armée » royale a estimé que Alost se trouve un peu trop près du futur champ de bataille.

La levée du camp d'Alost fut sévèrement jugée par le duc de Wellington. Selon Mme de Boigne, le chef des armées alliées « s'en expliqua cruellement et publiquement vis-à-vis du prince ».

— Sur la foi de rapports erronés, s'excusa Berry, je crus la bataille perdue.

— Raison de plus, Monseigneur, quand on se sauve, il ne faut pas rendre impossible la marche de braves gens qui peuvent être obligés à faire une retraite honorable !

A Gand, en voyant arriver « l'armée » en déroute du neveu du roi, les exilés préparent leurs bagages, les chevaux sont commandés, les voitures attelées, tandis que Berry met la ville en état de défense en faisant creuser quelques tranchées. Dans la nuit, on reçoit la nouvelle de la victoire française des Quatre-Bras et c'est aussitôt le sauve-qui-peut général !

— Que ceux qui ont peur, dit le roi, se mettent en route ; quant à moi je ne sortirai d'ici que si j'y suis forcé par les circonstances !

Toute la journée du 18, la voiture du roi reste attelée. Faudra-t-il partir pour Anvers ? Déjà les archives et l'argenterie royale sont dirigées vers l'Escaut. Toute la journée on entend le canon dans la direction de Bruxelles. Le duc de Berry fait inonder les fossés, puis part pour Termonde afin de mettre ses 802 hommes à l'abri...

Il s'installe avec son père au château du baron de la Candèle à Gidsegen.

Pendant ce temps, Louis XVIII, oubliant qu'il ne peut marcher que soutenu par deux hommes, fait les cent pas dans sa chambre et refuse de se coucher... Au loin, le canon tonne toujours. A deux heures du matin, la figure blême de Blacas s'encadre dans la porte. En dépit de son air lugubre — son expression habituelle — il apporte une bonne nouvelle ; Wellington fait savoir au roi de France qu'il a gagné une grande bataille à Waterloo. Le roi pousse un soupir de soulagement et va se coucher.

Et c'est le retour, une fois de plus dans les fourgons de l'étranger. Mais pour un roi « de droit divin », c'est là un détail qui ne saurait ternir les ors d'un trône.

Charles se met à la tête de la Maison royale. Après une étape à Gramont et à Mons où Berry loge chez le marquis Dumont de Gages, on décide de renvoyer Blacas, coupable d'avoir mal conseillé le roi. Il s'en va d'autant plus résigné que Louis XVIII lui offre sept millions de francs...

Dès Cateau-Cambrésis, les municipalités, — escortées des inévitables jeunes filles en blanc portant des fleurs de lys et ânonnent des vers de circonstance, clament leur loyalisme... Aux fenêtres pendent des drapeaux blancs qui ne sont autres que des draps de lit. Comme le dit un témoin « nous ne pouvions qu'admirer la sagesse et la prévoyance qui avaient choisi un étendard national que le plus humble ménage pouvait fournir instantanément ».

A Cambrai on retrouve Talleyrand qui a préparé une déclaration royale. Avec habileté il y a glissé cette phrase : « Mon gouvernement devait commettre des fautes. Peut-être en a-t-il fait. L'expérience seule pouvait avertir. Elle ne sera pas perdue. »

Artois et le duc de Berry levèrent les bras aux cieux.

— Impossible ! C'est impossible !

— C'est nécessaire, riposta Talleyrand. Monsieur a fait beaucoup de mal !

— Le prince de Talleyrand s'oublie, répliqua le comte d'Artois.

— Je le crains, mais la vérité m'emporte.

Charles se leva, blême de colère.

— Il ne faut rien moins que la présence du roi pour que je permette à qui que ce soit de traiter ainsi mon père devant moi...

Louis XVIII, non sans mal, parvint à les calmer. Le roi dicte alors une proclamation où, comme le dit si bien Théo Fleischmann, « la ridicule et si peu glorieuse immobilité de l'armée d'Alost est exploitée sans vergogne ». « Je n'ai point permis qu'aucun prince de ma famille parût dans les rangs des étrangers, et j'ai enchaîné le courage de ceux de mes serviteurs qui avaient pu se ranger autour de moi (1) ».

Le 8 juillet voit la rentrée à Paris. Après la Garde Nationale, « braves et généreux citoyens n'observant pas dans leur marche une régularité symétrique », vient l'armée

_____

(1) Une lettre inédite écrite par le comte de Nantouillet nous apprend que le duc de Berry n'oubliera pas le dévouement de cette petite phalange de fidèles. « Tous les ans, à la même époque, il faisait donner un dîner à tous ceux qui l'avaient suivi, écrit l'ami de Charles. Chacun trouvait sur son assiette une gratification et, pendant le dîner, le Prince allait les voir et leur disait avec bonté combien il avait de plaisir à être parmi eux.

« — Je n'oublierai jamais votre fidélité, ajoutait-il. »
(Archives B. A.)

d'Alost : « leur teint avait contracté quelque chose de ce hâle militaire qui sied si bien à des guerriers... » Leur chef caracole à la portière du roi tandis que la foule s'amuse à crier : *Vive notre père de Gand !*, le jeu de mots inventé par Fouché.

Fouché ! Le régicide est devenu ministre et le duc de Berry ne décolère pas. Charles n'aura plus désormais sa passivité de 1814. Variable « comme un baromètre » son *jemenfichisme* n'est plus qu'un souvenir. D'après lui, son père n'est nullement responsable : le retour de l'Aigle n'a été rendu possible que par la faiblesse royale. Pour lui, comme pour tous ceux qui ont été contraints à partir pour Gand, il s'agit de se venger. Charles en veut surtout aux maréchaux et généraux que Louis XVIII a eu l'aveuglement de laisser aux postes de commande. A Strasbourg n'est-ce pas Suchet qui a proclamé l'empire ? Mortier à Lille ? Jourdan à Rouen ? Vedel à Cherbourg ? Boyer à Troyes ? Amey à Bourges ? Et Augereau ? Augereau qui en avril 1814 a dit à ses soldats en leur montrant le drapeau blanc :

— Arborons cette couleur vraiment française...

Augereau qui s'est empressé, le 22 mars 1815, de saluer le drapeau tricolore en déclarant :

— C'est en vain que sur nos drapeaux blancs, on chercherait quelque souvenir honorable.

La condamnation à mort de Ney remplit Berry de satisfaction. Inconscient, impulsif, il applaudit le terrible réquisitoire du procureur général Bellart qui — soit dit en passant — s'est déclaré « ivre d'amour » à la naissance du roi de Rome...

— La chasse aux maréchaux est ouverte... il faut en tuer au moins huit, hurle Berry lors de l'évasion de Lavalette...

— Vous ferez chasser ma dynastie, lui déclare sévèrement le roi. Si vous continuez, je vous exilerai en province...

IV

UNE JOLIE LAIDE

« **M.** le duc de Berry, écrivait Jaucourt à Talleyrand, est fort occupé de son mariage, n'importe avec qui ; sur ce point il a raison. Il est nécessaire qu'il soit marié et qu'il ait des enfants. »

C'était également là le sentiment de Louis XVIII : marier son neveu aurait le double avantage de donner un héritier à la dynastie et de calmer « Jean de Bry » puisque aventures féminines, exploits cynégétiques et cavalcades sur les fronts de bandière ne suffisaient plus à refroidir son sang !

Déjà, avant les Cent-Jours, il avait été question d'un mariage avec la grande-duchesse Anna, sœur du tsar. Mais Madame Royale avait poussé de hauts cris ! Une orthodoxe, mère du futur roi de France ? Il n'y fallait point songer ! Louis XVIII s'était rangé à cet avis et Berry, devant « la rigidité papiste et romaine de son oncle » avait montré « de l'humeur »...

On essaya de le consoler en lui proposant une archiduchesse autrichienne... mais Charles eût été alors le beau-frère de Napoléon ! Devant ce ridicule, le projet fut abandonné. Il fut ensuite à nouveau question de la princesse Marie de Saxe, mais « son profil manquait de précision » et ce défaut qui avait paru acceptable pour un prince émigré sembla intolérable pour l'héritier du royaume de France. C'est alors qu'on pensa à une princesse de Naples : Marie-Caroline des Deux Siciles née le 5 novembre 1798 à Caserte. Charles se souvint très vaguement de cette petite fille du prince héritier et de la princesse Clémentine qu'il avait entrevue à Palerme seize années auparavant.

Le projet rallia immédiatement tous les suffrages.

Cependant le nom d'Amy était sur toutes les lèvres. « Les malveillants répandent toutes sortes de bruits, précisait une note de police : S.A.R. Mgr le duc de Berry aurait dans le temps contracté mariage... » « C'est en vain, raconte de son côté le général de Reiset, dans ses *Mémoires,* qu'on racontait tout bas que le duc de Berry n'était point libre et qu'une union secrète, mais *légitime,* contractée jadis à Londres, l'avait fait l'époux d'une jeune Anglaise dont il avait deux enfants, le roi ne voulait, ni ne pouvait s'arrêter à de pareilles considérations. » « La dignité de la maison royale, explique de son côté Mme de Cayla, se refusa à sanctionner une alliance si peu proportionnée avec la fortune nouvelle du duc de Berry. »

Cependant le bruit courait que le roi pouvait paisiblement passer outre, Pie VII venant, à sa demande, de casser le mariage. Ce fait est affirmé aujourd'hui par tous les dictionnaires... Charles Nauroy prétend que Louis XVIII adressa au pape une demande d'annulation se fondant sur le fait que le mariage avait eu lieu sans le consentement de la famille royale. Nauroy précisait même — sans documents à l'appui, d'ailleurs — que « le double de ces demandes existait encore il y a quelques années dans les Archives de l'ambassade de France près le Saint-Siège ». D'autres historiens, sans plus de preuves, nous parlent des archives vaticanes de la Pénitencerie. Selon eux le pape aurait rendu un bref qui annulait le mariage, mais décla-

rait légitime les deux filles qui en étaient issues. La famille
Freeman — voir le dernier chapitre de ce livre — prétend
avoir reçu récemment à ce sujet des précisions : le mariage
aurait bien été cassé à Rome, mais au cours des transactions on aurait fait également allusion à l'existence de garçons nés de l'union d'Amy et du prince.

Historiquement rien ne peut être affirmé tant que nous
n'aurons pas entre les mains une preuve palpable.

Pour d'autres, le Vatican ne se serait nullement mêlé de
l'affaire, mais Louis XVIII, de sa propre autorité, aurait
brisé les liens unissant son neveu à Amy. N'ayant pas autrefois été consulté par Charles, le fait n'existait pas pour
lui.

Si l'hypothèse d'un mariage protestant — supposition que
nous exposerons en fin de ce volume — est rejetée, cette dernière présomption paraît la plus vraisemblable. Nous pouvons d'ailleurs, à l'appui de cette conjecture, verser aux
débats une preuve inédite émanant des archives de la maison d'Orléans. Il s'agit d'un manuscrit intitulé : *La Branche
aînée de la maison royale de Bourbon.* Cet important travail, de la main de l'archiviste du duc d'Alençon, est relié
aux armes de France et porte l'*ex-libris* de la duchesse de
Vendôme (1). L'auteur, travaillant par ordre du petit-fils
de Louis-Philippe, a dû avoir entre les mains des documents interdits aux historiens trop indiscrets... Après avoir
mentionné la naissance des deux filles et affirmé l'existence du « mariage secret contracté en Angleterre par le
duc de Berry », l'archiviste ajoute : « Sans tenir compte de
ce mariage que le pape Pie VII refusa, dit-on, à Louis
XVIII de casser pour la raison que ce mariage était bon,
le roi maria en 1816 son neveu à la princesse des Deux-
Siciles. »

Quant au duc de Berry, ses sentiments sont les mêmes
qu'en 1810. En conduisant une princesse à l'autel, le duc de
Berry ne croyait pas devenir bigame. Mariage cassé par le
pape, désuni par Louis XVIII ou célébré par un ministre

(1) Belle-fille du duc d'Alençon. Ce manuscrit, relié en trois
volumes, se trouve aujourd'hui dans les archives de M. Freeman.

d'un culte qui n'était pas le sien, Charles se considérait comme libre de tout lien.

La raison d'État avait parlé !

Autre chose faisait taire sa conscience :

Sans doute son mariage avec une princesse allait-il, dans une certaine mesure, le priver de sa liberté, sans doute certaines de ses « fantaisies » — il le disait lui-même — seraient désormais « hors de saison », mais quel poids l'événement ne lui apporterait-il pas vis-à-vis du pays ! Le fils qu'il donnerait à la France régnerait. En attendant il pourrait imposer peut-être sa volonté à Louis XVIII et lui parler haut et ferme ! Il deviendrait une puissance avec laquelle il faudrait compter ! Et même il parviendrait à éviter les erreurs dans lesquelles le roi, en dépit du coup de barre de 1815, s'enlisait à nouveau !...

Comment Amy, revenue en France avec ses deux filles, apprit-elle la nouvelle ? D'après W.-R. Brown, sa grand-tante, non seulement se serait inclinée avec résignation, mais aurait rendu d'elle-même sa liberté à son mari. Il est probable que pour sécher les larmes de sa « bonne Emma », Charles lui promit de venir la voir tous les jours. Et — nous le verrons plus loin — il tiendra parole !

*
* *

C'est Blacas qui reçut la mission de demander la main de la princesse Marie-Caroline. Il se trouvait exilé à Naples depuis dix mois. En quittant Gand, après le cauchemar des Cent-Jours, Louis XVIII — on l'a vu — s'était trouvé dans l'obligation de se séparer de son favori que Talleyrand appelait « le fléau de la Monarchie ». Le roi avait poussé des cris, pleuré, fait quelques belles citations latines, mais avait dû s'incliner : Blacas s'en irait à Naples en qualité d'ambassadeur.

— Je plains Sa Majesté quand elle ne vous aura plus auprès d'elle, lui avait déclaré Beugnot.

— Mon cher, vous ne connaissez pas l'amitié de nos rois ! Dans un mois je serai oublié.

« Il ne se trompait que de vingt-sept jours », ajoutait Beugnot en rapportant le fait.

Cependant Louis XVIII se souvint de lui à propos du mariage de son neveu ; il fut tout aise de pouvoir donner un rôle important à son ancien favori, le nomma « ambassadeur extraordinaire » et le chargea de « mener l'affaire ». Ce ne fut guère difficile ! Le roi Ferdinand — le roi Nasone — accepta avec joie (1). Il ne pouvait rêver plus beau parti pour sa petite-fille. Berry n'était plus l'exilé et le mauvais sujet de 1800, mais l'héritier du trône de France... Quant à la fiancée, bien entendu, on ne lui demanda pas son avis. Gageons, cependant, que l'espiègle Marie-Caroline eut bien envie d'éclater de rire lorsque l'ambassadeur extraordinaire vint la complimenter cérémonieusement... Blacas était long, le visage enfariné, portait une perruque blonde tirant vers le ton filasse, et avec cela se montrait pompeux, solennel, autoritaire, et arborait une gravité « qui prenait l'allure de pensées réfléchies »... en un mot il était ennuyeux à périr !

La jeune fille, après avoir souri, dut frémir un peu... Si la cour de France était peuplée de gentilshommes du genre de M. Blacas, elle regretterait à coup sûr l'atmosphère familiale et gaie qui régnait à la cour de Naples. En dépit des exils successifs imposés d'abord par la jeune république française, ensuite par Napoléon et enfin par la politique anglaise, la vie à Palerme ou à Naples avait été joyeuse. La mère de Marie-Caroline — la jolie et douce Marie-Clémentine d'Autriche — était sans doute morte à vingt et un ans d'une maladie de poitrine, mais la petite Marie-Caroline avait été élevée par la seconde femme de son père — l'infante Isabelle — et par ses jeunes tantes : Thé-

_____

(1) Marie-Caroline reçut en dot 120 000 ducats d'Espagne et 200 000 florins provenant de l'héritage de sa mère, l'archiduchesse Clémentine d'Autriche.

rèse, Marie-Christine — que le duc de Berry avait manqué épouser en 1800 — et Marie-Amélie, devenue en 1808 duchesse d'Orléans, par son mariage avec le futur Louis-Philippe. Avec elles, que de promenades à cheval, en bateau, à Monte-Pelegrino, à Camastra, aux Calabres, à la Flore !... Et puis, au Carnaval, que de danses, de cris et de joie !

Blacas trouva la future femme du duc de Berry fort mal élevée. Avant d'avoir été placée sous la coupe indulgente de Mme de La Tour, Marie-Caroline avait été éduquée par Mme de Dombasle, ex-gouvernante de plusieurs archiduchesses autrichiennes, et même de Madame Royale, lors de son exil à Vienne... Tandis qu'à la sévère Hofburg le moindre reproche portait ses fruits, à Palerme, sous le soleil de Sicile, il était difficile de prendre les choses au sérieux et la petite princesse avait poussé telle une mauvaise herbe. Elle se montrait, au surplus, paresseuse comme une couleuvre et l'avouait avec simplicité :

— Nous autres Siciliennes, dira-t-elle, nous sommes ignorantes comme des carpes. Figurez-vous que j'ai passé ma première enfance en Sicile et que je n'ai même pas appris l'italien !

Quant au français — langue habituelle de la cour de Sicile avec l'espagnol — elle le parlait en y mélangeant des expressions italiennes, en roulant les *r* et en accentuant chaque fin de phrase.

« Marie-Caroline, comme toutes les jeunes filles napolitaines, dira un jour d'elle le général Dermoncourt qui sera son geôlier, quel que soit leur rang, n'a reçu que peu ou point d'éducation. » Mais il précisait : « Chez elle tout est naturel et instinct ; les exigences de l'étiquette lui sont insupportables et les formes du monde inconnues. Elle se laisse entraîner sans essayer de se retenir et se livre avec un abandon naïf, aussitôt qu'on lui a inspiré quelque confiance. Capable de supporter tous les dangers avec la patience et le courage d'un soldat, la moindre contradiction l'exaspère. Alors sa figure, naturellement pâle, s'anime ; elle crie et bondit, menace et pleure comme un enfant, puis, aussitôt qu'on a l'air de faire ce qu'elle veut, elle sourit, s'apaise, et vous tend la main. Contrairement à la nature des princes, elle est reconnaissante et n'en rougit pas... Qui l'a vue une heure connaît son caractère, qui l'a vue un jour connaît son cœur.» Le portrait est bien certainement le plus juste qui ait été tracé de la duchesse de Berry.

Cependant, c'est, on s'en doute, le physique de sa future femme qui importait le plus à ce libertin de Charles. Aussi, Blacas avait-il ordonné à un peintre sicilien d'exécuter le portrait de la petite princesse. Lorsque l'ambassadeur extraordinaire reçut livraison du travail, il manqua perdre son calme traditionnel. Le tableau était une véritable caricature. Blacas l'envoya néanmoins à Paris, tout en faisant fort justement remarquer qu'il « serait difficile à un peintre n'ayant pas les premiers principes de dessin et ayant fait de travers tous les traits du visage, de pouvoir flatter quelqu'un... » La figure de la future duchesse de Berry, poursuivait-il, « sans être régulièrement jolie est agréable. Quant à ses dents, il semble qu'on ne s'en est jamais occupé, mais on m'assure qu'elles seront bien dès qu'elles auront été soignées. Pour la danse elle n'a pas toute la grâce qu'il serait facile de lui donner »... L'ambassadeur se consolait avec le « chapitre santé » qu'il qualifiait de « très bon ».

Le portrait n'était guère réjouissant... mais le lugubre Blacas se trouvait absolument incapable de déceler le principal. Sans doute Marie-Caroline mesurait-elle seulement un mètre cinquante, sans doute avait-elle des yeux légèrement divergents, sans doute sa figure allongée rappelait-elle les origines autrichiennes de sa mère et de sa grand-mère, sans doute sa bouche « un peu en avant » et perpétuellement entrouverte, faisait-elle « la cerise », sans doute encore, marchait-elle les pieds en dedans, sans doute enfin, n'avait-elle qu'un soupçon de poitrine — elle se rattrapera plus tard... — mais sa beauté était une beauté d'expression. Quand elle s'animait — mais comment aurait-elle pu s'animer devant ce bonnet de nuit de Blacas ! — elle était délicieuse... Elle pétillait de vie.

— Sans être belle, elle est gentille à manger, diront

les compagnons du duc de Berry... en ne dissimulant pas leur appétit.

— En elle, s'exclamera Louis XVIII, rien n'est joli, tout est charmant !

Elle avait des cheveux d'un blond soyeux, un teint éblouissant, une taille d'une rare finesse... et un sourire qui faisait oublier tout le reste. Le lecteur m'excusera d'employer ici une expression de notre temps : Marie-Caroline avait assurément du *sex-appeal*... et l'on sait que cela n'a rien à voir avec la beauté ! A l'époque le mot n'existait pas encore et l'on dira de la duchesse de Berry, lorsqu'elle sera devenue parisienne :

— Elle est moitié Vésuve, moitié Gymnase !

Veut-on la voir par les yeux d'une autre femme ?

« Sa taille, quoique petite, était agréable, nous dit Mme de Boigne ; ses bras, ses mains, son col, ses épaules d'une blancheur éclatante et d'une forme gracieuse — son teint beau et sa tête ornée d'une forêt de cheveux blond cendré admirables. Tout cela était porté par les deux plus petits pieds qu'on pût voir. Lorsqu'elle s'amusait ou qu'elle parlait, et que sa physionomie s'animait, le défaut de ses yeux était peu sensible ; je l'aurais à peine remarqué si je n'en avais pas été prévenue. Elle marchait mal et les pieds en dedans. Mais ils étaient si jolis qu'on leur pardonnait. »

*
*　*

Le 24 avril, dans la cathédrale de Naples, Marie-Caroline de Naples épousait par procuration le duc de Berry représenté par le demi-frère de la mariée. Le soir, avant de se coucher, la princesse choisit une feuille de papier ornée d'amours grassouillets portant ces conseils : « Ne faites qu'effleurer et craignez d'effeuiller... Gardons la paix, l'abondance la suit !... Nous chantons le doux accent des cœurs. » En s'appliquant, en formant bien chaque mot, Marie-Caroline écrit à son mari lui affirmant que sa vie ne sera remplie et occupée que de chercher les moyens de lui plaire, de se concilier son amitié et de mériter sa confiance. « Oui, ajoute-t-elle, vous aurez toute la mienne, toute mon affection, vous serez mon guide, mon ami (1)... »

Le 14 mai, la nouvelle duchesse de Berry s'embarquait à bord de la *Christine*, escortée par deux navires napolitains et trois vaisseaux français, la *Néréide*, la *Fleur-de-Lys* et le *Momus*.

En recevant la première lettre de Marie-Caroline, Charles est fort ému et trouve sa femme charmante. Une correspondance commence à s'échanger entre les deux « époux ». A chaque étape, la petite duchesse reçoit une lettre de son mari. De chaque étape, une lettre part pour lui. Bien vite, le ton cérémonieux est abandonné. Les « Monseigneur », les « Madame », les « Votre Altesse » ont fait place à une charmante liberté.

« Vous avez été en grand danger sur mer auprès de cette vilaine île d'Elbe d'où sont partis tous nos maux l'année dernière, écrit Charles. Je suis effrayé de mes trente-huit ans ; je sais qu'à dix-sept, je trouvais ceux qui approchaient de la quarantaine bien vieux. J'ai peur que vous ne me trouviez pas beau, car les peintres de Paris ne sont pas comme ceux de Palerme, ils flattent. »

Mais le duc écrit avec hâte et Marie-Caroline a grand mal à le lire. Elle le lui dit franchement : la lecture des missives de son mari est une véritable « étude ». « N'allez pas d'après cela, ajoute-t-elle, me juger difficile et grondeuse ! »

Et Charles de répondre :

« Je suis charmé que vous me grondiez sur mon écriture : vous avez bien raison ; mais en vous écrivant mon cœur m'emporte, et vous n'avez pas d'idée de l'effort que je suis obligé de faire pour être lisible. »

Un peu plus tard, il écrit :

« Je m'occupe de vous chercher des chevaux et j'espère en trouver qui vous conviennent. Nous avons été voir la corbeille que le roi vous donne, et j'espère que vous en

(1) Archives B. A.

serez contente ; il y a surtout une robe de bal que je serai
charmé de voir à mon adorable petite femme... Le *vous*
me fait toujours de la peine ; avec quel plaisir je dirai :
je t'aime ; avec quelles délices j'attendrai la réponse ! J'espère qu'elle sera pareille alors que vous m'aurez connu.
Je suis toujours effrayé de mes trente-huit ans... Je ne me
flatte pas de vous inspirer de l'amour, mais bien ce sentiment si tendre, plus fort que l'amitié, cette douce confiance, mais qui doit venir d'elle-même !... Mais je vois
que je ne cesse de bavarder... Adieu, bien chère amie, encore quinze jours ; j'embrasse, je baise les mains de ma
femme comme je l'aime déjà, de tout mon cœur. »

Charles commence à s'enflammer :

« Avec quelle impatience je vous attends ! Que de plaisir
je prendrai à vous rendre heureuse ; je pense avec chagrin qu'il faut encore attendre trois semaines ; je chasse
souvent dans la forêt de Fontainebleau, à l'endroit où je
vous verrai pour la première fois, et mon cœur bat en y
passant. Caroline, mon amie, aimable enfant dont le bonheur doit être mon ouvrage, crois que j'y ferai tout ce qui
dépendra de moi ! Mon cœur est bon, je puis le dire, et
je mériterai toute ta confiance. Pardonne, chère amie, si
déjà je te tutoie. Mais le *vous* est trop froid. Adieu ma
chère petite femme, je n'ai que le temps de t'embrasser
de tout mon cœur. Réponds-moi de même. »

Le surlendemain, il a peur d'avoir été trop vite et il
écrit :

« Je crains que la lettre que je vous ai écrite avant-
hier, ma bien chère amie, ne vous ait paru bien peu raisonnable. Tout ce que l'on me mandait (de vous) m'avait
tellement enivré que je ne savais que sentir bien vivement
ce que j'ai peut-être exprimé bien mal. Votre aimable
lettre est venue achever de me tourner la tête et, si vous
continuez comme cela, il faudra que l'on m'enferme. Je
compte les jours et j'y trouve encore une quantité énorme...
Chère compagne de ma vie, vous dites que je vous ai
inspiré déjà de tendres sentiments, que vous aimez à avoir
mon buste... que tout cela est aimable ! »

UNE JOLIE LAIDE

En voyage, cela devait surtout être encombrant...
Marie-Caroline n'est pas le moins du monde effarouchée
et elle emploie, elle aussi, le *tu* bourgeois :

« Je viens de recevoir ta lettre du 26, mon cher ami ;
c'est déjà un grand rapprochement dont je jouis bien,
comme des expressions de ta lettre. J'y réponds de même
avec le plus entier abandon et confiance... Je t'embrasse
et suis pour la vie, ta Caroline. »

Berry est aux anges. Le voici véritablement amoureux !

« Ma Caroline, tu me le permets donc et, entre nous,
le vous est à jamais banni. Que ta dernière lettre est bonne
et que je suis heureux de penser que tu es, à présent,
toute Française... Tu me demandes si j'irai à Fontainebleau. En doutes-tu ? Si j'avais été le maître, j'aurais été
bien plus loin, mais le roi veut que la même étiquette
s'observe pour nous que pour lui et pour mon père... »

Le 12 juin, il trépigne :

« Je brûle de te voir, ma Caroline, car tu m'entendras
plus facilement que tu ne me lis... Mon cœur bat et je
crois qu'il battra bien plus fort lorsque mes lèvres presse-
ront tes jolies joues. Je voudrais bien t'embrasser avant le
roi, mais il n'y a pas moyen, et tu auras un baiser au
tabac, et cela tous les jours ! Il faut que je te dise aussi
que le roi ne nous permet pas de nous tutoyer devant lui.
Je ne sais si on t'a fait un portrait exact de Sa Majesté.
Ah ! ah ! ne va pas rire, ma petite femme ! »

Il s'apitoie :

« Je conçois combien tu dois être fatiguée de tous ces
hommages que tu reçois, et quand moi, qui ai plus de
vingt ans de plus que toi, je perds quelquefois un peu
la tête dans ces voyages-là, je dois croire que ma jeune
et vive amie peut bien la perdre. Fais ce que tu pourras
pour te contenir et sourire aux longues et ennuyeuses harangues... »

Charles avait raison de plaindre sa femme. Il lui avait
fallu tout d'abord passer une quarantaine de dix jours au

97

4

lazaret de Marseille et faire la connaissance de sa future Maison (1) dans une pièce coupée par une haute grille.

« Madame, racontera la duchesse de Gontaut, nommée « dame pour accompagner », nous parut gracieuse, agréable, bonne, bienveillante et gaie, enfin elle nous charma. La remarquable douceur de la duchesse de Reggio lui plut tout d'abord ; Mme de Bouillé l'étonnait. Madame avait su, par le duc d'Havray, le sacrifice que j'avais fait de quitter mes enfants pour venir près d'elle ; elle ne cessait de m'en parler. Ayant voulu connaître ce qui intéressait chacune des personnes qui allaient lui être attachées, elle se l'était fait expliquer, et, avec une mémoire de prince, n'oublia rien, ce qui nous parut aimable. Nous remarquâmes que Mme de La Ferronnays s'était jointe à Mme de La Tour et à toutes les personnes arrivées de Naples, et nous conclûmes alors, sans en avoir la certitude, qu'étant établie au lazaret, elle devait nécessairement y rester aussi longtemps que Madame, à laquelle on désira donner quelques instants de distraction par diverses parties de plaisir, telles que la pêche, les joutes, la musique militaire, etc. Elle en parut touchée et ne s'ennuya point. » Elle éclata même de rire en entendant le duc d'Havray lui adresser une harangue à l'aide d'un porte-voix.

Enfin, de joyeux coups de canon annoncèrent la fin de la quarantaine.

« Accompagné du préfet, du maire et de quelques autres personnes, a écrit le général baron de Damas qui commandait la région, je me rendis dans un grand bateau recouvert d'une tente au port du lazaret. Des milliers d'esquifs de toute grandeur couvraient la mer, et la population se pressait sur le rivage en poussant des cris de joie. Nous passâmes devant les forts, dont le canon tirait, mais sur la demande de la duchesse de Berry, je fis cesser le feu. Enfin, nous débarquâmes devant l'Hôtel de Ville. L'entrée officielle eut lieu. Dans le vaste salon de l'Hôtel

(1) Outre les habituelles dames d'honneur, dames d'atours, dames pour accompagner, lectrice, femmes de chambre, Marie-Caroline avait été dotée d'un personnel masculin : 12 valets de chambre, 12 huissiers de chambre, 3 d'antichambre et 6 garçons de chambre. (A. N. 03. 231.)

de Ville, un tapis « international » séparait les Napolitains des Français... »

Puis après les discours, réponses et signatures, selon l'étiquette de la cour de France, même Caroline fut mise nue comme un ver, afin de ne même pas garder sur elle un ruban napolitain.

Ensuite, que de longues harangues ! La première avait été prononcée par le duc de Levis en italien que Marie-Caroline comprenait mal... aussi avait-elle pu faire un mot qui sera colporté à travers tout le royaume :

— Pardon, Monsieur, en français, *jé* vous prie, *jé* ne connais *plous* d'autre langue !

« La princesse demeura trois jours au milieu de nous, écrit encore le baron de Damas. L'une de ces journées se passa à Toulon ; tout y fut magnifique : la flotte était dans la rade, nous montâmes sur un vaisseau de 120 canons, je crois, et j'y vis, pour la seule fois de ma vie, le pavillon royal en beau taffetas blanc attaché au grand mât et si vaste que, pour le tenir déployé, plusieurs bateaux étaient stationnés derrière le vaisseau et retenaient le pavillon avec des cordes. Mme la duchesse de Berry quitta Marseille ; ma voiture précéda la sienne jusqu'à Avignon, où je montai à cheval. Là, je fus tellement couvert de poussière que la princesse, qui me regardait de temps en temps, partit d'un grand éclat de rire. »

Cependant, Marie Caroline soupirait un peu d'avoir dû quitter sa Maison napolitaine :

« Ce jour a été triste pour vous, lui avait écrit Louis XVIII : quitter les personnes avec qui vous êtes venue, c'était quitter une seconde fois votre patrie, votre famille. Oh ! Ne me cachez pas les regrets que vous leur accordez. Il n'y a pas un de nous qui ne vous dise, comme ma mère un jour que mon père s'efforçait de lui dérober les larmes que le souvenir de sa première femme faisait couler de ses yeux : « Pleurez-la ! Pleurez-la ; le sentiment que vous lui conservez est le gage de celui que j'espère mériter de vous. » Lorsque, plus tard, vous attendrez, de quelque pays lointain, une fille dont vous vous sentirez d'avance la mère, vous vous rappellerez, ma chère nièce, le voyage que vous faites actuellement, et vous concevrez avec quelle tendre sollicitude je m'en occupe. J'ai parcouru la même route, il y a longtemps, mais je m'en souviens comme si c'était hier. Je vous suivrai à Valence, à Vienne et à Lyon, mais le beau jour sera le 15, et puis le 17 sera encore meilleur, car il sera le commencement de votre bonheur et assurera, par conséquent, le mien. Adieu, ma chère nièce, je vous embrasse aussi tendrement que je vous aime. »

Le ministre de la Maison du Roi avait minutieusement prévu les honneurs à rendre à la nouvelle duchesse. A l'entrée de chaque ville, il avait ordonné d'exécuter « une décharge de toute l'artillerie ». Il était néanmoins recommandé de ne pas exécuter des salves au passage des voitures sur les ponts de peur que les chevaux ne s'emballent. Le ministre ne prévoyait pas le procédé qui devait permettre aux artilleurs placés hors de la ville de savoir le moment précis où la princesse passerait sur le pont... Les maires n'avaient qu'à prévoir des signaux par relais !

Grâce aux pittoresques rapports des préfets conservés aux Archives Nationales nous pouvons suivre la duchesse de Berry à travers la France. Que de jeunes filles en blanc ! que de pluies de fleurs de lys ! Marie-Caroline dut certainement à plusieurs reprises invoquer le Saint Esprit : *saint Spiridion* qui, prétendait-elle « fut un modèle de douceur et de mansuétude »...

A Nevers — réception-type — au moment où la petite duchesse pénètre dans la ville, le canon se met à tonner. « Il est impossible, écrit le préfet, sans la moindre ironie, de rendre l'impression que le premier coup de canon produisit sur la masse des habitants. Une commotion vraiment électrique réunit indistinctement les citoyens de toutes classes qui se communiquent leur ivresse, se félicitent du bonheur dont il vont jouir. »

La voiture s'arrête. Le maire s'avance :

— Aux traits pleins de noblesse, de grâce et de bonté qui distinguent S.A.R., nous reconnaissons la Fille de nos Rois. Heureux moment, nous trouvons en vous une autre Angoulême !

UNE JOLIE LAIDE

Le dernier trait pouvait difficilement être pris pour un compliment étant donné que l'air revêche et mal gracieux de Madame Royale était de notoriété publique... Marie-Caroline, toute souriante, n'en descend pas moins de voiture et a « l'extrême condescendance » de s'installer dans une calèche découverte.

Un peu plus loin le cortège s'arrête devant un arc de triomphe où se trouvent massées deux cents jeunes filles vêtues de blanc. Le préfet traduit le sentiment de ces demoiselles en ces termes :

« A l'aspect de la voiture qui porte l'objet auguste de leurs vœux, un tressaillement universel s'empare de leurs âmes et elles chantent :

Venez parmi ces bons Français
On est chez eux dans sa patrie,
Ils ont leur roi, et, désormais
Ils seront sages pour la vie !

La calèche reprend sa route et en passant sous l'arc de triomphe « l'objet auguste » reçoit sur la tête une quantité considérable de pétales de roses... Justement effrayée, elle n'en sourit pas moins avec automatisme, salue et poursuit sa route, abandonnant les âmes des jeunes filles à leur « tressaillement universel »...

Ces « hommages-surprises » lui occasionnent parfois de véritables frayeurs. Elle racontera un jour au Prince de Faucigny-Lucinge (1) qu'en arrivant dans une ville les branches qui couronnaient un gigantesque arc de triomphe s'agitèrent d'étrange façon « pour livrer passage à un gros et gras jeune homme dont la blonde chevelure bouclée était ceinte d'une couronne de roses et les épaules ornées de grandes ailes. Il était revêtu d'un maillot du plus beau jaune serin qu'accompagnait un coquet petit jupon. » Tout à coup cet être étrange qui représentait Cupidon se lança dans le vide. Marie-Caroline poussa un cri... Heureusement le gros jeune homme « était soutenu par tout un système

(1) Archives F. L.

ingénieux de cordes et de poulies », et, fort gracieusement, il atterrit près de la petite duchesse dont la peur se changea en fou rire. « Ce maillot jaune lui paraissait surtout comique, bien qu'elle trouvât que dans la circonstance il était de bien mauvais augure ! » La duchesse se hâta de prendre le rouleau de papier que lui tendait le Cupidon — quelque compliment, pensa-t-elle — et la voiture poursuivit sa route. A la sortie de la ville, après avoir bien ri, elle ouvrit le rouleau de papier. Il y avait un compliment, en effet... mais il se trouvait accompagné d'une pétition suppliant la princesse d'obtenir, pour le père du Cupidon jaune, un bureau de tabac !

La duchesse prétendit qu'elle le demanda au roi et qu'elle l'obtint !

*
* *

L'avant-veille de la première entrevue avec son mari, Marie-Caroline reçoit une dernière lettre de Charles : « Quand je pense que tu seras aujourd'hui à quatre lieues de moi et que je ne puis aller te voir ! Cela m'enrage ! Que je voudrais être à mardi et pouvoir enfin être seul avec toi ! Ces trois jours seront encore bien fatigants pour toi qui dois être excédée de fatigues. Ne tarde pas à me répondre, je t'en prie. A demain, chère amie ; en attendant la fin de ce long jour, reçois l'assurance du tendre attachement de ton Charles. »

Le duc de Berry devait faire connaissance de sa femme à la Croix de Herem, en pleine forêt de Fontainebleau, à l'endroit même où Louis XV avait accueilli Marie Leczinska. Sous ces mêmes arbres, Napoléon avait également rencontré le pape, mais c'était là un souvenir qu'il était malséant de rappeler en 1816.

Deux tentes d'or ont été dressées. L'une pavoisée aux lys de France pour le marié et la famille royale, l'autre, aux armes du royaume de Naples pour la jeune princesse. Un tapis les relie. On a mis au point tout un système de signaux, destinés à ralentir ou à accélérer les voitures, afin de synchroniser l'arrivée des deux cortèges.

Le 16 juin, au rond-point de Herem, les oriflammes claquent au vent. Soudain les trompettes sonnent, les tambours battent : les deux cortèges débouchent en même temps et s'immobilisent. Les gardes du corps, les mousquetaires, les Cent-Suisses, présentent les armes. Marie-Caroline, les cheveux blonds relevés de perles fines, descend. Elle est éblouie. Que la voilà loin du roi Nasone vendant son poisson !...

Il a été prévu que chaque groupe ferait la moitié du chemin séparant les deux tentes... mais Marie-Caroline se souvient de Marseille et elle demande à mi-voix à la duchesse de Reggio :

— Le tapis est-il international ?

Puis, elle bondit, court et va se jeter aux genoux du gros roi dont elle reçoit « le baiser au tabac » annoncé par Charles... Louis XVIII présente ensuite Marie-Caroline aux membres de la famille royale :

— Voici l'Ange, déclare-t-il, en présentant la duchesse d'Angoulême.

La petite princesse se représentait assurément les anges sous un aspect plus gracieux, mais elle n'en embrassa pas moins sa belle-sœur avec respect et tendresse.

— Mon neveu, déclare Louis XVIII avec majesté en se tournant vers Charles, voilà la princesse qui vous est destinée. C'est ma fille que je vous donne : elle est charmante. Efforcez-vous de la rendre heureuse.

Et Charles en voyant ce petit bout de femme toute souriante au soleil et qui, par sa course précipitée, vient de si joliment bousculer le cérémonial, la regarde attendri... Ainsi qu'il le confiera le même soir à un intime :

— Elle est bien mieux que tous ses portraits et je sens combien je vais l'aimer !

On s'entasse dans un carrosse doré à trois banquettes. Le roi et Madame Royale au fond, Monsieur et Marie-Caroline sur la seconde, Angoulême et Berry sur la troisième... un char à bancs rutilant !

« Il est certain, a écrit le général de Reiset, commandant

l'escorte, que la princesse n'est point régulièrement jolie, mais l'éclat de son teint, ses yeux bleus et ses cheveux blonds lui prêtent un grand charme. Elle est mince et bien faite dans sa petite taille, quoiqu'elle manque un peu de gorge, et elle aurait des traits charmants si sa bouche, un peu en avant, et dont les lèvres sont trop grosses, ne venait légèrement déparer le reste du visage. Il m'a semblé en outre qu'elle la tenait presque constamment ouverte, mais ses lèvres sont si roses et ses dents si blanches qu'on ne songe point à s'en plaindre. Cette éclatante fraîcheur est ce qui frappe le plus dans sa personne, et son air d'extrême jeunesse est son plus grand charme. Elle a dix-sept ans et c'est à peine, en la voyant, si on lui en donnerait quinze. Ses pieds m'ont semblé fort petits et ses mains sont d'une forme parfaite. Enfin si elle manque de majesté, elle a assurément la grâce et la gentillesse. De plus, la plus grande douceur se lit sur son intéressante physionomie et, malgré une timidité bien naturelle à son âge, elle a témoigné pour tous de la plus grande affabilité. Tout le monde a remarqué sur le parcours avec quelle simplicité et quelle bonté la Princesse répandait des aumônes et accueillait les placets... J'ai entendu répéter de plusieurs côtés qu'elle avait un trait à l'œil droit qui la faisait loucher. Je l'ai vue longtemps de très près et j'avoue que je n'ai rien observé de ce genre ; elle a un regard des plus agréables et parfaitement droit. »

La nouvelle duchesse de Berry a-t-elle, oui ou non, une coquetterie dans l'œil ? Cette grave question passionne toute la cour.

— La princesse a un œil plus petit que l'autre, avouait en soupirant le duc de Maillé.

Tandis que le prince de Poix répondait indigné :

— Je n'ai rien vu de cela, bien au contraire : Mme la duchesse de Berry a l'œil gauche plus grand !

Nous pouvons aujourd'hui nous faire une opinion par nous-mêmes. Le prince Rogatien de Faucigny-Lucinge possédait toute une collection de photographies de la duchesse de Berry prises alors que Marie-Caroline avait atteint et dépassé la cinquantaine. Il est indéniable qu'elle louche.

UNE JOLIE LAIDE

Durant tout le séjour de Fontainebleau, chaque soir, le duc de Berry dut s'en aller coucher hors du palais, l'étiquette ne lui permettant pas de dormir sous le même toit que sa fiancée.

Paris accueillit la petite princesse par une immense ovation. Les maisons étaient réunies par des guirlandes de verdure. « *Nous ne sommes plus orphelins* ! » avaient écrit au-dessus de leur porte les petits pensionnaires d'un orphelinat. Un acrobate — M. Saqui —, vêtu en guerrier romain, s'élança sur une corde tendue au-dessus de la chaussée. Marie-Caroline put craindre que l'histoire du Cupidon jaune ne se reproduisît une seconde fois. Il n'en fut rien et M. Saqui atteignit l'autre côté du boulevard après avoir fait pleuvoir sur le carrosse une pluie « de fleurs odorantes».

On n'est pas plus galant !

Je renonce à décrire la cérémonie du mariage à Notre-Dame. Ce ne furent que roulements de tambours, trompettes claironnantes, chevaux richement harnachés et piaffants tirant trente-six carrosses rehaussés de pourpre, de bleu et d'or ; ce ne furent que draperies d'azur semées de fleurs de lys, candélabres d'or, cloches sonnant à toute volée, cantates, suisses en costumes de la Renaissance, gardes du corps rutilants, uniformes argentés, plumes de toutes espèces, le *Sancy* au pommeau de l'épée du roi, le *Régent* étincelant à son chapeau. Marie-Caroline ne pouvait pas regarder « son Charles », doré et endiamanté, sans être aveuglée. Elle était elle-même revêtue d'un « pardessous » de satin blanc recouvert de tulle d'argent et exécuté par « le sieur Leroy, fournisseur ordinaire de Madame la duchesse d'Angoulême, dont les talents et les goûts sont si connus ». Il s'agit bien entendu des talents et des goûts du tailleur... car Madame Royale, par quelques retouches personnelles, réussissait toujours à rendre méconnaissables les créations de son « fournisseur ordinaire »...

Marie-Caroline dut certainement sourire lorsqu'elle entendit le Grand Aumônier de France lui souhaiter « l'amabilité de Rachel, la pudeur de Rébecca, la douceur d'Esther et la fidélité de Sarah... »

Le ronchonneux Frénilly — le *baron de Frénésie,* disait

Louis XVIII — fut mécontent. « Rien d'élégant, de riche, de galant, de pacifique surtout, soupirait-il, rien qui caractérisât la vieille France et l'antique royauté des uniformes, des baïonnettes et des sabres. Bonaparte en avait fait la seule enseigne de la Monarchie et on parodiait Bonaparte faute de pouvoir l'imiter. »

Le soir, ce fut le dernier grand couvert de la royauté. La Galerie de Diane servit de cadre à l'épreuve.

Seuls les princes et les princesses du sang ayant le droit de s'asseoir à la table du roi, les duchesses sur leurs tabourets, et toute la cour, debout, attendaient, figés respectueusement, que le roi veuille bien se mettre à table.

La « nef », contenant la serviette, la cuillère, le couteau et la fourchette du roi, fut tout d'abord apportée par les officiers du gobelet, escortés par les gardes du corps. Deux aumôniers de quartier vinrent aussitôt monter la garde près du couvert... et le roi, au son des trompettes, fit son entrée, suivi des mariés.

On s'assit au milieu de l'émotion générale. Un orchestre immense rendait toute conversation impossible. Les plats en nombre considérable, recouverts de cloches d'argent portant les mots « Bouche du Roi » et escortés militairement, étaient annoncés à leur arrivée dans la Galerie. Chaque fois que Louis XVIII voulait boire, ce désir déclenchait une véritable parade... presque un ballet !

Le long des fenêtres, le public défilait sans s'arrêter sur une *estrade* aménagée pour la circonstance.

Marie-Caroline supporta le calvaire avec un gentil petit sourire. Elle fut tout aise lorsqu'on se rendit en grande pompe à l'Elysée, demeure des jeunes époux. Le roi, rendu tout paillard par la cérémonie, déclarait :

— Le duc de Berry est amoureux de sa femme, mais il n'est pas le seul et nous sommes tous ses rivaux.

En dépit des difficultés qu'il avait à se mouvoir — un toboggan avait été installé pour lui permettre, assis dans son fauteuil, de monter en carrosse — Louis XVIII, après avoir admiré les illuminations des Champs-Elysées, tint à mettre les mariés au lit. Les malheureux durent recevoir l'hommage des pairs, dignitaires et dames de la cour...

UNE JOLIE LAIDE

Il était minuit.

Depuis dix heures du matin, Charles et Marie-Caroline saluaient, s'inclinaient et, aux banalités, répondaient par d'autres banalités. Et pour tout achever, il leur fallait supporter cette impudique « exposition » !

Marie-Caroline, intimidée, habituée à la simplicité et à la pauvreté du « palais Nasone », point de mire de cette cour où elle ne connaissait que sa tante, Marie-Amélie, duchesse d'Orléans, parut gauche...

La petite duchesse devait bientôt prendre sa revanche.

V

« UNE MAITRESSE DE PLUS... »

LE lendemain de son mariage, Marie-Caroline écrivait dans son journal intime : « Le 18 juin, j'allai dîner — entendez déjeuner — chez le Roi en famille et ensuite entendu la messe après laquelle je reçus les Ambassadeurs, ministres étrangers et leurs femmes. Ensuite, je fus me promener à la jolie petite maison de campagne de mon mari, appelée Bagatelle (1). Je dînai aux Tuileries, ce que je ferai chaque jour, et après je rentrai dans le charmant palais de l'Elysée-Bourbon où nous sommes établis. »

Charles avait minutieusement veillé à l'arrangement de la belle demeure dont le comte d'Evreux, Mme de Pompadour, la duchesse de Bourbon, le roi Murat, l'impératrice Joséphine et enfin Napoléon durant les Cent-Jours avaient été les occupants successifs.

Une somme de 103 800 francs avait été consacrée pour

(1) Le petit château avait été meublé avec des meubles appartenant à Napoléon et provenant de Rome. (A. N. 03. 1876.)

le seul poste « linge de maison » (1). Le linger du roi, le sieur Oudot, poussa de tels cris qu'en rognant çà et là, on réussit à réduire un peu la facture (2). Les frais d'installation se montèrent à 316 000 francs. Les appartements avaient été presque entièrement refaits. Berry avait veillé lui-même à faire disparaître les fâcheux aigles impériaux et les impertinentes abeilles de « M. de Buonaparte » qui planaient et voletaient dans tous les coins du plafond, des boiseries et des tapis. L'ancien boudoir d'argent de l'impératrice Marie-Louise — deux fois cousine germaine de Marie-Caroline (3) — où Napoléon avait signé sa seconde abdication, avait été aménagé pour la nouvelle mariée. Des rideaux lilas, brodés d'argent à son chiffre, avaient été posés. Le long des fenêtres on avait placé des jardinières garnies de « fleurs vivantes ». Marie-Caroline les soignera elle-même à l'aide d'une bêche en argent et d'un arrosoir en porcelaine de Sèvres. Le cabinet de toilette de la duchesse était un nid de taffetas rose et de toile blondine. Une « chaise gondole » toute blanche permettait à Marie-Caroline de se détendre après le bain. Le dentiste, le sieur d'Hostein, avait fourni trois brosses et trois « rateaux » pour les dents (4)... On le voit, les précisions données par Blacas sur la dentition en piteux état de Marie-Caroline avaient inquiété son mari... La petite princesse pouvait encore avoir à sa disposition un petit salon cramoisi ouvrant sur la chambre à coucher qui affectait la forme d'une tente et semblait une symphonie de soie blanche et de taffetas lilas.

L'Elysée n'était pas alors ce qu'il est aujourd'hui. La

---

(1)   26 paires de drap de première classe et 25 de seconde, 10 nappes de 40 couverts, 4 de 60, 30 douzaines de serviettes, etc.

(2)   Exactement de 15 943 fr. 60...

(3)   La sœur de l'empereur François II d'Autriche (père de Marie-Louise) était la mère de Marie-Caroline. De même, la sœur du futur François Ier de Naples (père de Marie-Caroline) était la mère de Marie-Louise.

(4)   Tous ces détails proviennent du carton A. N. 03. 1881.

rue de l'Elysée n'avait point encore été construite et le jardin prenait par conséquent l'allure d'un parc. Ce parc se trouvait lui-même encadré par les frondaisons des hôtels de Castellane, Bagration et Sébastiani.

Marie-Caroline aime la danse à la folie. Souvent le soir, après le souper des Tuileries, la petite cour de l'Elysée organise des soirées dansantes... et lorsqu'il n'y a pas de musicien, c'est le premier aumônier, l'évêque-marquis de Bombelles qui se met au piano ! Le marquis, avant d'être dans les ordres, avait été longtemps officier et il portait sur sa mitre les deux étoiles de maréchal de camp. Il avait reçu le diocèse épiscopal d'Amiens ; c'est d'ailleurs dans cette même ville qu'il avait débuté, à la fin de la guerre de Sept ans, sous l'uniforme de hussard. Sa femme, née Mlle de Mackau, lui avait donné quatre enfants dont un fils, Charles, qui épousera en 1834 la cousine germaine de Marie-Caroline, l'ex-impératrice Marie-Louise, et une fille, la charmante Mme de Castéja « qui s'amuse de rien », et fait partie de la maison de la jeune duchesse.

Charles a pris soin d'entourer Marie-Caroline d'un essaim de jolies femmes : la duchesse de Reggio — la maréchale Oudinot — Mme de Béthisy — la malice en personne et des plus *fashionable* — l'originale Mme de Bouillé et surtout l'amie d'enfance de la princesse : Suzette, fille de la comtesse de La Tour, bientôt mariée au comte de Meffray. La seule dame d'atours un peu mûre se trouvait être la marquise de Lauriston, une habituée, qui avait rempli la même charge auprès des deux femmes de l'Empereur...

Du côté masculin : le duc de Lévis, chevalier d'honneur, le marquis Anjorrant, écuyer-commandant et le comte de Mesnard, premier écuyer, homme ennuyeux et « éminemment médiocre », nous dit cette mauvaise langue de Frénilly.

Lorsqu'elle ne danse pas, la petite cour joue au *creps* que Berry et sa femme préfèrent de beaucoup au loto, de rigueur aux Tuileries. L'après-midi, la jeune mariée prend des leçons de musique, de dessin, de modelage, de

111

fleurs artificielles et même de grammaire, car la petite duchesse sait à peine lire ! Certaines dames critiquaient la vie que menait la petite duchesse. Selon Mme de Boigne « son mari lui répétait sans cesse qu'elle ne devait faire que ce qui l'amusait et lui plaisait, ne se gêner pour personne, et se moquer de ce qu'on en dirait. De toutes les leçons qu'on lui prodiguait, c'était celle dont elle profitait le plus volontiers et dont elle ne s'est guère écartée. Il était curieux de lui voir tenir sa cour, ricanant avec ses dames et n'adressant la parole à personne. Il n'y a pas de pensionnaire qui ne s'en fût mieux tirée ; et pourtant, je le répète, il y avait de l'étoffe dans Mme la duchesse de Berry. Une main habile en aurait pu tirer parti. Rien de ce qui l'entourait n'y était propre, excepté peut-être la duchesse de Reggio, sa dame d'honneur. Il aurait été bien heureux qu'elle prît de l'ascendant sur Mme la duchesse de Berry, cela n'arriva pas. La duchesse de Reggio lui inspirait du respect, elle avait recours à elle pour réparer ses gaucheries, mais elle la gênait. Elle n'avait pas de confiance en elle, et à proportion que sa conduite est devenue plus légère, elle s'en est éloignée davantage. »

*

*   *

Le duc de Berry va presque chaque jour voir Amy et ses filles. Il apporte à Charlotte et à Louise des pièces de cinquante centimes toutes neuves. Lorsqu'elles en eurent pour 500 francs, elles demandèrent à Augustin, le miniaturiste à la mode, d'exécuter le portrait de leur père.

Amy s'est résignée à n'être plus que la mère de ses enfants. Il semble qu'il n'y ait rien entre Charles et son « épouse » anglaise que le souvenir du « petit ménage » et une immense confiance. Par contre, Charles — on s'en doute —, en dépit de ses promesses, n'a pas cessé de voir Virginie Oreille. Son cabriolet stationne fréquemment devant la délicieuse villa de Madrid où la ballerine vit sous la garde de son père.

Il lui passe tous ses caprices. Au cours de l'hiver 1817,

elle s'est mis en tête de donner un bal aux frais de son amant. Charles paye la note et assiste même à une partie de la soirée. Dans le monde, Virginie continue donc à passer pour la maîtresse du prince. Témoin cette page pittoresque, datée du mois de juillet 1818 et extraite des *Souvenirs* du comte Marquiset : « La belle Virginie, maîtresse en titre du duc de Berry, est venue hier dimanche au spectacle à Versailles. Elle avait fait retenir en face même de la scène la loge la plus centrale, la plus apparente, et elle ne s'y est montrée, bien entendu, qu'à la manière d'une duchesse en renom, c'est-à-dire après le lever du rideau. Il fallait produire son effet et présenter au public la plus charmante toilette du monde portée par la plus jolie femme du moment.

« Virginie était accompagnée de *Monsieur* son père, grand mannequin sec, maigre et engainé dans un habit bleu clair boutonnant militairement jusqu'au cou, tel un parapluie dans son étui. C'est un homme qui se donne beaucoup d'importance et de mouvement. Il est frisé, pommadé, et porte son chapeau sur l'oreille, à l'instar d'un perruquier de la rue du Faubourg-Saint-Denis, perruquier vraiment qu'il était naguère et dont la nouvelle dignité de sa fille ne lui a plus permis de continuer l'honorable emploi.

« La maîtresse du duc de Berry est parfaitement belle ; sa taille est remarquable, ses yeux noirs sont remplis tout à la fois de douceur et de vivacité, et sa brune chevelure, trop à l'étroit sous son chapeau, déborde en touffes abondantes. Bien que sa physionomie ne manque pas d'expression, de cette expression surtout qui plaît et captive, il reste toujours dans sa tenue et ses manières, malgré les efforts qu'elle fait pour le dissimuler, quelque chose qui trahit la fille d'Opéra. Elle parle haut, gesticule sans cesse, souvent même d'une façon désordonnée, et sa gaîté de femme à la mode se traduit par des éclats trop bruyants pour être de bon goût.

« Cinq ou six gardes du corps sont allés lui faire leur cour pendant la seconde pièce, et la causerie et les rires de ce petit aparté ont pris un développement tellement indiscret qu'ils ont provoqué à plusieurs reprises les murmures du parterre. »

Virginie se moque bien du scandale ! Elle est sûre de son amant, bien qu'elle n'ignore point l'existence de Mlle Delaroche, son humble rivale.

Le mariage de Charles n'a pas non plus interrompu cette liaison — bien entendu, selon son habitude, Berry a engrossé la jeune fille. Au début du mois de septembre 1817, Marie-Sophie Delaroche quitte son domicile parisien — le 355 de la rue Saint-Honoré — et part pour la Belgique. C'est à Bruxelles, le 24 septembre, qu'elle donne le jour à un garçon déclaré sous le nom de Ferdinand (1).

Le duc a rendu mère également une certaine Louise Barré, fille d'un employé de sa vénerie. Charles aime les amours ancillaires — et sa Maison comporte un fort contingent de jolies filles. Louise a seize ans et est, paraît-il, délicieuse. Elle lui donne une fille, Caroline, née le 15 octobre 1819.

On le voit, le duc de Berry poursuit son activité de célibataire. Son mariage n'a pas changé ses habitudes et Louis XVIII ne cache pas son mécontentement :

— Lorsqu'on se marie à trente-huit ans et qu'on ne se range pas, cela prouve qu'on ne voit dans sa femme qu'une maîtresse de plus !

Le roi ne savait pas si bien dire !

La toute charmante Marie-Caroline est bien considérée comme telle par son mari ! Elle lui plaît et il peut écrire à son ami Roger de Damas : « Je voudrais vous annoncer que la Duchesse est grosse, mais je n'en sais rien, à moins que ce ne soit d'hier soir ou de ce matin (2) ! »

Cela n'empêche pas Marie-Caroline de se montrer jalouse. Mme de Boigne nous raconte que le prince de Castelcicala, ministre de Naples à Paris, avait été chargé « d'amortir les premières colères de Mme la duchesse de Berry. Il racontait, avec ses gestes italiens, et à faire mourir de rire,

---

(1) Extrait de naissance de Ferdinand Delaroche. (Archives B. A.)

(2) Note de Ferdinand de La Roche. (Archives B.-A.). On prête le même mot au maréchal de Richelieu.

la conversation où, en réponse à ses plaintes et à ses fureurs, il lui avait assuré d'une façon si péremptoire que tous les hommes avaient des maîtresses ; que leurs femmes le savaient, et en étaient parfaitement satisfaites, que Mme la duchesse de Berry n'avait plus osé se révolter contre une situation qu'il affirmait si générale, et à laquelle il ne faisait exception absolument que pour M. le duc d'Angoulême. La princesse napolitaine s'était particulièrement enquise de M. le duc d'Orléans, et le prince de Castelcicala n'avait pas manqué de répondre de lui :

« — Indubitablement, Madame, pour qui le prenez-vous ?

« — Et ma tante le sait ?

« — Assurément, Madame, Mme la duchesse d'Orléans est trop sage pour s'en formaliser. »

Et, poussant un profond soupir, Marie-Caroline s'était résignée...

Charles se montrait d'ailleurs fort amoureux de sa femme et avait été conquis par le courage de cette « petite fille ». Un jour, c'était au début de leur mariage, les chevaux de leur voiture s'emballèrent... Marie-Caroline continua à bavarder avec calme.

— Mais Caroline... tu ne vois donc pas ? demanda Charles.

— Si fait, je vois ; mais comme je ne puis arrêter les chevaux, il est inutile de m'en occuper.

Et la duchesse poursuivit son bavardage jusqu'à ce que la voiture ait versé dans le fossé.

Au printemps de 1817 elle entraîne le duc dans les rues de Paris et l'amuse par mille enfantillages. Ils entrent dans les boutiques et vont voir les petits spectacles : la naine de la rue des Petits-Champs qui pèse deux livres et a vingt-sept pouces de hauteur, le célèbre Mustapha qui se promène à cloche-pied tout en avalant des pelletées de cailloux, ou bien son rival, M. Conte qui, d'un tempérament plus noble, au gravier préfère les épées, et les engloutit jusqu'à la garde...

Les sabres nourrissent et bientôt Conte peut avoir son

théâtre auquel se rendent Charles et sa femme. Le directeur fait la louange de son établissement en ces termes :

Pour les mœurs, le bon goût, modestement il brille,
Et sans danger la mère y conduira sa fille.

A l'époque, seuls certains théâtres avaient le privilège de présenter des pièces. Pour les protéger on s'ingéniait à multiplier les difficultés, et Conte, en dépit de l'intérêt que lui portait la duchesse, avait obtenu l'autorisation de jouer des « pièces à tableaux » à la seule condition « qu'un rideau de gaze séparerait les acteurs du public » ! C'était encore là une supériorité sur le *Panorama Dramatique* qui ne pouvait faire paraître que deux acteurs en scène !

On vit même Marie-Caroline au cirque Franconi où triomphait le célèbre cerf *Coco*. Il s'agissait d'un cerf aéronaute qui, suspendu à un ballon et chevauché par l'intrépide Marget, s'enlevait dans les airs. Le 29 juillet 1824 un orage mit fin à la carrière de Coco qui, dit-on, montrait un courage extraordinaire !

Charles s'opposa, cependant, à ce que son épouse prît place dans les *Montagnes russes,* nouveauté qui venait de s'établir non loin de l'Elysée, dans le quartier du Roule. Le duc eut beaucoup de mal à faire comprendre à Caroline que « ce jeu plaisait aux femmes parce qu'il n'était pas sans danger et qu'il leur plaisait aussi pour d'autres raisons... » Encore plus près de l'Elysée vinrent bientôt la narguer les *Montagnes françaises*. Les *Montagnes russes* firent d'ailleurs à leurs rivales un procès pour concurrence déloyale... Et, le 1er juillet 1818, les Variétés présentèrent un vaudeville intitulé *Le Combat des Montagnes*. On ne sait si Marie-Caroline se consola en allant voir la pièce...

Comme deux amoureux, Charles et sa jeune femme vont souvent s'asseoir aux Champs-Elysées. Un jour, n'ayant pas sur eux d'argent, ils eurent une véritable altercation avec la chaisière... Une autre fois, ils furent surpris par l'orage. Un passant — un provincial — offrit son parapluie « à condition de donner le bras à la petite dame ». Berry suivit par derrière, crotté comme un barbet. On devine la stu-

péfaction de l'homme au parapluie lorsque, devant l'Elysée, il vit la garde présenter les armes... Confus, il voulut
s'enfuir, mais Marie-Caroline l'en empêcha et l'invita à
dîner pour le lendemain !

Qu'il était amusant de se promener ainsi ! Mais ces promenades avaient aussi un autre but : la charité. Charles
était d'un naturel très généreux. « On a parfois accusé le
duc de Berry de rudesse, a écrit un contemporain ; il n'a
jamais été rude aux pauvres et aux malheureux, il avait
toujours pour eux de l'argent et des paroles de consolation. » Marie-Caroline n'était pas généreuse : elle était pro-
digue. La duchesse aurait donné jusqu'à sa chemise... d'autant plus qu'elle ignorait la pudeur. Toute sa vie, même
lorsqu'elle sera ruinée et couverte de dettes, elle continuera
à donner aux pauvres exactement autant qu'elle dépensera
pour elle-même.

Charles s'opposait à ce que sa femme aille vagabonder
seule ainsi que Marie-Caroline en manifestait parfois le
désir lorsque son mari s'absentait... Il était alors très dan-
gereux de se promener dans les rues de Paris où sévissaient
les *piqueurs.* Ils avaient débuté en 1818 et, précisait un
communiqué de la Préfecture de Police, se faisaient « un
plaisir cruel de piquer par derrière, soit avec un poinçon,
soit avec une aiguille fixée au bout d'une canne ou d'un
parapluie, les jeunes personnes de quinze à vingt ans ».
Bien des dames un peu mûres s'étaient d'ailleurs prétendues
piquées... « Etre piquées, même au derrière, nous raconte
H. d'Alméras, cela constituait pour beaucoup de femmes
un hommage d'une forme un peu brutale, mais qui avait
son prix. Ne l'obtenait pas qui voulait ! »

C'était là le sujet de bien des conversations. Marie-Caroline dut certainement rire lorsqu'elle apprit que « pour
réussir à découvrir ces artisans d'un nouveau crime » ainsi
que les baptisait un policier de l'époque, on décida qu'il
fallait prendre, dans diverses maisons de débauche, vingt
filles publiques qui, après avoir été lestées d'un canon de vin
rouge, bravant la piqûre et les piqueurs, se promèneraient
hardiment dans les rues. Des agents les suivaient par
derrière *« en éclaireurs »* !... Une somme de cinq francs

leur serait allouée par jour et par « séance ». Mais ces promenades *piquantes* ne produisirent aucun effet. L'actualité s'empara de l'affaire et l'on chanta *le joli petit piqueur*... c'était Cupidon ! « qui faisait aux femmes des piqûres qui ne semblaient pas leur être désagréables »...

Marie-Caroline trouvait tout cela bien amusant... et, de plus, se sentait devenir parisienne. Telle une femme à la mode, elle prit même l'habitude d'arriver en retard au dîner solennel des Tuileries... et pour s'excuser se lançait dans des explications tellement ébouriffantes que le vieux roi finissait par éclater de rire, lui pardonnait et se contentait de montrer à la retardataire sa montre en disant de sa voix de tête :

— A l'amende de cinquante centimes !

Tout le monde riait. Monsieur raffolait de la petite Napolitaine. Seule, Madame Royale se contentait de sourire. Elle trouvait les manières de sa jeune belle-sœur véritablement par trop libres ! L'inexactitude de Marie-Caroline la scandalisait. Elle qui, chaque jour, à la même minute, accomplissait le même geste, sans jamais d'ailleurs regarder une pendule... Aussi, connaissant ce travers, la petite Marie-Caroline faisait-elle tout son possible pour être à peu près exacte aux repas. A ce sujet le comte de Mesnard raconte une amusante anecdote que lui avait rapportée le cocher de la duchesse de Berry. Un jour qu'elle se trouvait fort en retard, le cocher « sentant une légère secousse imprimée derrière lui à l'intérieur de la voiture, se retourna et aperçut la jeune princesse à genoux sur les coussins, poussant de toutes ses forces avec ses petites mains comme si ce mouvement qu'elle n'avait pas raisonné, devait contribuer à faire avancer la voiture plus vite !... »

Le soir, après le dîner, le jeune ménage se rendait parfois au Palais-Royal chez le duc d'Orléans qui, au moment du mariage de Marie-Caroline, avait reçu l'autorisation de quitter l'Angleterre et de revenir à Paris.

— Ils font pot à part, constatait Berry...

Mais ils n'en accueillaient pas moins fort aimablement le prince et sa femme. Berry s'y trouvait à son aise. « Je me souviens qu'un soir, au Palais-Royal, a rapporté la comtesse de Boigne, me trouvant à côté de lui sur une banquette dans le billard, il me témoigna son approbation des habitudes sociales des maîtres de la maison ; et combien cela valait mieux que d'être toujours : « Comme nous, entre nous comme des juifs », ce fut son expression. Je lui représentai qu'il lui serait bien facile de mettre l'Elysée sur le même pied ; et qu'il aurait tout à gagner à se faire connaître davantage.

« — Pas si facile que vous le croyez bien. Mon père le trouverait très bon et serait même aise d'en profiter ; car, malgré tous ses scrupules religieux, il aime le monde. Mais je ne crois pas que cela convînt au Roi ; et je suis sûr que cela déplairait à mon frère, et plus encore à ma belle-sœur. Elle n'entend pas qu'on s'amuse autrement qu'à sa façon : moult tristement... vous savez ?...

Et il se prit à rire. »

La duchesse d'Orléans et sa nièce bavardent durant de longues heures. Marie-Amélie a vu naître la duchesse de Berry, elle l'a presque élevée et elles ont tant de souvenirs communs ! Marie-Caroline a assisté à Palerme au mariage de sa jeune tante avec le fils de Philippe-Egalité.

— J'étais bien jeune alors, ayant à peine dix ans, racontera-t-elle un jour au prince de Faucigny-Lucinge, mais je n'oublierai jamais combien fut triste et lugubre la cérémonie de la bénédiction nuptiale donnée aux nouveaux époux, la nuit, à deux pas de la chambre où mon grand-père était couché. Il était presque heureux d'être malade, car cela lui permettait de ne pas assister à ce mariage qu'il désapprouvait tant (1) !

Elles avaient aussi des souvenirs plus agréables... Elles se faisaient envoyer des fruits de Palerme et dévoraient force pastèques. Marie-Caroline prétendait que saint Eboudiche et saint Goulifar avaient le pouvoir de pardonner le péché de gourmandise. Malheureusement ils n'évitaient pas les indigestions... Et à la suite d'un excès de pastèques, suivi d'une indigestion monstre, Marie-Caroline, le 13 juillet

(1) Archives F.-L.

1817, mit au monde une petite-fille qui ne vécut que deux jours.

Ce malheureux événement permit à Madame Royale de flétrir « la vie vagabonde » menée par le jeune ménage. Au début elle avait accueilli sa belle-sœur avec une certaine gentillesse, mais, peu à peu, cette attitude s'était transformée. Les deux femmes se trouvaient à l'opposé l'une de l'autre : la petite duchesse aimait l'élégance, la fille de Marie-Antoinette estimait que s'occuper de robes était un signe de frivolité ! Marie-Caroline était turbulente et gracieuse, la duchesse d'Angoulême grave et désagréable. La femme de Charles aimait l'amour, c'était un sentiment que l'épouse du duc d'Angoulême ignorait...

Aux Tuileries — on disait alors au Château — l'autorité de Marie-Thérèse l'emportait nettement sur l'esprit d'indépendance de la petite duchesse et de son mari. Aussi, devaient-ils s'incliner lorsque la fille de Louis XVI exigeait que son beau-frère et sa belle-sœur vinssent assister aux cérémonies de la cour. C'est ainsi qu'on put les voir, aux côtés du roi, le jour de la Saint-Louis 1818, inaugurer la nouvelle statue d'Henri IV, dressée non sans peine sur le Pont-Neuf (1). Le Béarnais se trouvait être l'ancêtre commun du duc et de la duchesse de Berry — sept générations les séparaient d'Henri IV — et la duchesse d'Angoulême n'eût pas toléré le moindre manquement.

La statue avait été coulée grâce au bronze provenant des statues impériales récemment renversées... dont celle de la colonne Vendôme qui avait été elle-même fondue grâce à un canon autrichien pris à Austerlitz ! Cela, tout le monde le savait, mais on ignorait que le ciseleur Quesnel, ardent bonapartiste, désespéré de voir son empereur devenir roi, avait en guise de représailles, glissé dans le bras droit du Béarnais une petite statue de Napoléon et

---

(1) Vingt paires de bœufs étaient parvenues à traîner le monument de la fonderie du Roule jusqu'au carrefour Marigny. Là, ils s'arrêtèrent fourbus. Un millier d'hommes prirent leur place et réussirent à traîner la masse jusqu'au pavillon de Flore. Le surlendemain il fallut l'effort de 70 chevaux de marine pour amener le Vert-Galant jusqu'à son emplacement définitif.

avait bourré le ventre du cheval de chansons et de libelles contre les Bourbons (1)...

Durant les discours, les pluies de fleurs de lys, les cantates des jeunes filles en blanc, Quesnel devait bien rire ! Entre deux cérémonies Charles et Marie-Caroline se hâtent de disparaître vers Bagatelle ou même plus loin encore, vers le château de Rosny, un peu au-delà de Mantes, que le duc de Berry avait acheté en 1818. Elevée par Sully, c'est une demeure du plus pur style Henri IV — briques encadrées de pierres blanches et coiffées de hauts toits d'ardoise. Grâce à des relais et à des chevaux rapides, le duc et la duchesse s'y rendent en quatre heures de voiture. Le prince chasse plusieurs fois par semaine et Marie-Caroline, de plus en plus amoureuse, le suit en calèche ou se tient derrière lui à l'affût. C'est prétexte pour elle à arborer des robes de coupe masculine qui lui plaisent tellement.

Comme autrefois Amy, la charmante petite Napolitaine a une influence salutaire sur « son Charles ». Ses colères sont toujours violentes, mais deviennent plus rares. Elles sont suivies de véritables crises de désespoir et de promesses solennelles de ne plus retomber dans ses erreurs.

*

* *

Le 25 août 1818, *le Moniteur* annonçait que « Mme la duchesse de Berry était dans un état intéressant ». Malheureusement Marie-Caroline, au sixième mois de sa grossesse, mit au monde un garçon qui mourut au bout de quelques heures. Cette fois les pastèques n'y étaient pour rien, mais la duchesse n'avait pas voulu interrompre ses plaisirs, ni se priver d'une seule contredanse.

Cette naissance va amener la brouille définitive entre Berry et La Ferronnays. « Lors de la grossesse de Mme la duchesse de Berry, nous raconte Mme de Boigne, on s'occupa du choix d'une gouvernante. M. le duc de Berry demanda et obtint que ce fût Mme de Montsoreau, la

(1) Ils y sont toujours...

mère de Mme de La Ferronnays. L'usage était que le roi donnait la layette des enfants des fils de France ; elle fut envoyée et d'une grande magnificence. Le petit prince n'ayant vécu que peu d'heures, la liste civile réclama la layette. Mme de Montsoreau fit valoir les droits de sa place qui lui assuraient « les profits de la layette ». On répliqua qu'elle n'appartenait à la gouvernante que si elle avait servi. Il y eut quelques lettres échangées.

« Enfin on en écrivit directement à M. le duc de Berry, je crois même que le roi lui en parla. Il fut transporté de fureur, envoya chercher Mme de Montsoreau et la traita si durement qu'elle remonta chez elle en larmes. Elle y trouva son gendre et eut l'imprudence de se plaindre de façon à exciter sa colère. Il descendit chez le prince.

« M. le duc de Berry vint à lui en s'écriant :

« — Je ne veux pas que cette femme couche chez moi.

« — Vous oubliez que cette femme est ma belle-mère.

« On n'en entendit pas davantage, la porte se referma sur eux. »

Berry ayant traité Mme de Montsoreau de voleuse, La Ferronnays lui manqua de respect. Berry saisit alors deux épées et en tendit une à son ami.

— Monseigneur, s'exclama La Ferronnays, un gentilhomme ne se bat pas contre l'héritier du trône.

Charles répliqua par des paroles blessantes, La Ferronnays « sortit de l'appartement, alla dans le sien, ordonna à sa femme de faire ses paquets, et quitta immédiatement l'Elysée où il n'est plus rentré ».

Le duc de Berry fut désespéré. Marie-Caroline appela alors Mme de Gontaut qui, plus tard, allait d'ailleurs succéder à Mme de Montsoreau :

— Allez près de lui, consolez-le, il a besoin de parler à une amie calme et sincère ; dans la disposition où vous le trouverez, on peut tout lui dire.

Mme de Gontaut trouva Charles dans une des plus sombres allées du jardin :

— Je commence par avouer que j'ai été vif, lui dit-il, c'est mon malheureux défaut. Mais quel entêtement ! résister deux fois aux ordres positifs du Roi, sans m'en prévenir ! vouloir garder cette malheureuse layette, mais c'est ignoble, infâme !

— C'est une gaucherie, protesta Mme de Gontaut ; la garder, je ne puis le croire ; Mme de Montsoreau est timide. Il faut, Monseigneur, avoir autant d'indulgence pour les caractères faibles, irrésolus, que pour le sang bouillant. La colère, hélas ! brise, écrase : l'intention n'y est pour rien, car elle vient du cœur ; vous le savez, Monseigneur, elle ne vous a jamais égaré : elle est pure quand le cœur est droit.

Cependant la réconciliation entre « Terville » et La Ferronnays ne se fit point et l'ancien ami du duc de Berry partit bientôt pour la Russie où il allait représenter la France.

*
*   *

L'année suivante, la princesse étant enceinte de nouveau, Charles fit les gros yeux et exigea le maximum de précautions. Cette fois tout se passa bien et, à l'aube du 21 septembre, elle donnait le jour à une fille, Louise de Bourbon-Artois, *Mademoiselle,* qui sera un jour la duchesse de Parme.

La famille fut désappointée. On espérait tant un héritier ! Marie-Caroline prit gaiement la chose et s'écria joyeusement du fond de son lit :

— Après la fille, le garçon !

On l'entendit même ajouter :

— Ah ! Saint Spiridion, inspirez un peu de patience à ces gens-là !

Berry prit la chose avec moins d'optimisme... Quelques jours plus tard, au Palais-Royal, il embrassait le jeune duc de Chartres et déclarait à son père, le futur Louis-Philippe, non sans quelque mélancolie :

— Voilà un beau garçon qui sera peut-être mon héritier. Si ma femme ne me donne que des filles, la couronne après moi passera à votre fils.

Ce soupir de regret n'empêchait nullement Charles de

se montrer bon père. Il se lève souvent la nuit sur la pointe des pieds et vient embrasser sa fille... Mademoiselle se réveille et le prince en riant s'enfuit poursuivi par les reproches de la garde, la sévère Mme Lemoine.

La naissance d'un fils aurait assurément consolidé la position politique du duc de Berry, lui aurait permis de parler haut et d'exiger le renvoi de Decazes, nouveau favori de Louis XVIII et ministre de l'Intérieur. Son libéralisme — le rappel des proscrits en 1815, la quasi-liberté de la presse — avait le don de mettre en transe Berry, son père et Madame Royale. Bientôt le nouveau suffrage censitaire, voulu par le roi et son ministre, envoya des députés d'extrême-gauche à la Chambre — tel Grégoire, ancien évêque constitutionnel qui avait demandé la mise en accusation de Louis XVI et déclaré autrefois : « Les rois forment une classe d'êtres purulents qui fut toujours la lèpre des gouvernants et l'écume de l'espèce humaine. »

Une telle élection fit scandale. Le duc de Berry, en fureur contre Decazes, vociférait :

— Le misérable ! il perd tout : le Roi, la France, la monarchie ! Autrefois on avait du moins la chance de voir quelquefois le peuple faire justice des favoris !...

Il faut d'ailleurs préciser que Grégoire avait été élu contre le candidat de Decazes grâce à l'appui des Ultras dont le mot d'ordre était : « Il vaut mieux des élections jacobines que des élections ministérielles. » Leur aveuglement imbécile n'était égalé que par leur haine. C'est tout juste si Louis XVIII, au lendemain des élections, ne fut pas traité de républicain... ou de bonapartiste !

— Il a pourtant été à Gand ! déclarait Talleyrand, très pince-sans-rire...

Cependant, en voyant Grégoire prendre place à la Chambre, Decazes prit peur :

« Peut-être sommes-nous allés un peu trop loin... » et il décida de préparer un projet de loi électorale qui enlèverait une partie des droits aux électeurs bourgeois et entraverait le libéralisme. En vue de ce renversement politique, Decazes prit la présidence du Conseil et décida d'entrer en pourparlers avec les Ultra-royalistes qu'il combattait depuis quatre ans. Ceux-ci — et le duc de Berry criait plus fort que tous les autres — ne furent pas apaisés et certains forcenés prétendirent que Decazes n'hésiterait pas à supprimer ses ennemis. Les plus modérés affirmaient que, par sa politique dite de conciliation, Decazes ouvrait la porte aux criminels...

Au début de 1820, Charles montra à Mme de Gontaut une lettre qu'il venait de recevoir :

— Je suis sûr que ce papier est empoisonné. Quand je l'ai ouvert, j'ai éprouvé une horrible sensation.

Quelques jours plus tard, Charles reprochait à sa femme de sauter d'un pied sur l'autre comme une écolière.

— Pourquoi pas ? Je suis si jeune !

Et comme Berry se rembrunissait.

— Ne va pas encore me parler de veuvage, c'est la plaisanterie du jour, elle m'est insupportable !

— J'ai tort, reconnut Charles, mais c'est une idée fixe...

*

*   *

Le carnet intime de Marie-Caroline nous permet de revivre les jours qui précédèrent le drame...

16 janvier 1820 : A une heure, rentrée à l'Elysée. Je vais embrasser Louise qui est bien gentille. Je me suis mise à travailler et Charles a lu les gazettes jusqu'à deux heures et demie, heure à laquelle il s'est rendu à Bagatelle. Pendant ce temps, j'ai joué avec Louise et rangé son appartement. Le soir après le dîner des Tuileries, je suis rentrée pour écrire et travailler pendant que mon mari jouait du cor anglais. Je me suis couchée à onze heures.

Toilette chez moi : Robe montante fleur de pensée en popeline et mes cheveux nattés.

Ce soir : robe montante de crêpe rose garnie de blonde, bonnet rose garni de blonde avec roses ; bracelets en or turc.

17 janvier : Après avoir déjeuné à dix heures et demie, nous sommes partis à dix heures trois quarts, pour Saint-Germain-en-Laye, et à midi nous étions au Pavillon de la

Muette, où se trouvait l'équipage de chasse. Nous nous arrêtons quelques minutes pour entendre plusieurs fanfares, puis nous nous rendons à un palis où je suis restée derrière mon Charles, qui a tué deux chevreuils et deux marcassins. Ensuite je monte en voiture, tandis qu'il part à pied en avant. La chasse dure jusqu'à quatre heures : Charles a tué quatre sangliers, sept chevreuils, quatre faisans et un lapin. Nous rentrons à cinq heures et demie à Paris, après avoir goûté au Pavillon de la Muette, et, à cinq heures trois quarts, comme à l'ordinaire, nous sommes aux Tuileries. A huit heures, nous allons avec Mme d'Hautefort à l'Opéra où l'on donne *Tarare* et *La servante justifiée*. Je rentre seule avec mon mari à onze heures et demie.

Toilette du matin : robe couleur Jean de Paris avec garniture en peluche fleur de pensée, chapeau en velours noir avec plumes noires.

Toilette du soir : robe de basse de cachemire des Indes bleu à fleurs rouges.

18 janvier. Je prends une leçon de dessin avec M. Storelli jusqu'à deux heures et demie, heure à laquelle Charles est rentré de Bagatelle. Nous allons ensemble voir Louise. Après, Charles se met à lire tandis que je travaille... (1). Dîner en tête à tête. Pendant le dîner j'ai eu le malheur de dire des choses qui ont déplu et de porter des jugements qui ont fait de la peine à mon bon et cher mari, ce qui m'a causé beaucoup de chagrin. A huit heures et demie, j'ai fait ma toilette pour monter chez Mme de Gontaut. J'ai dansé jusqu'à une heure, puis soupé, et, à trois heures, j'ai été me coucher. Bien que je ne le méritasse guère, mon bon Charles s'est montré pour moi, pendant le bal, d'une bonté et d'une amabilité parfaites.

Toilette du matin : robe de guimpe en soie à carreaux bleus et blancs.

(1) Cours de danse avec Abraham « qui a conservé les traditions de l'ancienne Cour », cours de fleurs artificielles avec le sieur Battou, et leçons de modelage avec M. Bosio. Parfois Charles donnait lui-même des leçons de dessin à sa femme.

Toilette de bal : robe de crêpe blanc, parure turquoise et or.

Le 20, Marie-Caroline va à la chasse. Cette fois elle ne se contente pas de rester « derrière son Charles », elle tire avec une carabine incrustée d'argent dont la crosse est en drap vert et le galon fleurdelysé. Elle porte une redingote en drap vert, assorti à la crosse de la carabine, le collet et les revers sont en velours amarante. Une grande plume retombe de son chapeau de feutre noir. Elle rentre à l'Elysée par une pluie diluvienne, embrasse sa fille, va dîner aux Tuileries et termine la journée aux Italiens où l'on donne le *Barbier de Séville*.

Le 21, écrit-elle, je me lève tard après une journée si remplie, et Charles n'aime pas cela. Pour lui sept heures de sommeil suffisent.

Le 27, elle note : « J'ai souffert toute la journée de violentes coliques. » La même phrase se retrouve pour le lendemain.

Premiers malaises d'une nouvelle grossesse... Mais cela n'empêche pas la petite duchesse, lors du grand bal donné à l'Elysée, le 29 janvier, de danser — sauf les valses jugées dangereuses pour une jeune femme enceinte... Tout fut magnifique et « parfaitement ordonné » ce soir-là, s'il faut en croire Mme de Boigne. « Le Prince en fit les honneurs avec bonhomie et obligeance ; et le succès de cette fête, dont il s'était lui-même occupé, le dérida avant la fin de la soirée. Il dit, tout autour de lui, qu'il était enchanté qu'on s'amusât, et que ces bals se renouvelleraient souvent. Mme la duchesse d'Angoulême fit les honneurs avec un empressement et une gracieuseté que je ne lui avais jamais vus. Elle était polie, accorte, couverte de diamants, noblement mise, et avait bien l'air d'une grande princesse. En revanche, sa belle-sœur avait celui d'une maussade pensionnaire. Elle ne faisait politesse à personne, ne s'occupait que de sauter et courait sans cesse après M. le duc de Berry pour qu'il lui nommât des danseurs. Il ne voulait pas qu'elle valsât, et elle prenait une mine boudeuse toutes les fois que les orchestres jouaient une valse. Il est difficile d'être moins à son avantage, et plus complètement une sotte petite fille, que Mme la duchesse de Berry ce jour-là. Il n'approchait que trop celui où elle devait montrer une distinction de caractère que personne ne lui supposait. »

Le 31, Charles et Marie-Caroline se rendent à l'Opéra où l'on donne *Le Rossignol.* « Pendant cette dernière pièce, précise-t-elle, nous allons au théâtre Feydeau voir une pièce nouvelle, *La Bergère châtelaine* que nous trouvons très ennuyeuse. Nous sommes revenus à l'Opéra pour voir *Les noces de Gamache* et nous rentrons à onze heures. Je souffre encore de violentes coliques ».

« 8 février. J'ai été me promener dans le jardin... A trois heures je vais à la Paume, rue Mazarin, voir jouer mon mari ; mais comme il ne me l'avait pas dit, cela lui a déplu et il m'a fort grondée, ce qui m'a bien fait pleurer... »

Il est certain que Charles, qui menait toujours deux ou trois intrigues amoureuses à la fois, ne tenait nullement à ce que sa femme vienne le surprendre et contrôler son emploi du temps. Marie-Caroline est immédiatement rentrée à l'Elysée, le cœur gros. Elle retrouve son mari aux Tuileries puis ils vont tous deux au Théâtre-Français. « Nous rentrons à minuit. J'ai eu mal au cœur horriblement », note-t-elle.

Le samedi 12, le duc de Berry part chasser au bois de Boulogne. Tout va mal : trop de curieux s'approchent et dérangent le gibier ; les chiens semblent penser à autre chose ; les piqueurs sont gauches. Charles s'emporte — sa dernière colère — et traite durement son maître d'équipage. Le duc rentre aux Tuileries, véritablement consterné :

— Plaignez-moi, dit-il à Mme de Gontaut, je viens de blesser au cœur un homme que j'aime et qui donnerait sa vie pour moi ; j'ai été bien mal, bien mauvais !

Il prend alors sa fille dans ses bras et veut l'embrasser mais la petite pleure, trépigne et se débat.

— Elle a raison d'avoir peur d'un méchant, soupire Charles.

« UNE MAITRESSE DE PLUS... »

— Je pense, Monseigneur, dit Mme de Gontaut, que vous avez dû consoler ce pauvre homme ?

— Non, s'exclame Charles, vous avez mis le doigt sur la plaie. Je l'ai laissé partir seul, triste et malheureux...

Marie-Caroline essaye d'apaiser « son Charles », mais sans conviction ; elle pense visiblement à autre chose ! La petite duchesse est toute aux préparatifs du bal masqué que donne ce soir la comtesse Greffulhe. C'est peut-être la dernière fois qu'elle dansera avant ses couches. Deneux, son accoucheur, l'exigera... et il ne plaisante pas ! Auteur d'un mémoire sur *Les bouts de seins et les mamelons artificiels*, ouvrage qui fait autorité, ses décisions sont sans appel ! Aussi pour cette soirée Marie-Caroline désire-t-elle être éblouissante.

Elle a décidé de se déguiser en « reine du moyen âge » — l'époque était à la mode ! Elle revêt une robe de velours cerise, bordée d'hermine et dont les larges manches sont dites « en crevés ». La marchande de modes l'avait garantie « seyante pour la danse ». Un chapeau de velours rouge souligne l'éclat de ses cheveux d'or.

Charles, regardant sa femme, est attendri... et oublie sa peine. A dix heures, ils arrivent chez la comtesse Greffuhle. Le duc de Fitz-James avait choisi le costume que l'acteur Potier portait alors à la Porte Saint-Martin, dans une parodie à la mode de l'opéra des *Danaïdes*. Le comédien, après avoir distribué à ses filles des couteaux, appelés des *Eustaches*, ajoutait :

— Allez, mes petits agneaux !

Et ce soir Fitz-James distribuait à toutes les dames de petits poignards...

— Mon petit agneau, demanda-t-il à la duchesse, en lui offrant un *Eustache*, à quel endroit du cœur faut-il frapper ?

Un peu plus tard, Marie-Caroline, regagnant son carrosse avec son mari, en riait encore. Elle a gardé dans sa petite main, gantée de rouge, l'*Eustache* que lui a donné Fitz-James et le regarde en répétant :

— A quel endroit du cœur faut-il frapper ?...

VI

« L'EUSTACHE »

Le soir du 13 février un épais brouillard pèse sur Paris. Il fait humide et froid, à peine deux degrés (1). Huit heures vont sonner. Un homme aux cheveux châtain clair, aux yeux bleus, à la taille petite, âgé d'un peu plus de quarante ans et proprement habillé (2), guette au coin de la rue Richelieu et de la rue Rameau où en 1820 s'élevait l'Opéra. A cet emplacement se trouve aujourd'hui le minuscule îlot de verdure du square Louvois. En face de la maison portant le numéro 7 — elle existe toujours — un auvent en tôle peinte imitant

(1) 10,8 à 21 heures. Je dois ces précisions météorologiques — ainsi que celles qui suivront — à l'amabilité de M. Guilloux de l'O.N.M. qui a bien voulu faire pour moi ces quelques recherches. Il ne pleuvait donc pas à Paris ce soir-là, ainsi que l'ont affirmé certains historiens.

(2) A. N. F. 7. 6745.

le coutil rayé, surplombe la rue. C'est l'entrée particulière de l'avant-scène royale.

L'homme s'approche.

Une sentinelle se tient dans une guérite. Sur le seuil, le concierge du théâtre — un nommé Bouchon — fait les cent pas et attend, lui aussi. Peut-être le duc et la duchesse de Berry viendront-ils à l'improviste ? Sans doute le spectacle, composé de trois pièces — *Le Carnaval de Venise, Le Rossignol* et *Les Noces de Gamache* — est-il commencé, mais le prince et la princesse peuvent difficilement s'échapper des Tuileries avant huit heures. Charles et Caroline ont bien déjà assisté aux *Noces de Gamache* quelques jours auparavant (1), mais Virginie Oreille doit danser dans le ballet et il se pourrait bien que le duc vienne ce soir...

Soudain le roulement de plusieurs voitures se fait entendre rue de Richelieu. Bientôt un piqueur à la livrée d'Artois tourne dans la rue Rameau. Bouchon crie *Aux Armes*, et, dans le petit vestibule, la garde se bouscule, saisit ses fusils au râtelier et se range hâtivement. L'équipage du duc de Berry sort de la rue Richelieu, prend à gauche et vient s'arrêter entre les deux bornes peintes en gris qui encadrent l'auvent.

L'homme s'avance, serrant un poignard qu'il dissimule dans une poche assez vaste de son gousset. Le valet déplie le marchepied et ouvre la portière. Le prince descend, aide sa femme.

L'homme est à deux pas.

Personne ne lui prête attention. Il pourrait frapper, mais « le courage lui manque ». Charles et Marie-Caroline sont passés. Mme de Béthisy, le comte de Mesnard, le comte de Clermont-Lodève sont descendus des autres voitures. Avant de pénétrer dans le théâtre, Mesnard se retourne et ordonne aux équipages de revenir à onze heures moins le quart. L'ordre est aussitôt transmis de bouche en bouche jusqu'au dernier cocher dont la voiture est arrêtée à l'angle de la rue Richelieu.

(1) Ainsi que nous le prouve le *journal intime* de Marie-Caroline.

« L'EUSTACHE »

— Onze heures moins le quart... onze heures moins le quart...

L'homme a entendu... Tout en se reprochant son manque d'audace, « solitaire comme toujours » (1), il s'enfonce dans le brouillard, prenant la direction du Palais-Royal (2). Il a l'intention d'aller se coucher. Ouvrier sellier attaché aux écuries du roi, ne demeure-t-il pas à deux pas, place du Carrousel ? Sous les arcades du Palais-Royal, toute « une foule de réflexions » l'assaille. Ce n'était pas la première fois qu'au dernier moment, la main crispée sur le manche de son poignard, il n'avait pas osé frapper.

Il avait conçu son projet six années auparavant. C'était en 1814 ; il se trouvait alors à Metz. Napoléon était battu et les royalistes allumaient des pétards, les femmes découpaient leurs draps afin de confectionner des cocardes blanches. L'ennemi occupait Nancy, et l'on racontait à Metz que, place Stanislas, le drapeau blanc remplaçait les trois couleurs. Noyé parmi les uniformes anglais, russes, autrichiens, suédois, le comte d'Artois, entouré de sa bande d'écervelés, se pavanait... Et pendant ce temps, l'empereur proscrit devait quitter la France !... Tous ses anciens serviteurs se ralliaient aux Bourbons ! L'homme en avait pleuré... (3). Il s'entendait encore dire au sellier Henry chez lequel il travaillait :

— Quand on prend le parti de quelqu'un, fût-il un brigand, on ne devrait jamais l'abandonner (4).

Le pays était envahi... L'empereur régnait sur son carré de choux de Porto-Ferrajo.

Pour l'homme, les Bourbons étaient les plus grands ennemis de la France... les Bourbons qui vivaient aux Tuileries dans les meubles de Napoléon ! Il s'était juré de les exterminer et s'était attaché aux pas du duc de Berry « parce que c'était le seul moyen de détruire la

(1) A. N. BB, 18. 1061.

(2) Nous suivons ici scrupuleusement le récit que Louvel fit plus tard aux policiers.

(3) A. N. F. 7, 6745.

(4) *Ibid.*

race ». La race !... la race !... il en parlait comme de rats ayant envahi un navire...

Un jour du mois d'avril 1814 — souvent il pense à cette journée — il était parti à pied pour Fontainebleau où la Vieille Garde — ô sacrilège ! — donnait une fête pour le duc de Berry. La joie populaire l'avait fait réfléchir :

— Ce serait donc moi qui aurais tort ?

Il était alors parti pour l'île d'Elbe.

— Plutôt pour me distraire de mes projets que pour m'y confirmer.

Mais ses idées « le poursuivaient ». Employé aux modestes écuries de l'empereur, il ne resta guère longtemps à Porto-Ferrajo. Il revint en France, toujours hanté par l'idée de son crime.

Les Cent-Jours étaient venus lui apporter la paix. Mais ses *projets* vinrent l'assaillir de nouveau, lorsque l'empereur, embarqué à Rochefort, il s'était trouvé à La Rochelle avec les équipages du proscrit. C'est là qu'il avait acheté son poignard — une alène à brédir (1). Rentré à Paris il parvint à trouver un modeste emploi aux écuries royales.

Depuis, il vivait un cauchemar. Depuis cinq années, depuis que l'empereur agonisait sur son rocher, la hantise du meurtre l'accompagnait telle une ombre...

— Je suivis le duc de Berry dans les églises où il se rendait, j'allai aux chasses. Je l'accompagnai toujours à pied. Je me rendis à Fontainebleau en 1816 lors de l'arrivée de Mme la duchesse de Berry, je cherchais des occasions.

Il « cherchait des occasions ».

Presque chaque soir, ces quatre dernières années, il rôdait ainsi autour des spectacles auxquels il supposait que le prince pouvait se rendre.

L'homme vivait solitaire, fuyant ceux qui s'approchaient de lui.

---

(1) C'est une grosse alène dont les selliers se servent pour faire, dans les harnais, des trous destinés à recevoir le fil poissé.

« L'EUSTACHE »

— Avec le projet que j'avais, je ne pouvais me lier avec personne.
S'il allait compromettre quelqu'un ? Il se devait de conspirer seul ! Le soir, en rentrant chez lui, il remerciait à peine celui qui lui tendait sa chandelle allumée, de peur d'être obligé d'échanger quelques mots avec les gens de la maison... Et on l'avait vite surnommé *l'ours* (1). Il ne gagnait que soixante francs par mois, mais cela lui suffisait. Il ne dépensait guère plus de vingt-deux sous pour son dîner ; il le prenait chez Dubois, rue Saint-Thomas-du-Louvre « qui donne à manger aux ouvriers ». Sitôt sa dernière bouchée avalée, il partait pour le théâtre Louvois ou pour l'Opéra.

Et ce soir au Palais-Royal, l'homme revoit sa journée.

Le matin de ce dimanche gras, il s'était levé de bonne heure. Pour essayer d'échapper au tourment qui le harcelait, il avait nettoyé sa petite chambre, puis avait « musé », ainsi qu'il le dira plus tard. A neuf heures trente, il déjeunait pour six sous chez Dubois. Revenu aux écuries, il flânait dans la sellerie et, contrairement à ses habitudes, bavardait avec deux de ses camarades... Il se souvenait de leur conversation : il avait été question « de la force des corps ». A midi il était remonté dans sa chambre afin d'aller chercher le poignard « qu'il avait l'habitude de prendre quand ses idées le tourmentaient ». Jusqu'à cinq heures il avait admiré les masques le long des boulevards, puis gagné la porte Maillot par les Champs-Elysées. Le cabaretier Dubois lui avait servi son dîner vers cinq heures trente. Mais l'heure du théâtre était arrivée. Après avoir été prendre chez lui un second poignard, il était parti pour l'Opéra.

Arrivé à l'autre bout du Palais-Royal, l'homme s'arrête. Ira-t-il se coucher ? Reviendra-t-il à onze heures moins le quart à l'Opéra ? « Je songeais que j'aurais moins d'oc-

(1) A. N. F. 7. 6745.

casions par la suite, car j'avais reçu l'avis que j'irais, à dater du premier du mois suivant, travailler à Versailles. Il se fit en moi une « révolution » nouvelle. Ai-je tort ? Ai-je raison ? me disais-je. Si j'ai raison, pourquoi le courage me manque-t-il ? Si j'ai tort, pourquoi mes idées ne me quittent-elles pas ? »

Soudain, l'homme se décide. Ce sera pour ce soir ! Plusieurs fois il fait la navette entre l'Opéra et le Palais-Royal. A onze heures moins vingt, en tournant le coin de la rue Richelieu, il devine dans la brume épaisse les voitures qui viennent d'arriver. Un cabriolet se trouve là, rue Rameau, entre la porte du théâtre et le coin de la rue. L'homme se met alors à la tête du cheval ; on le prendra pour un domestique chargé de garder la voiture. Les trois quarts de dix heures sonnent... Le piqueur monte à cheval. Les yeux bleus de l'homme ne quittent pas la porte où le duc doit apparaître.

Il y a quelques semaines il avait guetté ainsi toute la journée en forêt de Fontainebleau. Mais le prince passa loin de lui. Il s'en était revenu à pied maudissant sa malchance, traînant la jambe. Soudain une voiture s'était arrêtée à sa hauteur. Il avait reconnu l'équipage de Charles.

Par la portière le duc avait demandé :

— Tu es fatigué ?... Monte derrière.

Puis Berry s'était renseigné... Qui était cet homme ?

— Il est employé aux écuries du roi, avait expliqué le piqueur... Il se nomme Jean-Pierre Louvel.

*

* *

Le premier acte des *Noces de Gamache* vient de commencer. Charles et Marie-Caroline, qui, durant l'entracte, sont allés rendre visite à la duchesse d'Orléans dans sa loge du premier étage, ont regagné, au rez-de-chaussée, leur avant-scène tendue de taffetas d'azur (1) qui sur-

(1) A. N. 03. 2186.

« L'EUSTACHE »

plombe presque la fosse d'orchestre. La duchesse, que trois petits écrans recouverts de taffetas bleu (1) protègent de la chaleur dégagée par la rampe, bâille... Elle a tant dansé hier soir !

— Tu es fatiguée, Caroline, demande Charles... Ne veux-tu pas que je te reconduise ?

— Non, je désire voir le ballet.

C'est peut-être ce que le duc ne veut pas... S'il était seul, il pourrait faire signe à Virginie qui viendrait le rejoindre ensuite dans le petit salon de la loge.

Le second acte s'achève. Devant un nouveau bâillement, Berry se retourne vers le comte de Clermont-Lodève :

— Quelle heure est-il ?

— Près de onze heures, Monseigneur.

Le Prince se lève.

— Allons, Caroline ! sois raisonnable ! Je vais te raccompagner jusqu'à ta voiture.

La petite duchesse quitte en soupirant son fauteuil de velours d'Utrecht bleu (2).

Rue Rameau, en voyant arriver le comte de Choiseul qui précède le duc de Berry, les valets de pied s'empressent... La duchesse, ayant à sa droite son mari et à sa gauche le comte de Mesnard, paraît sous l'auvent. Le factionnaire, tournant le dos à la rue Richelieu, présente les armes. À droite du garde royal se tient Choiseul. Clermont-Lodève reste sur le seuil. Marie-Caroline montée en voiture, le prince et Mesnard vont chercher Mme de Béthisy restée sous le porche.

— Ma chère générale, lui dit Berry en lui tendant la main, votre santé m'inquiète, vous savez combien nous vous aimons.

La dame d'honneur s'assied à la gauche de la princesse. Le marchepied est relevé. Un valet de pied pose une couverture de fourrure sur les jambes des deux femmes.

— Adieu Caroline ! lance le duc, nous nous reverrons bientôt.

(1) et (2) A. N. 03. 2186.

Charles, sans manteau ni chapeau, ne peut s'éterniser ainsi en pleine rue, dans cette nuit humide et froide ; il se retourne pour regagner le théâtre. Au moment où le comte de Choiseul s'avance pour précéder le prince, Louvel passe comme une flèche entre le factionnaire et la voiture, puis tombe littéralement sur le duc.

— Voici un fameux brutal ! s'exclame Charles.

— Prenez donc garde ! lance le marquis de Choiseul en tirant Louvel par l'habit mais l'homme se sauve et disparaît dans la rue Richelieu.

A ce moment, le duc de Berry pousse un cri :

— Je suis assassiné ! Cet homme m'a tué !

— Quoi, Monseigneur, vous êtes blessé ? demande Mesnard qui est loin d'avoir l'esprit vif.

— Je suis mort ! je suis mort !... Je tiens le poignard !

Déjà Clermont-Lodève, Choiseul, le valet de pied et le factionnaire courent sur les traces de l'assassin. Berry titube, soutenu par Mesnard. Marie-Caroline veut sauter de la voiture dont le marchepied n'a pas été déployé. Mme de Béthisy tente de l'en empêcher.

— Je vous ordonne de me lâcher !

— Viens, ma Caroline, dit le prince, que je meure dans tes bras.

La princesse repousse sa dame d'honneur, saute et tombe à côté de son mari qui s'est appuyé sur la borne. Il vient d'arracher le poignard, c'est une lame terriblement aiguë, grossièrement emmanchée dans du bois.

La duchesse et Mme de Béthisy, dont les robes sont déjà maculées de sang, soutiennent le blessé qui marche péniblement vers le petit vestibule où se trouve une banquette rouge destinée aux soldats de garde. Mesnard, afin de découvrir la plaie, commence à ouvrir l'habit de drap vert et le gilet jaune de son maître. Le sang coule à flots.

— Je suis mort, hoquette Charles... Vite un prêtre !

A cet instant arrive Mme Roullet, l'ouvreuse de la loge du roi.

— Mme Roullet, je suis assassiné !

Devant la porte grande ouverte s'arrête un groupe d'hommes entourant Louvel. Il a été arrêté après avoir renversé un garçon limonadier qui tenait sur sa tête un plateau chargé de glaces destinées à l'Opéra.

Le duc n'a pas vu son assassin. Rapidement Clermont-Lodève a fait conduire Louvel auprès du commissaire de police Joly, chargé de la surveillance de l'Opéra. Le gendarme qui l'entraîne s'étonne :

— Pourquoi avez-vous deux poignards ?

— C'était pour un autre... Il ne manque pas de monde en France !

Et quelques instants plus tard :

— Je savais en faisant ce coup ce qui m'était réservé.

Il est comme soulagé.

Le général de Reiset assistait ce soir-là à la représentation. Mme Roullet ouvre la porte de sa loge.

— Monsieur le Vicomte, le Prince est assassiné.

Reiset se précipite. Le duc, non sans mal, avait été transporté jusqu'au salon précédant la loge, une petite pièce tendue de papier vert et dont la fenêtre donne juste au-dessus de l'auvent de la rue Rameau. C'est là que si souvent Charles a reçu Virginie ou d'autres filles du corps de ballet... A la cantonade, on entend la musique des *Noces de Gamache*. Car le public ne se doute encore de rien. Lorsque Reiset pénètre dans le salon, « le malheureux duc est étendu immobile dans un fauteuil placé au coin de la cheminée, les vêtements entrouverts et la chemise inondée de sang. Mme la duchesse de Berry soutient la tête. La pâleur du blessé est effrayante. »

Roullet, le libraire du théâtre et le mari de l'ouvreuse, a laissé de cette nuit tragique un récit, précieux sans doute par sa minutie, mais d'une rare naïveté (1). En dépit de la tragédie, on ne peut s'empêcher de sourire : « Il paraît, écrit le brave homme, d'après la position de la blessure que l'intention du prince était de remonter pour voir le ballet... Un jeune homme, nommé Drogar, entre le premier dans le salon. Les assistants le questionnent en lui demandant s'il était chirurgien, il répondit qu'il était enfant d'Esculape... »

(1) La famille royale fit saisir tous les exemplaires et la relation de Roullet est ainsi devenue une rareté bibliophilique.

« L'enfant d'Esculape » est bientôt rejoint par le Dr Blan-
cheton, demeurant rue de Lulli, derrière le théâtre, et que
l'on était allé chercher en toute hâte. Les deux médecins
décident de faire une saignée. Un sang noir, épais, sort de
la veine. Roullet présente une assiette qui est bientôt pleine ;
il se précipite vers la garde-robe et revient avec la cu-
vette... Mais comment faire une ligature ? Le concierge
tend sa cravate de mousseline, Caroline et Mme de Bethisy
leurs jarretières, mais elles sont élastiques. Finalement
c'est la ceinture de la duchesse qui fixe le pansement.

Peu à peu — Mme Roullet frappe de loge en loge — la
nouvelle terrible se répand. La famille d'Orléans arrive
la première et bientôt le salon se remplit de monde.

Charles est revenu à lui... On l'entend demander :

— Ma femme, es-tu là ?

— Je suis auprès de toi, je ne te quitte pas.

— L'assassin est-il un étranger ?

Quelqu'un répond :

— Non, Monseigneur !

— Il est cruel de mourir de la main d'un Français, soupire le duc ; j'aurai sans doute offensé cet homme.

Un nouveau médecin, le docteur Bougon, suce la plaie
afin de faciliter l'écoulement du sang.

— Que faites-vous là, mon ami ? gémit Charles, l'arme
était peut-être empoisonnée...

Il faudrait la plume de Zola pour décrire la scène.

Marie-Caroline, qui porte toujours sa couronne de roses,
pousse des cris déchirants. Sa robe n'est plus qu'une tache
de sang. A côté d'elle une figurante, en costume espagnol,
s'est échappée des *Noces de Gamache* et aide les médecins.
Les ombres des danseuses se projettent sur la grande vitre
séparant le salon de l'avant-scène... enfin les derniers ac-
cords de la musique joyeuse se taisent. Le ballet est terminé. Les spectateurs et les acteurs refluent vers le salon...
Bientôt, la jolie petite Virginie, encore vêtue de son tutu
de gaze rose, apparaît dans l'encadrement de la porte.
Elle vient voir son amant pour la dernière fois. Sanglotante,
elle s'avance dans la pièce et s'agenouille... Vite on l'entraîne.

« L'EUSTACHE »

La nouvelle a couru Paris comme une traînée de poudre. Trois bals costumés se donnaient ce soir-là et, sans prendre le temps de se changer, hauts dignitaires, ambassadeurs, ministres, ducs et pairs sont venus aux nouvelles encore déguisés. Ils encombrent les étroits dégagements de la loge.

On applique des ventouses sur la plaie, on fait prendre au blessé des bains de pieds dans le seau de la garde-robe, on lui administre des lavements...

Il soupire :

— Pourquoi me torture-t-on ainsi ? Ma blessure est mortelle ; le poignard a été enfoncé jusqu'au cœur.

Mais on ne veut pas le laisser mourir ! Les médecins l'étendent sur quatre chaises ; entre deux vomissements on le saigne à plusieurs reprises... mais sans succès. La petite pièce n'est plus que sang, eau, et déjections. Madame Adélaïde, sœur du duc d'Orléans, tombe en syncope. On l'emporte.

Les ventouses ont cependant un peu soulagé le blessé. On décide de le transporter dans la petite salle de l'administration, pièce voisine dont les deux fenêtres donnent, elles aussi, sur la rue Rameau. Le tapissier Duriez, qui demeure en face du théâtre, a prêté un lit de sangle, deux draps, deux matelas et un traversin. La couche a été rapidement dressée et c'est étendu que Charles reçoit le duc et la duchesse d'Angoulême. Le prince se jette sur le lit en sanglotant, tandis que Madame Royale regarde horrifiée. Ils précèdent de peu Mgr Latil, évêque de Chartres, que Berry n'aime guère...

— C'est une épreuve que Dieu m'envoie. C'est donc à lui que je ferai l'aveu de mes fautes.

Et l'évêque s'agenouille devant le lit pour entendre la confession du mourant.

*

* *

Au pavillon de Marsan, Monsieur à qui on vient d'annoncer la terrible nouvelle attend son carrosse. Il tarde. Artois se jette alors dans la première voiture venue — c'est celle de Jules de Polignac — et ferme la portière avant que le duc de Maillé ait pu prendre place auprès de son maître, ainsi que l'exige sa charge. Il n'a que la ressource de courir après la voiture et de sauter, de justesse, sur la banquette des valets de pied. Maillé accomplit ainsi le bref trajet séparant les Tuileries de la rue Rameau... et le lendemain, toute la cour parlera du magnifique « acte de courage » du premier gentilhomme de Monsieur.

Dès qu'il aperçoit son père, Charles s'écrie :

— J'ai sans doute offensé cet homme... Grâce ! Grâce !

Monsieur essaye de l'apaiser, mais l'émotion l'étouffe. Les yeux pleins de larmes, il s'affaisse au pied du lit.

Angoulême ne quitte pas le chevet de son frère, « confondu avec les Dieux d'Esculape », précise Roullet. A un moment, Berry, se tourne vers lui :

— Pardonne-moi les chagrins que j'ai pu te causer par mes petites tracasseries.

Madame Royale est restée debout au fond de la pièce « la tête sur la poitrine, les yeux rougis ». De temps en temps elle va demander à Dupuytren « s'il espère encore ». Le célèbre médecin, que le duc de Maillé était allé chercher, ne cache pas la gravité de la situation. Il veut tenter néanmoins une opération.

— Il faut vider une partie du sang qui emplit la poitrine et qui menace à chaque instant de suffoquer le Prince.

Berry accepte.

Le sondage de la plaie — par le doigt de Dupuytren. — lui arrache des cris déchirants.

— Ah ! que vous me faites souffrir !... Vous m'arrachez le cœur !

— Mon bon Charles, implore Marie-Caroline, souffre pour l'amour de moi.

Les cris s'entendent au loin, jusqu'à la chambre où sans relâche on interroge Louvel, garrotté et les « poucettes » aux mains.

— Ce que vous appelez crimes, d'autres les regardent comme des actes de vertu... comme des actions louables. Ce sont des jugements de parti et il est possible que l'his-

142

toire en juge différemment que vous dans cette circonstance.

— Quelles sont les personnes qui regardent des assas-
sinats comme des actes de vertu ?

— Brutus et quelques autres.

— Quelles sont donc les personnes que vous supposez
devoir applaudir à votre crime ?

— Attendez que vous et moi nous soyons morts pour
que cela puisse se juger.

Decazes, qui vient d'arriver et dont la foule s'écarte « avec
horreur », poursuit l'interrogatoire.

— Votre poignard était-il empoisonné ?

— Non !... non ! s'exclame Louvel avec indignation.

C'est un assassin honnête homme.

— Si ce n'est pas un fou, c'est quelqu'un que j'ai offensé, dans un moment de vivacité ou de colère, affirme
Charles à nouveau.

Prostrée au pied du lit, la duchesse sanglote toujours.

— Ah ! ma pauvre Caroline, que tu es malheureuse !...
Ne te laisse pas abattre... Ménage-toi pour l'enfant que
tu portes.

Un peu d'espoir renaît. Personne ne connaissait la nouvelle... La dynastie ne va peut-être pas mourir !

Soudain, comme pris d'une angoisse, Charles appelle :

— L'évêque... où est l'évêque ?

Il veut se confesser à nouveau... Latil à genoux colle
son oreille contre la bouche du prince. Roullet entend :

— Pardonnez-moi mon père, je suis un grand pécheur !
mes enfants !

La confession se prolonge durant cinq longues minutes.
Le prélat se relève.

— Ma femme, dit Charles entre deux hoquets, je dois
te l'avouer, j'ai eu deux enfants avant de t'avoir connue.
Permets que je les voie.

Marie-Caroline a vite pris son parti.

— Qu'on les fasse venir. J'en aurai soin comme de
ma propre fille.

Sur un regard implorant du duc de Berry, le duc de

Coigny sort de la pièce et se précipite dans l'une des voitures de la cour.

— Rue Neuve-des-Mathurins !

La petite maison d'Amy est fermée. Le duc frappe durant plusieurs minutes...

Bien plus tard la petite Louise — qui sera un jour la baronne de Charette — écrira le récit de cette terrible nuit. Les lignes qui vont suivre ont été transcrites à l'aide de ce texte inédit (1).

Les deux petites filles avaient encore vu leur père l'après-midi même à Bagatelle. Il paraissait soucieux. Tant de lettres de menace lui avaient été adressées ! Un peu angoissées — elles aussi — Louise et Charlotte s'étaient couchées comme chaque soir dans la chambre de leur mère... et avaient eu bien du mal à s'endormir.

Tout à coup quelqu'un entre dans la pièce avec violence, réveillant en sursaut Amy et ses filles. C'était la gouvernante, Mme Laporte.

— Que se passe-t-il ? demande Amy.

— Le duc appelle ses enfants.

Et devant l'effroi de la jeune femme, elle s'explique :

— *He has received a blow* (2).

Pâle, balbutiante, Amy semble terrifiée. Tout en habillant les deux petites filles, elle déclare qu'elle les accompagnera à l'Opéra. Le duc de Coigny est épouvanté. Quel scandale ! c'est impossible ! Mais Amy déclare que tout discours est inutile. Elle ira !

Bientôt Charlotte et Louise, revêtues de petites redingotes de casimir à fond jaune, coiffées de chapeaux ornés de rubans blancs, sont prêtes à partir.

Dans la voiture, le duc essaye de faire entendre raison à Amy :

— Laissez Mme Brown, déclare Mme Laporte, elle ne fera que ce qu'elle doit faire.

— Je resterai dans la voiture, soupire Amy à travers ses larmes.

(1) (Archives de la Contrie.)
(2) Il a reçu un coup.

« L'EUSTACHE »

Près d'une heure a passé depuis le départ du duc de Coigny. De temps en temps, Charles demande d'une voix angoissée :

— Charlotte et Louise arriveront-elles ?

Marie-Caroline essaye de le tranquilliser. C'est peine perdue ! Son passé amoureux le tourmente. Il se souvient d'une petite fille que lui a donnée il y a quelques mois la jeune Louise Barré. On l'a nommée Caroline. Charles appelle son frère et lui parle à l'oreille. Angoulême promet.

La nourrice tient dans ses bras la petite Mademoiselle que l'on est allé chercher à l'Elysée... Mais le duc la regarde à peine. Les yeux fixés sur la porte, il attend...

Enfin, suivies de Coigny et de Mme Laporte, Charlotte et Louise pénètrent dans la chambre — « la duchesse de Berry, assise à la tête du lit essuyait ses larmes avec le drap qui couvrait son mari, a raconté la baronne de Charette ; elle nous prit par la main et nous faisant agenouiller, nous dit :

— Venez recevoir la bénédiction de votre père.

Nous nous jetâmes à genoux.

— *Honor your mother,* soupira le mourant, *and follow always the path of virtue* (1).

Au-dessus du lit — ô ironie ! se trouve une affiche du théâtre royal italien : *Il matrimonio segreto...*

— Caroline, appelle Charles, voici deux orphelines, je te demande d'en prendre soin.

Caroline ouvre ses bras, embrasse les deux petites et les conduit devant Mademoiselle.

— Embrassez votre sœur.

Puis se tournant vers son mari :

— Vous le voyez, Charles, j'ai maintenant trois enfants.

Du regard, le prince remercie sa femme.

— Ah ! mon frère, demande le moribond, croyez-vous que Dieu me pardonne ?

_____

(1) Honorez votre mère, et suivez toujours le chemin de la vertu.

145

Cette demande angoissée n'est-elle pas lourde de sens ?

« On nous fit ensuite passer dans une chambre à côté où étaient entassés plusieurs matelas sur lesquels nous nous assîmes », poursuit la baronne de Charette.

Et l'horrible attente commence.

Les médecins reprennent leurs saignées, lavements, sangsues, sondages. L'atmosphère est irrespirable. Plus de vingt personnes sont entassées dans la petite pièce.

— Que de monde ! soupire Charles, que de gens inutiles !

Il suffoque ! On lui apporte un verre d'eau dans lequel on a pressé une orange et jeté deux morceaux de sucre qu'un employé du théâtre a apportés dans ses paumes suantes. Roullet essaye d'apaiser les terribles maux de tête du blessé avec des compresses de vinaigre... à l'estragon. C'est tout ce que l'on a trouvé !

Deux valets de pied pleurent.

— Je compte sur vous, dit le blessé à son père, pour prendre soin de tous ces braves gens.

Puis, apercevant Nantouillet, il l'appelle, il veut embrasser son fidèle compagnon. La Ferronnays est au loin. Depuis sa discussion violente avec Charles, il a reçu le poste d'ambassadeur à Saint-Pétersbourg.

Tout ce qu'il y a de plus considérable à Paris emplit le théâtre et les coulisses. Un groupe de danseuses entoure Virginie qui sanglote mendiant des nouvelles. Elle aussi est enceinte du prince.

Le froid est devenu plus vif (1). Dans la rue Rameau, Amy attend toujours. Elle est seule. Durant trois heures mortelles, les yeux embués de larmes, elle fixera les deux fenêtres que l'on ouvre et referme sans cesse dans l'espoir d'apporter un peu d'air au mourant. De temps en temps, Roullet apparaît à l'une des croisées tenant entre les mains le seau de la garde-robe plein de sang et de déjections qu'il jette dans la rue en criant :

— Gare à l'eau !

L'être qu'elle aime agonise à quelques mètres et elle

(1) Au milieu de la nuit le thermomètre descendit à 0°. (*Archives de l'O.N.M.*)

ne peut l'embrasser une dernière fois. Autour d'elle, colportées de bouche en bouche par les cochers et les valets, les nouvelles courent. Des troupes de masques, sorties de quelque bal public, et poussées par la curiosité encombrent les alentours du théâtre.

Soudain, on entend au loin le son d'une clochette qui se rapproche. Tous se découvrent. C'est le curé de Saint-Roch qui, précédé d'un enfant de chœur, vient apporter l'extrême-onction au mourant. Il passe au milieu des masques agenouillés.

On imagine par cette froide nuit d'hiver le calvaire d'Amy, perdue au milieu de la foule...

*
* *

Il est bientôt cinq heures du matin.

La pâleur du mourant est effrayante ; il gémit doucement. On l'entend murmurer comme un leitmotiv :

— Grâce, grâce pour l'homme !

Les pleurs de la petite duchesse redoublent.

— Retire-toi, gémit Charles, tes sanglots ajoutent encore aux maux que j'endure.

On a bien du mal à arracher la duchesse du lit de son mari.

— Cette nuit est bien longue... Que la mort est lente à venir ! Et le Roi, ajoute-t-il, le Roi ?

— Sa Majesté va venir.

Le retard de Louis XVIII semblait inexplicable. Decazes était venu le réveiller vers deux heures et demie en lui dissimulant le plus possible la gravité de la situation. Le roi avait voulu se lever, mais son favori l'en dissuada.

Le comte d'Artois ne lui avait-il pas dit :

— Faites vos efforts pour empêcher le Roi de venir ; sa présence apporterait la gêne de l'étiquette.

Un peu plus tard le ministre réapparut tenant en main un bulletin de santé : « Le Prince a retrouvé ses facultés intellectuelles, le pouls s'est relevé, mais tous les autres symptômes se sont aggravés. »

— Est-ce la fin ? interroge Louis XVIII.

— Non, Sire, mais on demande Votre Majesté.

— Partons ! Qu'on me lève, ordonne-t-il en se tournant vers le duc de La Châtre.

L'état de santé du roi rend difficile les actes les plus simples de la vie. Avant que le souverain soit habillé, la voiture prête à partir, l'escorte des gardes du corps en selle, il est près de cinq heures.

A l'Opéra, un courrier vient d'annoncer l'arrivée du roi. En hâte on fait sortir Charlotte, Louise et Mme Laporte de leur réduit... Rapidement elles traversent la pièce où les râles du blessé se font plus violents. Les deux petites filles jettent un dernier regard vers leur père... On les pousse dans l'escalier. Quelques secondes plus tard, Amy les serre convulsivement dans ses bras. Au même moment on entend le galop des chevaux de l'escorte royale. Si Louis XVIII est appelé, c'est qu'il n'y a plus d'espoir !

Les deux équipages se croisent.

Aidé par La Châtre et d'Avaray le roi descend non sans mal de sa voiture. Il s'assied dans un fauteuil que des porteurs essayent de hisser à la force de leurs bras dans le petit escalier étroit... On crut un moment que la tâche serait irréalisable. Enfin, d'un effort surhumain, le fauteuil est amené jusqu'au palier.

En voyant entrer son oncle, le moribond supplie d'une voix rauque :

— Sire, je vous attendais pour vous demander une dernière grâce en ce monde, car demain je ne vous importunerai plus. Accordez-moi la vie de l'homme...

Le roi ne sait que répondre.

— Ah ! mon oncle, vous ne répondez pas et je meurs... Grâce, grâce pour l'homme !

Angoulême intervient.

— Sire, veuillez accéder à sa demande. Voilà plus de deux heures que ce désir le tourmente.

— Tout cela demande réflexion, finit par répondre le roi.

Puis se tournant vers le blessé :

— Parlons de vous, mon fils, cela vaudra mieux.

En s'asseyant dans un fauteuil que Mme Roullet a avancé, il demande à voix basse à Dupuytren :

— *Superestne spes aliqua salutis ?*

Le chirurgien n'est guère familiarisé avec le latin et reste coi. Un autre médecin répond pour lui qu'il n'y a aucun espoir.

— Que la volonté de Dieu s'accomplisse !

— Grâce, grâce pour l'homme ! répète Berry. Ah ! sire, vous ne dites pas oui !

Puis d'une voix basse « entrecoupée par la douleur », il ajoute :

— Si au moins j'emportais l'idée que le sang d'un homme ne coulera pas à mon sujet après ma mort.

Il retombe ensuite dans sa torpeur.

Vers six heures, le mourant, qui jusqu'ici était resté couché sur le côté droit, demande d'une voix à peine perceptible :

— Tournez-moi... je ne peux rester plus longtemps ainsi.

Dupuytren refuse. Grâce à la position du blessé « le poumon droit, exempt de toute lésion, avait suffi aux besoins de la vie... »

— Tournez-moi...

On obéit...

Et ce fut la fin.

Dupuytren demande un miroir. Louis XVIII tend sa tabatière dont le verre, placé devant les lèvres de Charles, ne se ternit pas.

— Tout est-il consommé ? demande le roi.

Dupuytren incline la tête.

Les assistants tombent à genoux. Des sanglots se font entendre. Marie-Caroline, que Mme de Béthisy retenait dans la pièce voisine, bondit, « elle échappe aux mains qui la retiennent, a raconté un témoin, et en proie aux plus vives convulsions, renverse Monsieur qui veut la retenir. Tous deux roulent à terre. » La duchesse se relève, se jette sur le corps...

— Il est à moi !... je veux !... j'ordonne !...

Elle se précipite aux pieds de Louis XVIII en hurlant :

— Sire, je veux retourner dans mon pays avec mon enfant... accordez-moi cette grâce, car je ne veux plus vivre ici...

Puis, soudain, elle aperçoit Decazes. Elle fait un bond en arrière et va se réfugier dans les bras du comte d'Artois.

— Papa, papa, emmène cet homme. Il me fait horreur. Ah ! mon Dieu ! il empoisonnera mon enfant !

— La douleur vous égare, soupire Louis XVIII.

Marie-Caroline a une crise de nerfs. Sur un geste du roi, on parvient, non sans mal, à l'entraîner vers sa voiture et à la reconduire à l'Elysée.

On supplie Louis XVIII de se retirer.

— Je ne crains pas le spectacle de la mort, mais je dois à mon neveu un dernier devoir.

Aidé par Dupuytren, il s'approche du cadavre, lui baise la main et lui ferme les yeux.

— Ma voiture, ordonne-t-il en se tournant vers La Châtre...

Il ne reste autour du lit de Charles de Berry que quelques officiers du prince et des valets de pied. L'un d'eux coupe une mèche de cheveux et demande :

— En voulez-vous ?

Tout le monde se précipite. Le général Montlegier, arrivé trop tard, prend la mèche que le concierge gardait pour lui...

L'étiquette empêche que le corps soit porté à l'Elysée ou aux Tuileries. On a choisi le Louvre. Le cadavre est placé dans un drap et descendu à grand-peine par le petit escalier. On l'étend ensuite sur une planche que l'on place sur toute la longueur de la voiture.

La tragédie est jouée. L'Opéra est vide, « le rideau levé, l'orchestre désert, les lumières éteintes... » Tous, en passant dans le vestibule, ont piétiné dans une vaste flaque de sang et l'on peut suivre la trace des pas jusque sur le trottoir de la rue Richelieu...

VII

L'HOMME

EN arrivant à l'Elysée, Marie-
Caroline avait arraché sa fille des bras de Mme de Contaut
et l'avait serrée sur son cœur avec une telle violence et en
poussant de tels rugissements, qu'on dut lui enlever l'enfant de force. « On voulut la conduire dans son appartement, elle s'y refusa, et alla droit à celui de Monseigneur.
Ce fut encore déchirant pour elle ! Tout était prêt pour
recevoir celui qui n'existait plus ! Son fauteuil apprêté, sa
robe de chambre ouverte ; tout excepté lui, tout excepté
la vie ! Elle inondait de ses larmes tout ce qui était à lui ;
ne retenant plus l'élan de sa douleur, ses cris étaient déchirants ! Elle voulut rester dans cette chambre, se tenant
à genoux près du lit qu'elle serrait de ses mains crispées.
Elle, si calme, si courageuse pendant l'affreuse nuit,
s'abandonna alors jusqu'à l'excès au désespoir. »
Soudain la duchesse se souvient des filles d'Amy... Sans
tarder elle les envoie chercher (1). Dès que Charlotte et

(1) Récit inédit de la baronne de Charette.

Louise pénètrent dans le salon, elle leur montre la petite Mademoiselle et leur redit la même phrase qu'à l'Opéra :

— Mes enfants, embrassez votre sœur.

Marie-Caroline quitte la pièce suivie de Mme de Gontaut qui, quelques instants plus tard, revient auprès de Charlotte et de Louise tenant une longue natte blonde.

— Elle a coupé ses beaux cheveux (1).

Le lendemain la duchesse de Berry fut conduite à Saint-Cloud. Selon l'étiquette, les fenêtres demeurèrent fermées. Les appartements tendus de noir n'étaient éclairés que par des flambeaux de cire jaune. Les fauteuils, les tabourets et même les glaces avaient été ensevelis sous des flots de crêpe.

« Maintenant, écrivit Marie-Caroline à sa sœur l'infante Louise-Charlotte, ma devise est la même que celle de la pauvre Valentine de Milan : *« Plus ne m'est rien, rien ne m'est plus ! »*

Au Louvre, dans la galerie d'Apollon, veillé par des hérauts d'armes, le corps du duc de Berry avait été placé sur un lit de parade entouré de trois rangs de cierges. Pour arriver devant ce catafalque, on devait traverser le salon Henri IV où le Béarnais avait été autrefois déposé après que Ravaillac l'eut poignardé.

Le 15, à trois heures de l'après-midi, Louvel est sorti de son obscur cachot de la Conciergerie. On lui enlève sa camisole de force et on le conduit devant le corps de sa victime. Il regarde le cadavre avec un calme étonnant.

— Louvel ! Le corps que vous voyez ici exposé est celui de S.A.R. Mgr le duc de Berry.

On pousse le meurtrier de quelques pas.

---

(1) Plus tard la duchesse de Berry devait offrir aux filles d'Amy une parure confectionnée avec une partie de ses cheveux entourant son portrait et celui de Charles.

152

— Reconnaissez-vous la blessure que vous lui avez faite ?

Il y eut un bref silence.

Louvel regarde.

— Oui, Monsieur.

— Au nom du prince qui jusqu'à son dernier moment a supplié le roi en faveur de son assassin, je vous interpelle de déclarer vos complices et ceux qui vous ont suggéré l'horrible projet de l'assassiner.

— Je n'en ai aucun.

— Qui vous a porté à commettre ce crime ?

Louvel ne baisse pas les yeux.

— C'est un exemple que j'ai voulu donner aux grands de mon pays.

Ce ton paisible surprenait... Pour la plupart cette attitude était la preuve que Louvel se savait protégé et qu'il avait la certitude d'être sauvé *in extremis*.

Ce qui était manifestement faux.

L'acte de Louvel fut la conséquence logique de l'emprisonnement de l'empereur et du retour des Bourbons dans les bagages de l'ennemi. Mais, aujourd'hui encore, son crime intrigue certains écrivains, et il a été publié à notre époque une petite étude dont l'auteur — un général en retraite — prétend le plus sérieusement du monde que Louvel était... Louis XVII.

Les royalistes considérèrent l'assassinat du 13 février comme le prélude de la fin du monde : « O nuit déplorable, capable de ressusciter les morts, et d'anéantir tous les vrais Français », s'exclamait un contemporain. Le baron de Frénilly — l'ultra des ultras — écrivait dans ses *Mémoires* : « Le cri d'horreur fut immense et universel. Il s'entendit de Dunkerque à Antibes. » « Cette tragique nuit fut reçue comme une calamité nationale, renchérit Mme de Boigne, il s'éleva un long cri de douleur dans toute la France. »

Cris d'horreur et de douleur paraissent moins « universels » lorsque l'on compulse aux Archives Nationales une importante série de cartons qui, département par département, montre très exactement quel fut alors le « pouls » de la France (1).

Dès la nouvelle de l'assassinat, les sentiments républicains et bonapartistes — opinions de 70 % des Français — se donnent libre cours. La police aux aguets entend des phrases telles que :

— En voilà encore un de moins !

— Eh bien, quel mal y a-t-il ? C'est un homme de moins !

— Que n'a-t-on assassiné le roi plutôt que Berry ?

A Lyon, précise le préfet, « la nouvelle de la mort de M. le duc de Berry a été accueillie par certains avec une joie féroce... »

Les ennemis du régime passent aux actes. Dans les rues de Dijon on chante *Malbrough est mort...* A Boussac dans la Creuse, le jour du service solennel célébré à la mémoire du défunt, on promène dans les rues un cochon couvert de chiffons noirs et portant à une patte une jarretière « de deuil ». A Mulhouse, dans la matinée du 19 février, trois chiens, cravatés de noir, circulent gravement dans les principales artères de la ville. Devant cet « acte affligeant, d'atroce ironie, de haute indécence », le préfet soupire et prend des mesures. Ne pouvant arrêter les chiens, c'est le sieur Boursier, brigadier de gendarmerie, qui est mis aux arrêts pendant huit jours « ayant quelque peu tardé à établir son rapport ».

Dans toute la France on trouve cloués aux arbres des libelles incendiaires : « Aux armes, Français ! » lit-on sur les marronniers de Troyes ; « Berry est mort, ô quel bonheur ! » s'exclament les platanes tarasconnais... ; à Nîmes, un palmier de la promenade lance un véritable appel au crime : « Mort aux tyrans et à tous les grands de ce monde ! Telle sera notre devise chérie ! » Les vieux ormes d'Alençon prennent les choses plus gaiement :

(1) A. N. F. 7. 6745 ; F. 7. 6746 ; BB 18. 1131 ; BB 18. 1137 ; BB 30. 225 ; BB 18. 1059 à BB 18. 1065 ; BB 30. 192.
Ces dossiers m'ont permis d'écrire toute la première partie de ce chapitre.

L'HOMME

Qu'y a-t-il d'affligeant ?
Qu'un franc cochon de plus
Qui valait peu d'argent,
Pour notre carnaval,
Cesse d'être vivant !

Les explications les plus fantaisistes sont données pour expliquer l'assassinat.

— Voilà ce que c'est que d'aller voir les femmes des autres ! s'exclame-t-on à Chartres.

Pour les Alsaciens, Louvel aurait reçu un jour un coup de cravache du prince. On retrouve la même accusation à travers toute la France, mais avec des variantes : en Seine-et-Oise, la cravache devient fouet ; à Mayenne, on affirme que Berry, au cours d'une revue, arracha la croix de la Légion d'honneur de Louvel... qui ne fut jamais soldat et jamais décoré ! Un colporteur de Saint-Quentin donne des précisions :

— Si M. le duc de Berry a été assassiné, c'est qu'il a dans le temps arraché les épaulettes de son assassin !

Dans les Deux-Sèvres, on a plus d'imagination et de précision. Au cours d'une revue « le sous-officier Louvel » aurait dit à Berry :

— Sa Majesté (sic), je vous dis ce que c'est : si vous voulez nous envoyer combattre en Espagne, on refuse d'obéir.

Le duc aurait alors tiré son épée et Louvel croisé son fusil.

A Niort, la thèse psychologique et machiavélique l'emporte... Les Niortais considèrent, en effet, Amy Brown comme la complice de Louvel ! « Quelques personnes, écrit le commissaire de police, le 18 février 1820, prétendent que le duc de Berry ayant abandonné une femme anglaise avec laquelle il est marié secrètement et de laquelle il avait eu trois enfants, cette femme l'avait fait assassiner (1) »...

Pauvre Amy Brown !

Depuis 1789, les Français ont assisté à tant de boule-

(1) A. N. F. 7. 6746 (8) Note signée *Vachot*.

versements ! Ils sont tellement surpris de voir que, depuis bientôt cinq années, plus rien ne se passe en Europe, que l'assassinat du duc de Berry — telle est leur conclusion — ne peut être qu'un signe avant-coureur de changements considérables.

Un prétendant au titre de Louis XVII s'imagine même que le roi est mort et qu'il peut tenter sa chance. Il se présente à la grille du château des Tuileries demandant où se trouve « le logement de son feu oncle Louis XVIII », afin d'y emménager...

— Je suis le fils de Louis XVI, précise-t-il, et je suis envoyé du firmament pour me faire reconnaître...

Les bonapartistes affirment que Napoléon a certainement quitté Sainte-Hélène et que Louvel, sur ordre de l'empereur, avait ainsi préparé son retour... A Paris on prétend que « Bonaparte est caché dans l'île de Bréhat ». A Niort, la police trouve un matin une immense inscription : Napoléon revient ! Napoléon arrive ! Dans l'Ardèche, on dit même :

— Il sera sur le trône avant la Saint-Jean.

L'espoir soulève les cœurs !

A la barrière d'Italie, un nommé Nicolas Olivier, carrier de son état, présente à un certain Levoir, journalier, une petite statuette en cuivre représentant l'empereur. « Dans l'enthousiasme que lui a causé l'image de l'Usurpateur, écrit le commissaire de police, Levoir l'a baisée et avalée, mais elle s'est arrêtée dans sa gorge et il n'a pu la retirer qu'avec beaucoup de peine »... et l'aide de la police.

A Rouen, sur la neige, on écrit : « Vive Napoléon II ».

Partout on crie « Vive l'Empereur ! Vive le Petit Tondu !... et m... pour Louis XVIII et les Bourbons ! » A Lyon, on va même jusqu'à clamer : « Vive Napoléon et Louvel ! » Sur les murs de la capitale, on dessine la silhouette de Marie-Louise qui, soit dit en passant, avait alors deux enfants de Neipperg (1)...

La police s'affole et bien vite ne sait plus où donner de

____

(1) Albertine-Marie, née le 1er mai 1817, et Guillaume, le 8 août 1819.

la tête. Elle arrête le frère de l'assassin, paisible jardinier à Fécamp, qui est déclaré fou, arraché à ses plants de salades, et jeté dans la maison des aliénés de Rouen. Malheur à ceux qui s'appellent *Louvet*, *Louvé* ou *Louvrais*. Quant aux homonymes de Louvel, on se hâte de les incarcérer. A leur sortie de prison ils demanderont à changer de nom...

Un certain Henry Lebrun, ayant crié à Rethel « Vive Bonaparte ! » est mis sous les verrous. Interrogé, il déclare avec courage :

« Je n'ai pas crié « vive Bonaparte », mais « vive l'Empereur ! »

Il est aussitôt condamné à trois mois de prison et à 50 francs d'amende.

Un Parisien après avoir vociféré :

« Je me f... de Louis XVIII, je l'em... » récolte lui aussi trois mois de prison.

Dans le Tarn, le sieur Lacombe a annoncé à ses amis la mort du prince en ces termes :

« Je vous invite à venir manger ce soir un gigot de mouton de Berry. »

Cette plaisanterie de table d'hôte lui coûte deux ans de prison et 200 francs d'amende... Les Assises de la Haute-Garonne le gracieront six mois plus tard.

Ceux qui profitent du Carnaval pour se déguiser en grognards sont arrêtés... On traque jusqu'aux liquoristes vendant la *Liqueur de Sainte-Hélène* ou la *Liqueur des Braves*...

On inquiète une ouvrière de Méricourt, soupçonnée d'avoir écrit cette chanson :

> *Français, ne pleurons pas la perte*
> *Du cruel duc de Berry !*
> *Il avait juré sur sa tête*
> *De faire périr notre patrie.*

La jeune fille, pour sa défense, chante le véritable texte qu'elle affirme avoir composé :

LA DUCHESSE DE BERRY

Français, gémissons de la perte
De l'aimable duc de Berry.
Il avait juré de faire naître
Le bonheur de notre patrie.

La police perd toute mesure. Elle voit des « allusions subversives » jusque dans les vers célébrant l'humble violette. On arrête un malheureux coupable d'avoir fredonné :

O, fleur de l'innocence,
Et de fidélité
En ce jour, je t'encense
Au nom de la beauté.

Passe encore pour cette pâle allusion aux « violettes impériales », mais on reste rêveur en lisant le rapport du juge d'instruction de Cosne qui, après avoir retranscrit la chanson suivante, conclut qu'elle se rapportait à l'assassinat du duc de Berry :

Mathurin et Suzette
Dans un petit lieu désert
Admiraient la comète
Quoiqu'il ne fît pas clair.

Avecqu'autre chose
Que je ne dirai pas
Quoi donc ? (bis)
Mais je n'ose, mais je n'ose
Ne m'entendez-vous pas ?

Admirez, p'tite Suzette
D'vos yeux vifs comme l'éclair
Que cette nouvelle comète
A bien la queue en l'air.

Encore bien autre chose,
Que vous ne comprenez pas...
etc.

La police a tout autant de mal avec les royalistes achar-
nés de la « nuance Frénilly ». Ainsi que l'écrit le préfet
de l'Allier, « le parti Ultra est très exagéré. Il spécule sur
le malheur général, déchaîne une véritable fureur et blas-
phème contre le roi lui-même avec un délire vraiment
déplorable. »

« Le roi est un cochon, déclaraient les Orléanais, et si
le comte d'Artois régnait, les affaires n'en iraient que
mieux ! »

Le Drapeau blanc dans son numéro du 16 février, ose
écrire : « Le premier coupable, c'est l'homme funeste qui,
après quatre ans, n'a employé l'autorité et la confiance
que le roi lui avait remises pour consolider la monarchie que pour miner tous les fondements du trône,
qu'à frapper tous les amis éprouvés de la légitimité, qui
n'a eu des récompenses que pour la félonie et le crime,
qui a réchauffé, nourri, caressé, déchaîné le tigre révolu-
tionnaire... Oui, M. Decazes, c'est vous qui avez tué le duc
de Berry ! »

— C'est une accusation dont l'extravagance égale l'atro-
cité ! s'écria Louis XVIII.

Mais les Ultras et le Faubourg montent en épingle le
mouvement d'horreur de la duchesse de Berry voyant Decazes près du cadavre de son mari. Comment la duchesse
pourrait-elle se trouver à nouveau en face du « complice
de Louvel »? Surtout dans son état !... La moindre émotion pourrait être fatale. C'est le sort du pays, le sort de
la dynastie qui sont en jeu ! le favori doit partir !

— Les loups, soupire le roi, ne demandent jamais au
berger que de sacrifier son chien... Ils ne nous sépareront
pas !

Mais les Ultras tiennent bon. Le couteau de Louvel ne
pouvait être qu'une arme libérale ! Lorsque Decazes traverse l'antichambre royale, un « frémissement menaçant »
le suit comme un sillage. Artois et Madame Royale décident
de forcer la main du vieux souverain. Les repas aux Tuileries sont encore plus lugubres qu'à l'accoutumée... ce
qui n'est pas peu dire ! Personne ne parle. Un matin la
duchesse d'Angoulême se jette à genoux aux pieds du roi :

— S'il ne part pas il y aura peut-être une victime de plus.

Au nom de cet enfant qui va naître on supplie, on crie, on menace.

Après cinq jours de lutte, Louis XVIII s'incline et Decazes s'efface.

— Le pied lui a glissé dans le sang, s'exclamera Chateaubriand.

*
*   *

Un mois après l'assassinat, le **14** mars, en présence de toute la famille royale, eurent lieu les funérailles du duc de Berry.

Seule Marie-Caroline — l'étiquette l'exigeait — était restée aux Tuileries, sa nouvelle résidence. « Il y avait tant de grandeur dans cette pompe, a raconté Chateaubriand, qu'on aurait cru assister aux funérailles de la Monarchie. Le roi à genoux laissa tomber sa tête vénérable dans ses deux mains jointes. La France entière semblait courber sa tête avec lui... » Les yeux étaient fixés sur Madame Royale « enveloppée dans un long crêpe, comme dans sa parure accoutumée. La messe dite, on ôta le cercueil du catafalque pour le descendre dans le caveau. Alors l'héroïne du Temple fut vaincue pour la première fois, elle se sentit prête à défaillir et fut obligée de se retirer. »

Devant le caveau, le roi d'armes appela l'un après l'autre les officiers du prince qui selon l'antique usage apportèrent « les épées, gantelets, escus et cotte d'armes ». Lorsque toutes les armes furent déposées sur le cercueil, le comte de Nantouillet s'avança et proclama d'une voix forte :

— Monseigneur le duc de Berry, votre maître et le mien, est mort, officiers pourvoyez-vous !

Puis, par deux fois, avant que le caveau soit fermé, le roi d'armes cria à son tour :

— Très Haut et Très Puissant Prince Charles-Ferdinand, duc de Berry est mort ! Priez Dieu pour le repos de son âme !

L'HOMME

* * *

Toujours revêtu de sa camisole de force, Louvel se trouvait encore à la Conciergerie. Son calme ne l'avait pas quitté. La chambre des Pairs, devenue la cour des Pairs, fut désignée pour juger l'assassin. Le 29 mai ses deux avocats vinrent le voir.

— Messieurs, leur dit-il, je m'en rapporte parfaitement à vous. D'ailleurs il y a bien peu de chose à dire. On m'a signifié l'acte d'accusation, je l'ai trouvé bien, je crois que vous serez contents. Lundi — 5 juin — on me mettra en jugement, mardi je serai condamné. Eh bien, conclut-il paisiblement, tout pourra être terminé pour mercredi.

Dès le dimanche, on le transfère au Luxembourg. Il en est tout heureux. Il pourra dater ses lettres du palais du Luxembourg ! Pour sa famille il trouve l'en-tête « plus convenable »... Dans la grande salle des délibérations, devant l'accusé ont été placés, bien en évidence, les vêtements ensanglantés du duc de Berry et l'arme du crime.

— Reconnaissez-vous le poignard avec lequel vous l'avez frappé ?

Louvel se lève, examine l'arme et répond :

— Oui, Monsieur.

— Aviez-vous quelque motif d'inimitié contre M. le duc de Berry ?

— Non, c'était pour détruire la souche. Il ne faut voir en moi qu'un Français qui se sacrifie. J'étais humilié de voir en France des armées étrangères et je suis allé à l'île d'Elbe pour me trouver avec des Français. Je sais bien que j'aurais dû plutôt rester à Paris pour exécuter l'horrible projet que j'avais conçu.

— Vous reconnaissez donc que c'est un crime que vous avez commis ?

— Je l'ai appelé « horrible » parce que l'action d'un homme qui se jette sur un autre pour le poignarder par derrière, est toujours horrible.

— Pourquoi portiez-vous un second poignard ?

161

— C'était pour mieux réussir.

Comme l'un des témoins vient affirmer qu'après son arrestation, l'accusé s'était évanoui, Louvel l'interrompt avec vivacité :

— Je ne me suis pas trouvé mal, mais je souffrais que mes poucettes étaient trop serrées.

Ce soir de la première audience, le gendarme qui le reconduit dans son cachot lui conseille de faire venir un prêtre.

— Un prêtre me ferait-il aller au paradis ?

— Si vous vous repentez sincèrement il est possible que Dieu vous pardonne.

— Croyez-vous que le prince de Condé soit au paradis ?

Et sur la réponse affirmative de son cerbère, il déclare en souriant :

— Oh ! alors, je serai bien aise d'y aller pour le faire enrager !

Puis il soupe de fort bon appétit.

Le lendemain, après le réquisitoire, les défenseurs demandent à la Cour :

— Pourquoi serions-nous plus sévères que celui que nous pleurons ? « C'est un insensé, grâce, grâce pour l'homme ! » a supplié le prince. Eh bien, Messieurs, l'homme est devant vous !

Lorsqu'on lui donne la parole, Louvel se lève et lit paisiblement un petit discours qu'il a préparé :

— J'ai aujourd'hui à rougir seul d'un crime que j'ai commis seul. Il ne faut voir en moi qu'un Français dévoué à se sacrifier pour détruire, suivant mon système, une partie des hommes qui ont pris les armes contre la patrie... Aujourd'hui les Bourbons prétendent être les maîtres de la nation ; mais, suivant moi, les Bourbons sont coupables et la nation serait déshonorée si elle se laissait gouverner par eux !

Quelques minutes plus tard, Louvel, placé dans un fiacre entouré de vingt gendarmes, quitte le Luxembourg et est ramené à la Conciergerie, sous une pluie diluvienne. C'est dans son cachot qu'il entend la lecture de l'acte le condamnant à avoir la tête tranchée. Le greffier ajoute :

L'HOMME

— Vous n'avez plus rien à espérer des hommes. Jetez-vous dans les bras de la religion !

Et il lui annonce l'arrivée prochaine de l'aumônier des prisons, l'abbé de Montis.

— Vous m'avez envoyé un bien brave homme, déclare Louvel le lendemain au greffier, j'ai craint que ma résistance ne lui causât trop de peine... D'ailleurs il m'a tellement ému que je suis tombé à genoux pour lui confesser quelques petites fredaines...

Le condamné devait être exécuté au petit matin.

— Il paraît que c'est différé jusqu'à cet après-midi, soupire Louvel, ma foi tant pis, car maintenant je n'y songerais déjà plus.

— En mourant, lui dit son gardien, vous devez avoir la consolation de savoir que votre arrestation a prévenu les soupçons placés sur nombre de personnes innocentes et qui eussent été inquiétées.

Cette pensée le frappe. Il « se torture »... Pourquoi n'a-t-il pas songé à dire au procès qu'il préférait avoir été pris plutôt que de voir inquiéter des innocents ?

— C'est fini, soupire-t-il. J'ai laissé échapper l'occasion de donner de moi en public l'idée que je n'étais pas foncièrement méchant.

Et durant une heure, il se lamente en répétant :

— Que je suis donc malheureux de n'avoir pas songé à cela !

A deux heures on lui sert son dernier repas.

— Que de monde il y aura sur mon chemin ! déclare-t-il, tout en mangeant de fort bon appétit. Je suis sûr que l'on aura loué bien chèrement des fenêtres pour me voir. C'est singulier cet empressement pour assister à une exécution !...

Puis, un peu plus tard :

— Ma voiture tarde bien à venir, car je présume que c'est en voiture que l'on est conduit à la Grève. Il y a des pays où le criminel fait le chemin à pied. A Douai, par exemple...

Et le voilà parti dans le récit minutieux d'une exécution à laquelle il a assisté ! Il garde son éternel air calme, son

163

même détachement durant le trajet de la Conciergerie à la place de Grève. Avec intérêt il contemple la foule.

Le ciel est bas et couvert ; un vent du nord, assez frais pour la saison, souffle et Louvel a eu l'autorisation de garder son chapeau (1).

— Mon fils, lui dit l'abbé en arrivant au pied de l'échafaud, il est temps encore de désarmer le Seigneur par un sincère repentir.

— Hâtons-nous ! répond-il, on m'attend là-haut.

Tandis qu'on le lie sur la planche, il regarde encore autour de lui, visiblement intéressé...

A six heures précises, sa tête tombait.

*
* *

Le cœur du duc de Berry fut transporté à Rosny dans une chapelle élevée à cette intention et qui existe encore, mais le cœur a disparu. Sous une dalle on plaça les vêtements ensanglantés que Charles portait le soir du 13 février.

« L'édifice innocent du crime », l'Opéra, fut fermé et condamné à être démoli.

Sur son emplacement on construisit un monument orné de trois bas-reliefs représentant : Louvel frappant le duc ; Charles étendu sur son lit de souffrances ; et La famille royale autour du prince mourant.

La révolution de 1830 interrompit les travaux. Seuls les bas-reliefs se trouvaient terminés. On les enleva et on les transporta à Saint-Denis. Ils furent entreposés au fond d'une crypte où ils sont toujours.

On rasa les murs du monument expiatoire qui commençait d'ailleurs seulement à sortir de terre et Visconti fut chargé de construire à sa place une fontaine à la

(1) Il est amusant de rapporter que le général dont nous parlions plus haut a vu là une preuve de l'origine royale de Louvel. Louis XVIII ne pouvait pas faire guillotiner tête nue son neveu... donc Louvel était bien Louis XVII !

gloire de la Seine, de la Loire, de la Saône et de la Garonne.

Les eaux de ces trois fleuves et de cette rivière — symbolisées par quatre dames ventripotentes — lavèrent si bien le souvenir de la nuit tragique qu'aujourd'hui, sur mille passants longeant le square Louvois, on en trouverait peu sachant que là, un soir de Carnaval, s'est joué un drame dont les conséquences devaient, selon nos pères, « anéantir tous les vrais Français et ressusciter les morts »...

VIII

LE MIRACLE

*Mais du sang de nos rois quelque
goutte échappée...*

Le soir du 28 septembre 1820,
au dernier coup de onze heures, le roi se lève de son
large fauteuil et, appuyé sur l'épaule de son premier gentilhomme, se dirige pesamment vers le salon bleu où se
trouvent réunis les officiers. Selon l'usage il leur « donne
l'ordre » pour le lendemain. *L'ordre* était d'ailleurs toujours le même :

— Rien de nouveau !

Cependant, ce soir-là, Louis XVIII ajoute :

— Je ne crois pas que Madame la duchesse de Berry
accouche avant cinq ou six jours.

Puis, quelques instants plus tard, le roi, coiffé d'un
gigantesque bonnet de coton se glisse dans son lit de fer,
dressé, comme chaque soir, dans une petite pièce précédant son cabinet de travail. Le valet de chambre Girard
ferme les rideaux de soie verte...

Monsieur, le duc et la duchesse d'Angoulême ont regagné leurs appartements. Seule de la famille royale, Marie-Caroline ne dort pas. Dans l'après-midi, profitant du beau temps, elle était allée se promener sur la terrasse jusqu'à son petit belvédère situé à l'angle de la place Louis-XV. Un peu lasse, rentrée au pavillon de Marsan — sa nouvelle résidence — elle s'était couchée tout en bavardant avec ses dames. Elle avait fait placer son lit dans le salon de son appartement sous le portrait du duc de Berry en costume de chasse peint par Gérard (1).

— Je le sentirai près de moi et cela me donnera du courage, avait-elle dit.

Il lui en avait fallu de la force de caractère depuis la nuit tragique ! Par deux fois, dans l'espoir de lui faire faire une fausse couche, des barils de poudre avaient éclaté sous ses fenêtres...

Il est maintenant minuit. La duchesse a renvoyé ses dames et s'est assoupie... Tout le monde dort, même les deux témoins désignés par le roi — Suchet, duc d'Albuféra et le duc de Coigny — même la future nourrice qui porte le nom prestigieux de Bayard, « une femme magnifique et royaliste », ajoutait-on — même la femme de chambre Mme Bourgues qui couche dans la chambre de sa maîtresse, même le docteur Deneux qui campe dans une pièce voisine... Sa responsabilité est pourtant grande !

— Souvenez-vous, lui avait dit Marie-Caroline, qu'entre les deux vous ne devez pas hésiter, ma vie n'est rien, la sienne est tout !

Seules veillent les sentinelles de la garde royale qui montent la faction avec les grenadiers de la Garde Nationale... Or, à deux heures du matin, le grenadier Lainé — épicier de son état, brave bourgeois déguisé de temps à autre en militaire — voit arriver une femme affolée, hâtivement drapée dans un peignoir noir, qui « le presse de quitter son poste ».

C'était Mme de Gontaut.

L'épicier-grenadier essaye d'expliquer à la dame qui

(1) Ce tableau appartient aujourd'hui au prince Jean-Louis de Faucigny-Lucinge.

trépigne devant lui, « qu'il ne pouvait sans se compromettre abandonner le poste qui lui était confié ».

— Factionnaire ! ordonne Mme de Gontaut, suivez-moi : la duchesse de Berry accouche, c'est pour servir de témoin.

Lainé « sans réfléchir davantage » confie son fusil à son collègue de la Garde royale — qui, faisant partie de la Maison, ne pouvait servir de témoin — et, au pas gymnastique, suit la dame au peignoir.

Marie-Caroline s'était réveillée quelques minutes auparavant en criant à Mme Bourgues :

— Vite ! Vite ! j'accouche !... Il n'y a pas une minute à perdre.

La femme de chambre n'a eu que le temps d'allumer un flambeau et d'appeler la gouvernante... C'est cette dernière qui a reçu l'enfant.

— C'est un garçon !

Deneux, en pantoufles, la perruque à l'envers, le gilet déboutonné, sans cravate, était arrivé alors que le duc de Bordeaux poussait déjà son premier cri. Ce fut aussitôt l'affolement ! Jamais les républicains, les orléanistes et les bonapartistes ne croiront à la réalité de cette naissance éclair ! L'histoire de cet accouchement de négresse paraîtra avoir été inventée pour cacher une substitution. Fort heureusement le cordon n'ayant pas été coupé, Marie-Caroline a la présence d'esprit de demander à Deneux si les choses pouvaient rester en cet état.

— L'enfant respire parfaitement, avait répondu l'accoucheur, il peut rester comme cela jusqu'à la délivrance.

— Je veux qu'on voie mon fils tenant à moi !

Toutes les dames à moitié vêtues s'étaient alors égaillées à la recherche de témoins. C'est Lainé, le premier, qui pénètre dans le salon. On devine sa confusion !

— Voyez Monsieur, lui dit Marie-Caroline « en se mettant toute nue des pieds à la tête », précise Deneux, c'est un garçon !

« En même temps l'accoucheur lui fit remarquer que le cordon ombilical tenait encore à sa mère ; ce qu'il vérifia et reconnut en effet »...

Bientôt le salon se remplit de témoins appelés par les dames d'honneur. Avec une impudeur toute princière, Marie-Caroline se découvre devant chaque personne qui pénètre dans le salon. Elle propose même à Deneux de faire appeler tous les soldats de garde. L'accoucheur s'y oppose... Le maréchal Suchet suffira. Il accourt enfin :

— Monsieur le Maréchal vous voyez que l'enfant tient encore à moi. Vous voyez le cordon ?

Une femme spirituelle dira le lendemain : « Oui, le Cordon bleu ! »

— Je n'ai pas fait la carpe pâmée, s'exclame Marie-Caroline enfin délivrée, mais peu s'en est fallu.

Devant la performance, la résistance et la présence d'esprit de l'accouchée, un vieux soldat s'exclame :

— Le fils d'une pareille femme ne pourra être qu'un grand homme !

Soudain Marie-Caroline aperçoit son chien Chicorée que l'on avait oublié et qui était resté attaché au pied du lit, au milieu du désarroi général. La duchesse y pense et confie Chicorée à un garde qui, tout fier, nous dit un témoin, en parlait ensuite « comme s'il avait sauvé la France et l'Etat ».

A ce moment le roi pénètre dans la pièce. Un gentilhomme béarnais avait envoyé de Pau une bouteille de jurançon et une gousse d'ail.

— Je suis roi de Navarre ici, déclare Louis XVIII en prenant l'enfant dans ses bras.

Il verse, selon la coutume, quelques gouttes de vin dans la bouche du nouveau-né qui pousse des cris déchirants et lui frotte les lèvres avec une gousse d'ail.

— Je voudrais, dit la duchesse, savoir la chanson de Jeanne d'Albret, j'aurais le courage de la chanter, afin que tout se passe ici comme à la naissance d'Henri IV.

Dans la chambre c'est un défilé ininterrompu. Tout Paris est aux Tuileries. Chacun veut constater le miracle. « Le duc d'Orléans, raconte Mme de Gontaut, parut enfin, regarda attentivement le duc de Bordeaux, puis il dit au duc d'Albuféra :

— Monsieur le Maréchal, je vous somme de déclarer ce

que vous avez vu ! Cet enfant est-il réellement le fils de la duchesse de Berry ?

« J'eus alors, je l'avoue, un moment de grande impatience :

— Dites, Monsieur le Maréchal, lui dis-je, dites tout ce que vous avez vu !

« Le Maréchal attesta énergiquement la légitimité de l'enfant et ajouta :

— Je le jure sur mon honneur ! Je suis plus sûr que M. le duc de Bordeaux, ici présent, est l'enfant de Mme la duchesse de Berry que je ne le suis que mon fils soit l'enfant de sa mère.

« Il se fit un silence. Après un si irrécusable témoignage, le duc d'Orléans s'éloigna pour porter ses félicitations à Mme la duchesse de Berry. »

Le crime de Louvel a été inutile !

Un intermède comique se produit avec l'arrivée de l'ambassadeur de Naples qui se traîne à genoux, le front touchant le tapis, depuis la porte jusqu'au berceau offert par la ville de Paris, où repose le petit duc de Bordeaux.

Le canon commence à tonner : douze coups pour une princesse, cent pour un prince.

Il y eut un intervalle de sept ou huit secondes avant le treizième coup. Tout Paris retenait son souffle !

> *Aux accents du bronze qui tonne,*
> *La France s'éveille et s'étonne !*

A six heures du matin, Marie-Caroline exige que tous les militaires puissent entrer librement dans sa chambre, sans distinction de grade, afin de pouvoir admirer *l'enfant du miracle*. Un grenadier qui arrive au moment de la toilette du bébé s'extasie :

— En voilà un auquel il ne manque rien... Nous avons un petit colonel fièrement constitué. Ce sera un luron !

Un cuirassier, plus naïf, en voyant le prodige, cet enfant

> *Né d'un tardif oracle, né d'un dernier soupir,*

reste planté, ébahi, et s'exclame :

— M... !

C'est le mot de la fin.

*

* *

A Paris la joie fut sincère. A lire les récits du temps, il faut croire que les opposants eux-mêmes, désarmés par cette naissance miraculeuse, s'étaient laissé gagner par l'allégresse générale. Toute la ville danse, chante et s'embrasse. On but ce soir-là 200 000 bouteilles de vin de Bordeaux, en l'honneur de l'héritier du trône. La mode inventa même une nouvelle couleur : le *caca-Bordeaux*. Tous les élégants durent porter un habit de cette nuance s'ils ne voulaient point être déshonorés...

Et l'on chantait :

> *On craignait qu'une fille*
> *Ne trompât notre espoir ;*
> *Mais il vint un bon drille*
> *Qu'à tous on a fait voir.*

Marie-Caroline a fait pousser son lit près de la croisée et regarde le feu d'artifice et les charbonniers de Paris qui, au son des musettes, dansent dans le jardin du Château. Les dames de la Halle leur succèdent en chantant :

> *Ah morgué ! queu nuit, commère,*
> *Que c'te belle nuit du vingt-neuf,*
> *Qui nous a fait venir sur terre*
> *Un beau p'tit prince tout neuf ;*
> *Le matin queu joie à la ronde !*
> *Queux chants ! queu bénédiction !*
> *On eût dit que pour tout l'monde*
> *C'était un' résurrection !*

Dans toute la France les fêtes se multiplient et les municipalités donnent des sommes destinées à être remises aux indigents. Le conseil municipal de Saint-Saloy, dans le Lot-et-Garonne, est le moins généreux. Il ne vote qu'une somme de dix francs !... (1).

(1) A. N. Fic 1071.

172

LE MIRACLE

*

*   *

Le jour même de la condamnation de Louvel, Marie-Caroline faisait écrire à Amy Brown par le comte de Nantouillet : « Louvel a été jugé et condamné ce matin. Juste punition, trop douce, qui ne nous rendra pas ce que nous avons perdu (1). »

On le voit, la duchesse de Berry ne traitait pas Amy comme une maîtresse quelconque de son mari...

Marie-Caroline avait promis à Charles de s'occuper de ses filles. La famille royale n'avait pas tardé à placer Amy sous sa protection. « J'ai l'honneur, avait écrit le comte de Nantouillet, de vous remettre une somme de 5 000 francs que Monsieur a bien voulu m'autoriser à vous faire remettre. Cet envoi a été retardé ce mois-ci, mais j'espère que vous recevrez pareille somme les premiers jours d'avril (2). »

5 000 francs par mois, représentent près de dix mille francs-or. Par ailleurs une somme de 225 000 francs était placée au profit de Charlotte et de Louise (3).

« Vous êtes contente à ce que j'espère, de la manière dont Mlles Charlotte et Louise sont traitées, lui écrit le fidèle Nantouillet et, par ordre, cette fois, de la duchesse de Berry. Pauvres enfants, on cherche à les dédommager autant que possible d'une perte irréparable, et qu'elles apprécieront chaque jour davantage. Quant à moi, Madame, soyez persuadée que je ferai toujours ce qui dépendra de moi pour vous procurer quelque consolation. Je croirai en cela donner une marque de respect à celui que vous chérissiez si tendrement et à vous, Madame, une preuve de sentiments que vous m'avez toujours inspirés » (4).

Mettre Amy à l'abri du besoin était bien, mais Louis

---

(1), (2) et (4) *Archives F.-L.*
(3) *« J'ai l'honneur de vous envoyer, Madame, écrit Nantouillet à Amy Brown, 14 567 francs, produit de 225 000 francs placés en dernier lieu dans les fonds au profit de Mlles vos filles. Cette somme comprend la jouissance du 22 septembre et du 22 mars dernier. »* (sans date) *Archives F.-L.*

XVIII voulait faire beaucoup plus — et nous verrons plus loin pour quel motif. Dès le mois d'avril, ainsi que le prouve un dossier des Archives Nationales (1), un fonctionnaire du ministère de la Justice étudiait le cas des petites Charlotte et Louise et soumettait au roi deux textes d'ordonnance et de lettres patentes. « L'aînée, proposait le ministre, pourrait être titrée comtesse d'Issoudun, la cadette comtesse de Sancerre, de Vierzon ou de Saint-Amand, toutes villes du duché de Berry. »

Mais il fallait auparavant naturaliser les deux fillettes. Aussi Louis XVIII, le 9 juin, signe-t-il une lettre-patente déclarant : « Sur ce qu'il nous a été représenté que Charlotte-Marie-Augustine, née à Londres le 13 juillet 1808 de Charles-Ferdinand et d'Amy Brown, se trouve dans la nécessité de fixer à l'avenir son domicile en France, devenue sa seule et unique patrie : que, bien que son âge ne permît pas encore la manifestation de sa volonté, des *circonstances à nous connues,* rendaient indispensable sa naturalisation en France... »

La petite Louise-Marie-Charlotte recevait une lettre écrite en termes absolument semblables. Le lendemain, des lettres patentes, adressées aux filles du duc de Berry, leur concédaient titres et armoiries : « Sur ce qu'il nous a été présenté de la *position particulière* de notre chère et féale Charlotte, nous l'autorisons à porter le titre de *comtesse d'Issoudun.* » Louise de son côté devenait *comtesse de Vierzon.* Toutes deux porteront les armes de ces deux villes, dont le *chef engrelé d'or* était *chargé de trois fleurs de lys d'or.* Détail important : aucune barre d'illégitimité ou de bâtardise ne venait ternir le blason.

Les deux petites comtesses ne furent pas élevées aux Tuileries ainsi qu'on l'a prétendu. « Le roi chargea M. de Nantouillet d'entrer en négociation avec Mme Brown qui était encore protestante, pour qu'elle renonçât à diriger l'éducation de ses filles dont se chargerait la duchesse de Berry, sans séparer toutefois les filles de leur mère. » Cette

(1) A. N. BB 30. 190. Rapport en date du 25 avril 1820.

précision inédite est de la main du prince de Faucigny-Lucinge, fils de la comtesse d'Issoudun (1).

Certains cours — des « leçons d'agrément » nous apprend de son côté la comtesse de Vierzon (2) — étaient donnés trois fois par semaine à l'Elysée même et Marie-Caroline y assistait « en qualité d'élève ». Chaque jour, par ordre de la duchesse de Berry, Charlotte et Louise étaient conduites à Bagatelle (3).

La lettre, écrite par Nantouillet le 6 juin, nous prouve avec quelle sollicitude Marie-Caroline s'occupait des deux enfants de son mari. « Ne soyez pas offensée, Madame, de savoir que je suis chargé par Mme la duchesse de Berry de vous donner (un conseil). Il y a eu tous ces jours-ci des mouvements qui n'ont point de suites, mais qui ont nécescité des mesures et des précautions. S.A.R. pense qu'il vaut mieux que vos enfants ne viennent pas ici jeudi. Si le calme n'était pas entièrement rétabli, il serait possible qu'elles fussent effrayées du mouvement des troupes, de l'affluence du monde, et elle pense bien que la semaine prochaine nous n'entendrons plus parler de tout ce désordre ; au surplus je vous répète qu'il n'a point eu de suites, que les troupes se conduisent parfaitement et que vous ne devez pas être inquiète. L'ordre que S.A.R. me charge de vous transmettre n'est qu'une précaution. Ce sont les élèves de l'école de Droit qui ont lancé le désordre (4). »

Dans le journal intime de Marie-Caroline on retrouve fréquemment le nom des deux petites comtesses. Tantôt elles apportent à leur protectrice un petit cadeau (5), tantôt la duchesse les envoie au spectacle ou leur donne une fenêtre au Louvre pour voir passer un cortège. Bref elles sont de toutes les réunions (6). Peu après la nuit du 13 février, Marie-Caroline les avait elle-même présentées au roi (7) :

(1), (2), (3) et (4) Archives F.-L.
(5) « A deux heures viennent Charlotte et Louise, écrit-elle dans son journal, le 1er janvier 1821, je reste avec elles jusqu'à trois heures, puis je les conduisis chez Monsieur. Charlotte m'a donné une bourse en filet faite par elle et Louise un tabouret en tapisserie. »
(6) et (7) Récit inédit de la baronne de Charette. (Archives de La Contrie).

« Louis XVIII nous recevait avec bonté plusieurs fois par an et nous embrassait, a raconté soixante-dix ans plus tard la comtesse de Vierzon (1), j'en ai gardé le souvenir car j'avais grand-peur de marcher sur ses pieds goutteux en approchant de son fauteuil qu'il ne quittait plus (2). »

Le 30 septembre 1823, la comtesse d'Issoudun âgée de quinze ans — richement dotée (3) — épousait le comte, bientôt prince de Faucigny-Lucinge « officier supérieur des gardes du corps de S.A.R. Monsieur, frère du roi ». Les témoins de Charlotte étaient le comte de Nantouillet et le chevalier de Mesnard, écuyer de la duchesse de Berry. Le 16 juin 1827, Louise, tout aussi richement nantie (4), devenait la femme du baron de Charette, neveu du célèbre chef vendéen. Ses témoins étaient Mesnard et le comte de Faucigny-Lucinge.

Les actes de mariage qualifiaient les jeunes filles de « *filles mineures de feu M. Charles-Ferdinand* ». Jamais le mot *naturelle* ne se trouvait mentionné. N'oublions pas qu'en cas d'enfants nés en dehors du mariage, il est d'usage d'employer la formule « *fille mineure naturelle* » (5). Dans les deux actes le père est désigné, or, l'article 340 du code civil, en défendant la recherche de la paternité, interdit de nommer dans un acte de mariage le père d'un enfant naturel.

La duchesse de Berry avait pris à sa charge tous les frais des deux mariages. Aux dotations, nous dit le vicomte de Reiset, « s'ajoutait un trousseau d'une richesse et d'une élégance excessives. Les robes, les objets de lingerie brodés

(1) Récit inédit de la baronne de Charette. (Archives de la Contrie).

(2) « *La dernière fois que je l'ai vu marcher*, note encore la comtesse de Vierzon, *c'est en 1820, peu après la mort du duc de Berry.* »

(3) La propriété de la maison sise rue Neuve-des-Mathurins ; trois rentes sur l'Etat formant un total de 34 512 francs et 50 000 francs en bijoux.

(4) Trois rentes formant un total de 70 095 francs et 50 000 francs de bijoux.

(5) Témoin le registre des mariages célébrés à cette même mairie du premier arrondissement où furent enregistrées les cérémonies des deux sœurs. Une certaine Beaucheron — en 1827 — y est qualifiée de *fille mineure naturelle*.

aux armes, furent exposés chez les grands fournisseurs de l'époque, où l'on se rendit en foule pour en admirer les splendeurs. On ne fut pas pourtant sans critiquer cette exposition de trousseau, qui n'avait eu lieu jusque-là que pour les mariages célébrés entre des princes et des princesses de la famille royale.»

Le 16 août 1824 naissait le premier enfant du prince et de la princesse de Faucigny-Lucinge. Prénommé Charles, il eut comme parrain le comte d'Artois et comme marraine la duchesse de Berry. Un mois plus tard, Louis XVIII se sentant mourir fit appeler auprès de lui les deux filles du duc de Berry et les embrassa...

Ce traitement exceptionnel, ces deux mariages célébrés dans la plus haute aristocratie, ces témoins faisant partie de la Maison royale, ces formules employées pour les actes, ces titres, ces armes ne portant pas la *surbrisure* des bâtards, cette affection témoignée par la suite à la princesse de Lucinge et à la baronne de Charette par tous les membres de la famille royale (1), tout ceci, joint à l'appel du mourant en pleine nuit, à ses craintes de ne pouvoir embrasser ses filles avant de mourir, à cette manière enfin de confier Charlotte et Louise à sa femme, font pencher la balance en faveur du mariage secret du duc de Berry et d'Amy Brown.

De plus la famille royale après le mariage des deux jeunes filles continua à s'intéresser à Amy Brown ainsi que nous le prouve une lettre adressée par le comte de Nantouillet à Amy (2) par laquelle la mère de Charlotte et de Louise reçoit une pension fort honorable, tandis qu'une voiture des Tuileries est mise à sa disposition.

Amy Brown — nous allons voir pour quelle raison — avait accepté de se taire et de se sacrifier... mais plus tard, bien plus tard, lorsque en 1875 le duc de Bordeaux

---

(1) Les archives du prince Rogatien de Faucigny-Lucinge contiennent de nombreuses lettres de Charles X, de Madame Royale, du duc d'Angoulême et de Mademoiselle, adressées à la comtesse d'Issoudun. Toutes témoignent d'une grande intimité.

(2) (Archives F.-L.) Lettre en date du 8 décembre 1826.

échoua définitivement dans sa tentative de remonter sur le trône de France, Amy s'interrogea... Devait-elle encore garder le secret ? L'emporterait-elle dans la tombe ? Elle se résolut à le confier à celui qui était alors le chef de la famille, à l'aîné de ses petits-fils : le prince de Faucigny-Lucinge, fils de la comtesse d'Issoudun. Sans doute avec des larmes dans la voix — du moins il est permis de le supposer — lui raconta-t-elle les pénibles exigences de Louis XVIII... Le prince avait cinquante-deux ans lorsque s'éteignit sa grand-mère. Il était homme à garder un secret ; mais, à son tour, avant de mourir, à l'intention de celui de ses fils qui s'intéressait le plus à la belle histoire de sa Maison, à l'intention de son fils Rogatien, il écrivit le récit que lui avait conté Amy Brown et que le prince Rogatien de Faucigny-Lucinge avait bien voulu m'autoriser à publier. Voici donc cette pièce capitale qui apporte à la question du mariage de Charles et d'Amy beaucoup plus qu'une simple présomption...

« Quand après la mort du duc de Berry, le roi se mit en mesure de remplir les engagements qu'il avait pris, il chargea M. de Nantouillet de demander un grand sacrifice à Mme Brown qui consistait en l'abandon de sa part des papiers, lettres ou documents possédés par elle, rappelant son existence à Londres et intéressant les rapports qui avaient existé entre elle et le duc de Berry. Le roi disait que tous ces papiers, quelle que fût leur nature, cessaient d'avoir un intérêt quelconque du moment que les jeunes filles, créées comtesses d'Issoudun et de Vierzon, voyaient de plus leur avenir largement et solidement établi. Mais si ces résolutions étaient prises, elles n'avaient point encore été exécutées, et l'on semblait sûr que leurs réalisations n'auraient lieu qu'après l'abandon et la remise au roi des papiers qu'il réclamait de Mme Brown. Le roi affirmait d'ailleurs que ces papiers seraient détruits de même que ceux se rapportant au même sujet, laissés par le duc de Berry. C'était certes un grand sacrifice que l'on demandait d'elle, mais elle en avait déjà fait bien d'autres plus graves encore par amour maternel et pour l'amour que lui avait inspiré le père de ses filles. Elle se résigna donc et fit le sacrifice exigé, M. de Nantouillet put donner l'assurance que le roi avait été touché par la promptitude mise à faire ce qu'il demandait et donna l'assurance que tous les papiers, aussi bien ceux remis par Mme Brown que ceux trouvés chez le prince (le duc de Berry), avaient été brûlés, et de suite après furent signés les actes créant les deux jeunes filles comtesses et constituant leur dot.»

L'ardeur témoignée par Louis XVIII afin d'arracher à Amy Brown les documents et les pièces qu'elle possédait, les transactions menées par Nantouillet sur l'ordre du roi, les soupirs d'Amy, le « grand sacrifice exigé », sont assurément autant de preuves — et de preuves décisives — apportées à la réalité de la célébration du premier mariage secret du duc de Berry. Si la compagne de Charles à Londres ne possédait que des lettres d'amour que lui avait adressées autrefois le duc de Berry, Louis XVIII n'avait aucune raison de les réclamer et de proposer à Amy un marché spéculant sur son amour maternel et sur sa misère. C'eût été un chantage incompréhensible et affreux.

Par contre, si la jolie Anglaise se trouvait posséder son acte de mariage avec le fils du comte d'Artois, la raison d'État excusait la cruelle attitude du roi... L'intérêt du royaume — à la veille de la naissance du duc de Bordeaux — exigeait même qu'il agisse de la sorte.

Au témoignage capital que l'on vient de lire, le prince Rogatien de Faucigny-Lucinge a ajouté son importante contribution personnelle. N'avait-il pas recueilli dans sa jeunesse tant de faits troublants de la bouche même des filles d'Amy et de Charles, puisqu'il avait quinze ans lorsque mourut sa grand-mère, la comtesse d'Issoudun, et vingt et un lorsque s'éteignit sa grand-tante, la comtesse de Vierzon ? Il voulut bien sortir de ce silence de commande, de ce mystère pieusement gardé par sa famille, et me déclarer :

« Mon arrière-grand-mère, Amy Brown, mes grands-parents et mes parents n'ont jamais voulu faire une déclaration au sujet du premier mariage du duc de Berry.

Amy Brown avait promis le secret au roi Louis XVIII en échange d'une situation et d'un état donnés à ses deux filles. Ma grand-mère, — titrée comtesse d'Issoudun — et mon père, aîné de la famille, se sont tus par fidélité à Mme la duchesse de Berry et au comte de Chambord.

« Aujourd'hui, étant l'unique survivant de tous les petits-enfants de la comtesse d'Issoudun, princesse de Faucigny-Lucinge, le procès Freeman m'oblige à prendre position.

« Je puis vous dire que le mariage entre le duc de Berry et Amy Brown est un fait certain... Mais cette affirmation ne repose que sur les confidences que j'ai pu recueillir à ce sujet. Comment et par qui le mariage fut-il célébré ? Chapelle catholique ? Chapelle publique ? Chapelle privée ? Temple protestant ? A quelle date exacte la cérémonie eut-elle lieu ? Autant de questions auxquelles, en toute bonne foi, il m'est impossible de répondre. »

La mort d'Amy Brown, nous le verrons plus loin, viendra nous apporter l'ultime preuve... Mais, d'ores et déjà, la question n'est-elle pas résolue ?

*
* *

La duchesse de Berry s'occupait activement de liquider le passif amoureux de son mari.

— Monseigneur, disait-elle en souriant, a laissé son cachet dans plusieurs maisons.

Virginie Oreille mit au monde le 10 octobre un fils posthume du duc de Berry, « auquel enfant naturel le comparant — Philippe Touchard — a donné le nom de Ferdinand », écrivit sur son registre le maire du premier arrondissement, Pierre Lecordier. Cette naissance ne passa pas inaperçue et, dès le lendemain, on chantait dans Paris :

> *Le bon duc fut des plus féconds.*
> *Il était pour la bagatelle :*
> *C'est là son unique fonds.*
> *La cour s'en scandalisa-t-elle ?*
> *Quand vint ce petit prince-là :*

LE MIRACLE

Pour le coup, voilà la merveille,
Dit Louis dix-huit à Du Cayla :
Nos enfants sont faits par l'Oreille.

Ferdinand Oreille — comme son frère Charles — porta le nom de Carrière et devint officier (1). Son frère né, on s'en souvient, le 4 mai 1815, dit le chevalier de Carrière, anobli de sa propre autorité (2), fut protégé par la duchesse d'Angoulême qui vint le voir plusieurs fois au collège de Montdidier (3). Le duc d'Angoulême avait choisi Caroline, fille de Mlle Barré, qui se faisait appeler maintenant Mme Thiryfoq, du nom de sa mère. Le duc s'occupa de sa « nièce » et la maria en 1839 avec le comte de Lapelin. Angoulême, alors en exil, lui envoya 100 000 francs avec ce mot : « Je fais pour la jeune personne ce que mon pauvre frère m'a recommandé sur son lit de mort. » Caroline mourra jeune à vingt-quatre ans, laissant une fille. La duchesse de Berry protégea plus particulièrement Ferdinand Delaroche. Curieux personnage que nous retrouverons plus tard...

Cependant le maire du premier arrondissement, toujours M. Lecordier, le 1er avril 1820, inscrivit sur son registre la naissance d'un autre enfant posthume du duc de Berry. Mlle Delaroche avait en effet mis au monde, l'avant-veille, un second fils : Charles-Ferdinand.

Rappelons que c'est ce même Lecordier qui maria les comtesses d'Issoudun et de Vierzon. Le passé amoureux du duc de Berry lui donnait du travail (4) !...

(1) Il prépara Saint-Cyr, fut sous-lieutenant au 3e Chasseur, et prit sa retraite en 1864 avec le grade de commandant. Il mourut à la fin de 1876, laissant une fille.

(2) Archives F.-L.

(3) Il fut sous-officier dans l'armée autrichienne et mourut le 30 août 1858, 51, avenue de la Porte-Maillot. Marié avec une dame Élisabeth Jugar il laissa un fils Charles Casimir Oreille de Carrière, artiste lyrique né le 3 mai 1842.

(4) Une lettre inédite du comte de Nantouillet à Mgr de Quelen, coadjuteur de l'archevêque de Paris, nous apprend que le duc de Berry aimait beaucoup Lecordier et le « traitait avec une bonté parti-

A Marie-Caroline aussi... car les prétendants au titre de bâtard du prince furent légion. Outre ceux que nous venons de citer, on parle d'un M. de la Roseraie, d'une demoiselle de Saint-Ange, d'un Dubief de Kerbelen, d'un Mothes de Blanche, d'un Giraldès et même d'un abbé mitré, le père Edmond... Le duc de Berry eut d'autres maîtresses dont certaines, précise un rapport de police, « furent enceintes de ses œuvres » : Mlles Grandjean, Rosica Lebreton, Caroline Brocard, Mme Bellamy... Mais l'on ne sait rien de plus.

On raconte même que peu après la mort du prince, Marie-Caroline reçut la visite d'une vingtaine de femmes venues de Nantes et se proclamant toutes enceintes du duc de Berry... La duchesse montra tout d'abord quelque incrédulité :

— Combien de temps le duc est-il donc resté à Nantes ?

— Une semaine, Madame.

Marie-Caroline resta rêveuse... puis s'exclama :

— Ah ! mais alors la chose est fort possible !

culière ». Un jour, lors d'une audience publique, Charles aperçut le maire mêlé à la foule.

« — Ah ! bonjour, mon cher Lecordier, lui dit-il, il y a longtemps que je ne vous ai vu. Je croyais que nous étions brouillés !

— Comment se peut-il que V.A.R. ait une pareille idée ?

— C'est qu'il y a bien longtemps que vous ne m'avez rien demandé pour nos pauvres. Il faut que vous m'en vouliez, car vous savez bien que je ne vous refuse jamais. Demandez, demandez, mon cher Lecordier, vous êtes sûr de me faire plaisir ! »

(*Archives B.-A.*).

Acte de mariage de la comtesse d'Issoudun, *(fille de Charles-Ferdinand)* et du comte, puis prince de Faucigny-Lucinge. (Archives B. A.). Outre la signature des nouveaux époux, des témoins, de la mère et de l'oncle du marié, on reconnaît celle d'Amy Brown, d'Ann-Mary Brown, sœur d'Amy, et celle de George Granville-Brown qui signe l'un des premiers. Il était donc bien le frère ou le demi-frère de la mariée. (Voir le dernier chapitre de l'ouvrage).

IX

« MOITIÉ VÉSUVE, MOITIÉ GYMNASE »

EN dépit de ses efforts, Marie-Caroline ne réussissait pas à s'évader du drame. Le 1er janvier 1821, près de dix mois après la nuit tragique, elle écrit : « Je reste au déjeuner du soir, mais que ce déjeuner a été pour moi douloureux et différent des autres années ! Mon Charles n'était plus là ! et pourtant tout me le rappelait ; à chaque minute je croyais l'apercevoir me souriant doucement à l'autre bout de la salle ; je tournais la tête et je ne le trouvais plus à sa place ! Mon cœur alors se brisait, les larmes me venaient aux yeux et malgré moi je fondis en larmes. »

Ce même jour Monsieur s'oppose à ce que sa belle-fille aille à Rosny l'été suivant avec ses enfants. Et Marie-Caroline de confier à son journal : « Ah ! mon cher Charles ne m'aurait pas refusé si j'avais eu ce désir. A ce moment j'étais heureuse, je ne le suis plus ! » Et elle ajoute : « Il est certain que j'ai montré un peu de vivacité pour répondre à mon père (Monsieur) et je le regrette. »

Le soir des Rois, elle écrit :

« Ah ! quel supplice pour moi que toutes ces fêtes ! J'ai l'air de ne pas souffrir, mais la douleur la plus profonde reste dans mon cœur, car je n'ai plus la seule personne que j'aimais. Mon Dieu, donnez-moi la force de supporter la vie ! »

« Je pars pour Maison, où je monte à cheval, écrit-elle le 21 de ce même mois de janvier. La promenade eût été charmante sans la musique d'un cor de chasse qui a renouvelé toutes mes douleurs, car la dernière fois que je l'ai entendu c'était mon Charles qui le sonnait et il montait ce même Libéral que je montais moi-même aujourd'hui. Pauvre Libéral ! il avait l'air de pleurer son maître, et moi je voyais à peine devant moi tant les larmes me suffoquaient. Ah mon Dieu ! Je n'ai plus de repos, je suis bien malheureuse ! »

Le château est peuplé de visages tristes. Berry était adoré par ses serviteurs et, dit un témoin, « fut pleuré de larmes venant du cœur ».

Le 27 janvier une forte explosion avait mis le palais en émoi : un baril de poudre d'environ six livres venait d'éclater sur le palier d'un escalier dérobé. La police ne parvient pas à trouver les coupables. Le 30, Marie-Caroline écrit sur son carnet : « En rentrant chez moi, je trouve sur ma toilette un billet où il y a écrit : vous sauterez tous ! » Affolée, la duchesse se précipite chez Monsieur, qui, terrifié, alerte le roi, convoque les ministres et le préfet de Police.

Les Tuileries sont en état de siège... lorsque le confesseur de la duchesse de Berry se présente chez le comte d'Artois et lui fait l'aveu que le billet menaçant avait été dicté à sa femme de chambre par la princesse elle-même « pour stimuler le zèle de ses serviteurs »... mais voyant l'importance des mesures prises, « elle s'en repentait cruellement, craignant que quelque innocent ne fût compromis par sa faute »...

On décida d'abandonner les recherches... et certains prétendirent que la duchesse avait mis elle-même le feu au baril de poudre afin que l'on protégeât davantage son fils. Marie-Caroline en était bien capable !

Sans cesse elle a présente à ses yeux la nuit du 13 au 14 février. Si son mari avait été mieux gardé, le crime eût été évité !

Le mardi 13 février 1821, premier anniversaire de la mort du duc de Berry, Marie-Caroline écrit : « Je suis entrée dans ce terrible jour. Mon Charles je ne te verrai plus, pourquoi m'as-tu laissé des enfants à soigner, à veiller ? Sans ce lien qui me tient encore à la terre, quel serait mon bonheur, celui de te rejoindre ! Mais tu m'as recommandé de vivre pour eux, mon ange tutélaire, mon époux bien-aimé, mon Charles ! »

A la date du mercredi 14 et du jeudi 15, on lit cette seule phrase : « Je n'ai pas la force de rien écrire, ma douleur est terrible ! »

*
* *

Néanmoins, peu à peu elle renaît à la vie. Les quinze jours de fête qui, à partir du 30 avril 1821, marquent le baptême du duc de Bordeaux, lui font comprendre le rôle qu'elle peut être appelée à jouer. Chansons, harangues, panonceaux la comparent à Jeanne d'Albret... Dès le 15 mai — son carnet intime nous l'apprend — elle recommence à s'intéresser à la mode. Elle commande des robes, à la grande joie des fournisseurs qui depuis un an et demi poussaient des soupirs. Ne pouvant tous les satisfaire, elle envoie stationner, devant les magasins qui le lui demandent, sa voiture attelée d'alezans clairs et son cocher à la livrée bleue que tout Paris connaît.

Elle lance la mode des robes courtes — à cinq centimètres du sol — afin de pouvoir montrer la finesse de sa cheville. Pour se grandir — elle mesure un mètre cinquante — elle met sur sa tête des plumes d'autruche et de marabout. Toujours pour le même motif, elle lance, pour fêter l'arrivée à Paris d'une girafe, les gigantesques *peignes à la girafe*. Et les élégantes de suivre !

187

Son voyage au Mont-Dore, au cours de l'été de 1821, achèvera la guérison. « J'ai bu de toutes les eaux, écrit-elle, à l'exception de celle d'une des sources qui me paraissait la plus mauvaise. Je me suis amusée à en faire boire à Mme de Bouillé pour lui faire une niche. » Son premier bain est un grand événement. « On est venu me prendre en chaise à porteurs, ce qui ne me plaît guère. Le costume obligatoire se compose d'une chemise de flanelle, de longs bas de laine et d'un grand voile dont on se couvre la figure. On ajoute un grand schall pour s'envelopper la tête. » C'est en cette tenue que Marie-Caroline est immergée dans la baignoire ! Ensuite, sans sortir de la cabine, elle prend sa douche : « On est couché sur un cadre et ce n'est pas agréable. » L'opérateur a nom M. Bertaut. « Son costume, note la duchesse, est assez plaisant : il a une redingote en flanelle grise et une petite casquette sur sa tête. Comme il est dans un bain de vapeur perpétuel, s'il n'était pas aussi chaudement vêtu, il s'enrhumerait continuellement »...

Entre deux douches, Marie-Caroline s'amuse comme une petite folle. Elle part à cheval avec ses dames et se moque du capuchon dont s'est affublée Mme de Bouillé — son souffre-douleur — capuchon qui lui « donne une tournure des plus risibles »... ou bien encore elle revêt le costume des paysannes de Clermont et danse la bourrée ! Lorsque ces excentricités parviennent aux oreilles de Madame Royale, la fille de Marie-Antoinette lève les yeux au ciel. Déjà Marie-Caroline à la suite d'un pari était montée dans le premier omnibus Madeleine-Bastille et la compagnie avait aussitôt baptisé ses véhicules des *Carolines...* au grand scandale de la duchesse d'Angoulême ! Ce qui avait d'ailleurs le plus horrifié l'Orpheline du Temple, c'est que sa belle-sœur, déguisée en grisette, avait été reconnue par le conducteur de la citadine qui, en apercevant le pied minuscule de Marie-Caroline, s'était, paraît-il, exclamé :

— Le pied de Madame !

Un pied célèbre par sa petitesse et par les cothurnes en taffetas noir — signés Hubert, 111 Faubourg Saint-Honoré qui le recouvraient...

*
*   *

En 1824, la duchesse de Berry part pour Dieppe. Les femmes des pêcheurs l'accueillent en tabliers bleus et rouges... Mais, à peine arrivée, il lui faut repartir : Louis XVIII se meurt.

Le matin de la mort du roi, on annonce la nouvelle à la petite Mademoiselle qui se trouve à Saint-Cloud.

— Votre bon papa, Mademoiselle, est roi, puisque le Roi n'existe plus.

Elle réfléchit puis répéta le mot :

— Roi ! oh ! C'est bien là le pis de l'histoire !

Mme de Gontaut, étonnée, voulut lui faire expliquer son idée, mais la petite fille la répéta sans autre explication. « Je pensai alors, nous dit la gouvernante, qu'elle se faisait l'idée d'un roi toujours roulé dans un fauteuil. »

Le vieux roi enterré, Marie-Caroline veut ramasser le titre de Madame que la duchesse d'Angoulême abandonne pour celui de Dauphine. Charles X s'y oppose, mais tout le monde à la cour appellera cependant Madame la mère du futur Henri V. Après 1830, après l'abdication du vieux souverain et de son fils le duc d'Angoulême, le titre lui revint sans contestation. Elle était mère du *roi de droit*.

La duchesse peut bientôt repartir pour Dieppe. Elle y retournera chaque année. Elle s'est installée dans une maison dominant la mer, et, d'une mansarde, peint les bateaux rentrant au port. Le soir le Théâtre de Madame donne des représentations. Il s'agit de l'ancien Théâtre du Gymnase qui avant de porter le nom de la duchesse de Berry n'avait le droit de jouer les pièces du répertoire de la Comédie-Française qu'à une seule condition : « les réduire en un acte » ! On devine le soupir de soulagement que poussa le directeur, M. de La Roserie, lorsque par suite de la promotion de son établissement, il ne dut plus se livrer au massacre exigé par son cahier des charges. Sa tâche était néanmoins délicate, la duchesse étant difficile... Sur son carnet elle note ses appréciations : *Le Quinze on déménage :*

« Assez bête », écrit-elle. *Le nécessaire et le superflu :*
« Très bête »...

Lorsque le Théâtre de Madame revient à Paris, c'est la
duchesse d'Angoulême qui le surveille. « Votre Gymnase
vient de se mal conduire, écrit-elle à sa belle-sœur, il a
donné une pièce détestable sous tous les rapports : *Avant,
Pendant et Après.* C'est une histoire de la Révolution, cri-
tique de l'Ancien Régime, avec toutes ses horreurs, ridicule
sous le régime actuel royaliste. » Les auteurs — Scribe et
Rougemont — en montrant un général devenu manufactu-
rier avaient voulu faire le panégyrique de la bourgeoisie.
La pièce fut interdite.

Si son théâtre n'est pas auprès d'elle, Marie-Caroline
passe ses soirées à la danse. Elle se risque même dans
des quadrilles, figures assez osées puisqu'elles étaient alors
strictement interdites aux jeunes filles !

O scandale ! Elle se baigne aussi ! L'événement était
d'importance ! Un coup de canon se fit entendre lorsque
la princesse entra pour la première fois dans la mer. Elle
était vêtue d'une « toque à brides en toile festonnée, d'un
paletot et d'une robe de laine marron galonnée de bleu »,
enfin, elle s'était chaussée d'une paire de bottes par peur
des crabes ! Deux maîtres baigneurs, en grande tenue, l'ac-
compagnaient chapeau à la main, tandis qu'un « inspecteur
des bains » dirigeait l'opération. Il se nommait le docteur
Mourgué et avait revêtu, à cette occasion, son plus bel
habit de ville et mis un pantalon neuf. Il offrait à la princesse sa main droite gantée de blanc et, en cet équipage,
n'hésita pas à faire avec elle quelques pas dans les flots,
afin, nous dit un témoin de « présenter la royale baigneuse
aux vagues de la Manche ».

La petite cour de Madame ne put faire moins que de
l'imiter. Marie-Caroline, bannissant toute étiquette, se mit
alors à « accoster » sans gêne ses voisins, les mettant de la
partie. « Cette partie, nous dit Mme d'Agoult, consistait
surtout en douches, en aspersions de toutes sortes que sa
petite main folâtre infligeait à droite et à gauche par surprise. Mais elle exigeait qu'on lui rendît la pareille et se
serait fâchée tout rouge si, par respect, on n'eût osé.

Attaques et ripostes, cela faisait tout un petit tapage maritime et de pensionnaires en vacances, qui lui donnait du plaisir. »

Des scènes semblables se déroulaient tout le long de la plage. Autour de chaque groupe de baigneurs et de baigneuses, se rangeaient « MM. les baigneurs jurés », reconnaissables à leur plaque et à leur costume qui annonçaient, nous affirme un témoin, « des hommes toujours prêts à se jeter à la nage », c'est-à-dire des hommes « seulement » revêtus d'une chemise boutonnée jusqu'au col et d'un pantalon soutenu par de grosses bretelles de cuir... Ces sportifs de l'époque Charles X aidaient leurs clientes à faire le saut nécessaire afin d'éviter les vagues. « J'ai vu de jeunes femmes, nous dit notre témoin, se réunir, se prendre par la main et former des danses rondes au milieu des lames. Les baigneurs jurés étaient rangés autour et annonçaient quand le flot plus élevé arrivait... »

Mais il s'agissait là de hors-d'œuvre. Il fallait maintenant se baigner, c'est-à-dire, comme l'on disait alors, aller prendre la lame. L'opération dérivait en droite ligne du supplice de l'immersion destiné aux enragés des siècles précédents, mais, au lieu de se dérouler en pleine mer, s'effectuait à quelques mètres du rivage. Le maître nageur prenait dans ses bras celui ou celle qui devait se baigner, le portait jusqu'à une certaine distance et, brusquement, le plongeait la tête la première dans les flots. Il faisait alors parcourir au patient un certain espace entre deux eaux avant de lui permettre de respirer. L'opération était répétée jusqu'à ce que le malheureux demandât grâce à son bourreau juré. « Nous faisions de laides grimaces pendant et après l'opération du plongeon qui nous laissait les yeux, les oreilles, le nez, quelquefois la bouche, quand la peur nous avait fait crier, tout remplis d'eau salée », raconte Mme d'Agoult.

Prendre la lame, reconnaît le docteur Gaudet, « effrayait beaucoup de personnes et faisait éprouver à quelques-unes un trouble général dont elles se remettaient avec peine ». Le même praticien préconisait des bains assez courts. Selon lui, les femmes ne devaient pas rester plus de quatre mi-

191

nutes dans la mer et les hommes huit à douze, « eu égard à leur obtusité nerveuse ».

Et il ajoutait le plus sérieusement du monde :

« J'ai cependant connu un jeune homme bien portant qui pouvait aller à la mer trois fois par jour et y demeurer chaque fois une demi-heure. Il est vrai qu'il était parfaitement idiot. »

Madame Royale en était restée à l'époque où les bains de mer étaient ordonnés aux hydropiques ou aux enragés que l'on immergeait au bout d'une corde « le temps d'un *ave maria* » ; aussi, on le devine, leva-t-elle les bras aux cieux, absolument scandalisée, lorsqu'elle apprit les baignades de Marie-Caroline !

On offrait d'autres distractions à Marie-Caroline. Une année, « pour lui donner une idée nette d'une pêche à la baleine, on jeta dans la mer un taureau que l'on se mit à harponner jusqu'à ce que le taureau fût mort et la mer bien ensanglantée tout à l'entour des barques ». Une autre année « on imagina de lui faire prendre des oiseaux à la ligne et de lui faire tuer des poissons à coups de fusil. Je ne sais pas si la pêche fut heureuse, raconte Anatole de Montesquiou à Mme de Genlis (1), mais, quant aux trois cents anguilles que l'on avait placées dans une certaine partie de la rivière avec toutes les précautions possibles, on n'a jamais pu les retrouver et la princesse ne tua que trois rats d'eau. »

Avec la petite Mademoiselle — on l'appelle maintenant *Manelle* — la duchesse court les curiosités des environs. Elle se rend à âne au Tréport. La petite cour suit, les hommes à cheval, les femmes entassées dans des calèches et des chars à bancs. Au pas de charge — Marie-Caroline ne marche pas mais court toujours — elle va visiter le domaine d'Eu. « En un clin d'œil, elle a visité le château et vu tous ses intéressants personnages en peinture, nous a entraînés à deux lieues d'ici dans une forêt où nous avons déjeuné, trouvé des médailles dans des mines romaines et entendu des chansons. Nous l'avons suivie de

---

(1) *Dernières lettres d'amour.* Correspondance inédite publiée par André Castelot (Grasset).

CHARLES-FERDINAND TENAIT DE
SA MÈRE UN NEZ PRESQUE RE-
TROUSSÉ, DES YEUX SAILLANTS.

SANS DOUTE SA FIGURE LONGUE
RAPPELAIT-ELLE LES ORIGINES AU-
TRICHIENNES DE SA MÈRE.

*L'iconographie de cet ouvrage — y compris le tableau de Saint qui
figure sur la jaquette — provient de la collection de Madame HERZ,
Château de Rosny, (photos Josse-Lalance).*

LA PETITE DUCHESSE AIMAIT L'ÉLÉGANCE.

ENTRE DEUX CÉRÉMONIES, CHARLES ET MARIE-CAROLINE SE HATAIENT DE DISPARAITRE
VERS LE CHATEAU DE ROSNY.

BERRY TITUBE, SOUTENU PAR MESNARD.

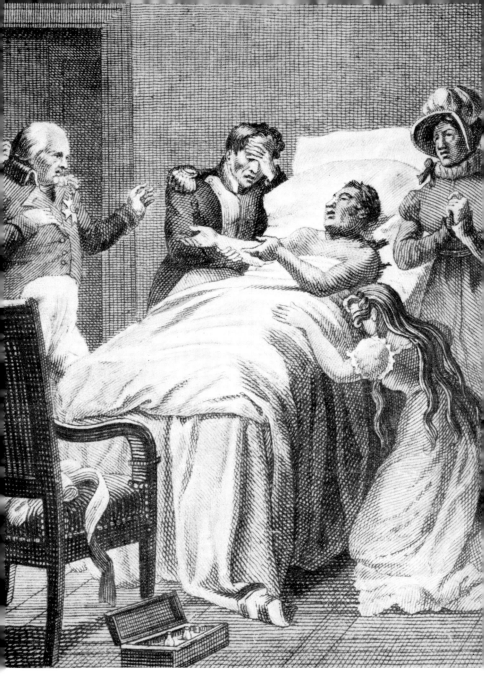

« J'AI SANS DOUTE OFFENSÉ CET HOMME, GRACE ! GRACE ! »

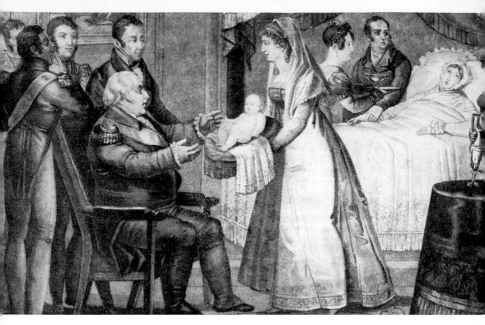

« JE SUIS ROI DE NAVARRE ICI », DÉCLARE LOUIS XVIII EN PRENANT L'ENFANT DANS SES BRAS.

SON VOYAGE AU MONT-DORE AU COURS DE L'ÉTÉ 1821 ACHEVA SA GUÉRISON.

MARIE-CAROLINE, DÈS LES PREMIERS BEAUX JOURS, S'ENFUYAIT A ROSNY.
(DESSIN DE LA DUCHESSE DE BERRY)

MARIE-CAROLINE CRAINT POUR SES ENFANTS.

MARIE-CAROLINE DANS LES CHEMINS CREUX VENDÉENS OU ELLE POURSUIT SON RÊVE.

LA PLAQUE DE LA CHEMINÉE PIVOTE ET LES QUATRE PERSONNES S'ENGOUFFRENT
DANS LA CACHETTE.

LES GENDARMES ÉBAHIS VOIENT BIENTOT SON ALTESSE ROYALE, TOUSSANT, LES
YEUX ROUGIS, NOIRE DE FUMÉE, SORTIR DE SA CACHETTE.

LE 11 NOVEMBRE, APRÈS DEUX JOURS D'ATTENTE DUS AU MAUVAIS TEMPS...

... LE BRICK *Le Capricorne* PEUT ENFIN LEVER L'ANCRE.

LA DUCHESSE DE BERRY VOGUE VERS SA NOUVELLE PRISON.

LA CITADELLE DE BLAYE OÙ, SIX MOIS AUPARAVANT, AVAIT COMMENCÉ L'ÉPOPÉE.

DANS SA PRISON, MARIE-CAROLINE ÉTAIT FORT SOUCIEUSE.

« VOUS SAVEZ SÛREMENT QUE C'EST CE MOIS QUE DOIT SE VENDRE LE MOBILIER DE ROSNY. »

LE JEUNE ROI FRANÇOIS II.

MARIE-CAROLINE EST « SI ABATTUE,
SI TRISTE » QU'ELLE NE PEUT
MÊME PAS TENIR UNE PLUME.

AMY BROWN EN 1873.
UNE TRÈS VIEILLE DAME QUE L'ON
TRAITAIT AVEC BEAUCOUP D'ÉGARD.

nouveau jusque dans Eu, où elle a visité les églises, les tombeaux, les bateaux, les moulins. Elle est repartie et court encore. »

La duchesse d'Angoulême reprochait encore à sa vagabonde belle-sœur ses longues absences. Marie-Caroline, dès les premiers beaux jours, s'enfuyait en effet vers Rosny. Son équipage courait à tombeau ouvert. « Elle part aujourd'hui pour Rosny, annonce encore le comte de Montesquiou à Mme de Genlis, passe par-dessus une borne pas plus loin que Saint-Germain, verse le plus complètement du monde, foule un bras à Mme d'Hautefort, coupe un doigt à Mme de Gourgue, ne fait rien à M. de Mesnard, et revient toute noire de contusions pour repartir demain comme si de rien n'était. »

Avec ses dames, elle chasse au fusil et fait une hécatombe de lapins. « Pour reconnaître ceux qu'elles avaient tués, raconte Mme de Boigne, elles coupaient un morceau d'oreille (de chaque victime) avec un petit poignard qu'elles portaient à cet effet et mettaient ce bout dans la poche de leur veste. Le soir elles faisaient le compte de ces trophées sanglants. »

Les plaisirs masculins ont sa prédilection. Elle ordonne un jour à la comtesse Jules de Noailles de lui commander un costume d'homme :

— Madame ferait mieux de s'adresser à l'un de ces messieurs, répondit la dame d'atours vexée, je n'entends rien aux pantalons !

« Son deuil, nous dit Mme de Boigne, avait été un prétexte pour s'entourer d'une Cour à part. Elle avait eu soin de la choisir jeune et gaie. Le monument et la fondation pieuse qu'elle élevait à Rosny, pour recevoir le cœur de son mari, l'y avait attirée dans les premiers temps de sa douleur. Les courses fréquentes devinrent des séjours. Elle y reçut plus de monde, elle se prêta à se laisser distraire. Et bientôt, les voyages de Rosny se trouvèrent des fêtes où l'on s'amusait beaucoup. La malignité ne tarda guère à s'exercer sur la conduite de Mme la duchesse de Berry. Mais comme elle désignait M. de Mesnard, qui avait trente ans de plus qu'elle, et dont les assiduités étaient motivées par la place de chevalier d'honneur qu'il occupait auprès d'elle, le public, qui le tenait plutôt pour une espèce de mentor, ne voulut rien croire des propos qui remplissaient la Cour. Quant à la famille royale, elle était persuadée de l'extrême légèreté de la conduite de la princesse. On a entendu fréquemment le roi lui faire des scènes de la dernière violence. Elle les attribuait à l'influence de sa belle-sœur et leur mutuelle inimitié s'aggravait de plus en plus. »

Lorsque les ragots sur les événements de la Cour de Rosny, ragots évidemment amplifiés, lui parviennent, Madame Royale exige le retour à Paris : « Là où la chèvre est attachée, écrit-elle à Marie-Caroline, il faut qu'elle broute. Qui peut plus souffrir que moi de me retrouver en ces lieux où j'ai été avec mes parents et où je les vis si malheureux ? Eh bien mon devoir est d'y être et mon cœur m'y retient puisque j'y retrouve le reste de ma famille. Quant à l'ennui, on l'éprouve partout. J'avoue que la vie que nous menons ici est triste pour vous à votre âge, mais j'ai eu vingt ans aussi une fois dans ma vie, chère sœur, et je menai à cette époque la même vie qu'à présent (à Vienne) peut-être plus sévère et plus assujettie, parce que j'ai senti que c'était mon devoir et n'en n'ai jamais éprouvé ni regret ni ennui. Voilà bien de la morale qui peut-être va venir vous troubler, dans votre cher Rosny. »

Au reçu de cette lettre, Marie-Caroline demande à saint Spiridion de la calmer... et tout en pestant *la chèvre* reprend le chemin des lugubres Tuileries. Elle essaye d'y « tenir sa Cour » mais « maussade et pensionnaire » nous dit Mme de Boigne, elle y réussit fort mal. « Elle nous laisse nous ranger en rond autour de la chambre, passe vingt minutes à chuchoter, rire, et batifoler avec le comte de Mesnard, puis le prenant sous le bras, rentre dans son intérieur sans avoir adressé un seul mot à aucune autre personne. On sortit de là impatienté de la sotte figure qu'on venait de faire. » Cependant notre mémorialiste, dont on connaît la dent dure, reconnaissait que Marie-Caroline était bonne maîtresse et adorée à Rosny, où elle faisait le bien avec intelligence. « Elle jouissait d'une certaine popularité parmi la bourgeoisie de Paris. Son plus grand mérite consistait à différer du reste de sa famille. Elle aimait les arts, elle allait au spectacle, elle donnait des fêtes. Elle se promenait dans les rues, elle avait des fantaisies et se les passait, elle entrait dans les boutiques. Elle s'occupait de sa toilette, enfin elle mettait un peu de mouvement à la Cour. Et cela suffisait pour lui attirer l'affection de la classe boutiquière. Celle des banquiers lui savait gré de paraître en public, et d'assister à tous les petits spectacles, sans aucune étiquette. Elle aurait été moins disposée que Mme la Dauphine à maintenir la distinction des rangs. Les artistes qu'elle faisait travailler, et dont elle appréciait les ouvrages avec le tact intelligent d'une Italienne, contribuaient aussi à ses succès et la rendaient en quelque sorte populaire. »

Si ces qualités tranquillisaient un peu le baron de Charette, gendre d'Amy Brown, chargé de préparer le voyage de propagande que Marie-Caroline devait faire en Vendée au mois de juin 1828, par contre la désinvolture et le sans-gêne de Marie-Caroline l'inquiétaient. Il établit à cette intention une série de conseils « qu'il prenait la respectueuse liberté de mettre sous les yeux de S.A.R. ». L'itinéraire minutieusement établi, les points où la duchesse devait se recueillir étant prévus, le mari de la comtesse de Vierzon ajoutait :

« S.A.R. peut énoncer le désir de voir réunie sur chacun de ces points une partie de la population du pays. Là, Madame pourra entretenir sous la tente ou dans la chaumière le général vendéen, le chef de division, et surtout le paysan qui au jour du danger fut choisi par les siens pour les guider au combat.

« Madame sait bien aussi que dans un pays où le nom de Dieu est presque tout, c'est vers la maison du Seigneur qu'il faut d'abord diriger ses pas. En sortant de l'église S.A.R. pourra remettre l'aumône qu'Elle destine aux pauvres, entre les mains du curé.

« Qu'au nombre des décorations que S.A.R. ne peut manquer d'apporter, qu'il y en ait une pour le fils du général en chef de la Vendée, Cathelineau. Que Madame, au pied du monument de son père, la pose Elle-même sur la poitrine du digne héritier d'un si beau nom.

« Madame entourée déjà d'amour et de respect, le sera s'il est possible encore davantage après une action si juste et si méritée. Les Vendéens se sentiront pénétrés de reconnaissance en voyant le fils de leur ancien général, celui qui sortit de leur rang, en le voyant dis-je distingué par Madame, et récompensé par son Roi.

« Que Madame permette à un Vendéen dont le cœur est tout entier à ses princes, à la vérité, d'engager S.A.R. à donner peu de ces brillants festins, où les pauvres souvent les plus fidèles sont oubliés : mais que Madame ouvre Ses Salons pour qu'aucun amour-propre ne soit froissé. Toutefois, pendant le séjour de S.A.R. à Nantes, Madame pourrait donner un ou deux grands dîners aux autorités et aux personnes marquantes du pays, ayant attention d'en exclure les femmes car pour quelques heureuses, Madame ferait cent mécontentes.

« Madame aura aussi attention dans un pays où la pauvreté est presque une vertu de se parer le moins souvent possible de ses pompeux habits que réclament les cours (1).

Marie-Caroline suivit scrupuleusement les conseils du baron de Charette... et le voyage devint une randonnée triomphale. Traversant les villes et les villages dans une rumeur de gloire, Marie-Caroline vécut dans une exaltation croissante. Les drapeaux blancs déchiquetés par les balles s'inclinèrent devant ce petit bout de femme. Emue, les yeux pleins de larmes de reconnaissance, elle regardait tous les anciens combattants de la guerre des héros. Quelle différence avec la duchesse d'Angoulême venue là quelques années auparavant. Ah ! si les gars de 93 avaient pu avoir Marie-Caroline à leur tête ! Ce n'est pas elle qui aurait hésité, comme le fit le comte d'Artois, à se jeter dans une coquille de noix !

— Mes amis, déclara-t-elle en prenant congé des Vendéens, si de nouveaux orages venaient encore troubler l'ave-

---

(1) Manuscrit inédit de la main du baron de Charette (Archives de La Contrie).

nir de notre belle patrie, c'est au milieu de vous que je voudrais reconquérir le trône de mon fils ! »

Après avoir été acclamée à Bordeaux et au pays basque, elle revint à Paris convaincue que le trône du futur Henri V serait aussi solide que la foi royaliste en Vendée et, qu'en Béarn, le souvenir prestigieux de *Noustre Henric*.

La folle équipée de 1832 sera la conséquence logique du voyage triomphal de 1828 !...

*
* *

Marie-Caroline était adorée. L'un de ses admirateurs, un clerc de notaire appelé Barlier, devint même fou et il fallut l'enfermer. Sans cesse, il répétait à ceux qui venaient le visiter :

— Monsieur, elle a tort : je lui ferais un sort si heureux, à cette pauvre petite femme !

Le carnaval de 1829 permit à Marie-Caroline de donner un bal « François II ». Elle avait choisi le personnage de Maric Stuart. La duchesse d'Angoulême fit la grimace. « Peut-être, nous dit Mme de Boigne, n'était-il pas tout à fait convenable pour la nièce de Marie-Antoinette de représenter, dans le dernier palais qu'elle avait habité, une reine décapitée. Mais Mme la duchesse de Berry n'y voyait pas si loin, le roi ne défendit pas le quadrille ; et la princesse, selon son usage, ne tint nul compte de la désapprobation de sa belle-sœur. » Toujours selon la fameuse mémorialiste, « Mme la duchesse de Berry était abominable. Elle s'était fait arranger les cheveux d'un ébouriffage, peut-être très classique, mais horriblement mal seyant, et s'était affublée d'une longue veste d'hermine, avec le poil en dessus, qui lui donnait l'air d'un chien noyé. La chaleur de ce costume lui avait rougi la figure, le col et les épaules, qui ordinairement étaient très blancs, et jamais on n'a pris des soins, plus heureusement réussis, pour se rendre effroyable. »

C'était le premier bal de Mademoiselle. Elle avait alors près de dix ans et fit l'admiration de tous. « Le lendemain du jour où le duc de Bordeaux passa entre les mains des hommes — son gouverneur fut le duc de Rivière — Mme de Gontaut conduisit selon son usage quotidien la petite princesse chez le roi. Lorsqu'elles traversèrent la salle des gardes du corps ils ne prirent pas les armes. Mademoiselle s'arrêta, tout court, avec étonnement, et l'air fort mécontent. Lorsqu'elle sortit, plus tard, dans la matinée, sa voiture se trouva sans escorte.

« Le lendemain la sentinelle, qui ne savait pas encore la consigne, appela aux armes en la voyant arriver ; elle s'arrêta, lui fit la révérence et lui dit :

« — Je vous remercie, mais vous vous trompez, ce n'est que moi.

« Elle refusa de faire sa promenade accoutumée.

« Mme de Gontaut vit bien que c'était pour ne pas sortir sans escorte. Elle l'examinait attentivement, mais ne disait rien. Mademoiselle commençait à s'ennuyer de sa réclusion, elle demanda à sa gouvernante s'il ne serait pas possible de sortir avec son frère, ajoutant qu'il serait bien plus amusant d'aller à Bagatelle avec lui que de se promener de son côté :

« — Consultez-vous pendant une demi-heure ; et si au bout de ce temps, vous venez me dire que c'est pour vous amuser à Bagatelle que vous désirez y aller avec M. le duc de Bordeaux, je me charge d'arranger la promenade.

« Peu de minutes après, la jeune princesse en larmes vint avouer à « Amie chérie », comme elle l'appelait, l'orgueilleuse faiblesse de son jeune cœur et le désespoir où elle était d'avoir tout à coup découvert que Bordeaux était « tout » et qu'elle n'était « rien ».

« Il ne fut pas difficile à une femme d'esprit comme Mme de Gontaut, poursuit Mme de Boigne, de faire comprendre à une enfant d'une rare intelligence la petitesse de ce genre de prétention. Et peu de temps après, Mademoiselle tenait à récompense d'aller à pied, donnant le bras à Mme de Gontaut, et suivie à distance d'un valet de pied en habit gris, se promener, seule avec elle, dans les rues de Paris. »

« MOITIÉ VÉSUVE, MOITIÉ GYMNASE »

*

*   *

Dans la cour du château de Saint-Cloud, le lundi 26 juillet 1830 au matin, le roi qui, la veille, avait signé les cinq fatales ordonnances, s'apprêtait à monter à cheval. Soudain, la duchesse de Berry, qui venait de lire *le Moniteur*, se jeta aux genoux de Charles X en lui baisant la main :

— Enfin, vous régnez !

Une semaine plus tard, jour pour jour, le texte paru dans *le Moniteur* forcera le roi d'abdiquer !...

Durant ces sept jours où la France, avec une certaine élégance d'ailleurs, va mettre la vieille royauté à la porte, l'agitation de Marie-Caroline contrastera étrangement avec l'immobilisme et l'aveuglement incurable du roi. Car la duchesse de Berry avait vite reconnu ses torts : les fameuses ordonnances avaient mis le feu aux poudres... Charles X pontifiait et essayait d'apaiser sa remuante belle-fille :

— Les Parisiens sont dans l'anarchie, l'anarchie les ramènera à mes pieds, déclarait-il calmement entre deux parties de whist. S'ils déposent les armes, ils peuvent compter sur le pardon le plus généreux.

Déposer les armes ? C'était bien mal les connaître ! Dès qu'un Parisien a un fusil entre les mains, il est l'homme le plus entêté de la terre. Vingt fois dans la journée, la petite duchesse monte au second étage du château et avec un télescope braqué sur Paris, elle suit les progrès de l'émeute qui, peu à peu, devient révolution. Elle redescend haletante :

— On voit le drapeau tricolore flotter sur les tours de Notre-Dame !... Dans la rue de Rivoli, du haut des toits, des hommes jettent des meubles sur la troupe !...

Mais elle se heurtait à « la barrière de silence » que l'étiquette avait dressée autour du roi.

Le matin du mercredi 28 juillet elle propose au roi de monter à cheval et d'aller se montrer à l'émeute.

Le vieux roi regarde sa belle-fille avec sévérité et lui intime l'ordre « de rester et d'attendre ».

A deux heures, le baron de Vitrolles parvient à être reçu par le roi.

— J'ignore, Sire, si je suis pour Votre Majesté un oiseau de mauvais augure, mais il est décidé que je serai toujours un oiseau des temps d'orage, et celui qui tonne sur nos têtes prend un aspect formidable.

Charles X estime qu'il s'agit tout au plus d'un « grain » et discute la question comme un tabellion retors. « Il soutient que les Ordonnances pouvaient être regardées comme illégales, mais qu'elles étaient parfaitement constitutionnelles. » Vitrolles n'a aucun goût pour suivre le roi sur ce terrain... La question, d'ailleurs, est aujourd'hui dépassée et le baron s'offre pour entrer en négociations « avec le général Gérard ou tout autre chef de l'insurrection ».

— Non, déclare Charles X, il ne me convient pas d'avoir l'air de traiter avec des sujets révoltés. Qu'ils mettent bas les armes et ils éprouveront alors tous les effets de ma bonté.

A peine Vitrolles est-il reparti, — il est alors plus de quatre heures — que le duc de Duras, premier gentilhomme de la Chambre, annonce au roi l'arrivée du colonel Komiérowski, aide de camp de Marmont. Il est porteur d'une lettre du maréchal. Sans nouvelles de Saint-Cloud, le duc de Raguse sollicite des ordres. La situation est devenue grave, très grave même, et il est bien certain que si le roi acceptait de retirer les Ordonnances, le calme reviendrait vite. Tel est le conseil qu'apporte Komiérowski.

— Allez attendre ma réponse, lui dit le roi qui désire mettre le dauphin et la duchesse de Berry au courant.

Le colonel attend dans l'antichambre. Au bout de vingt minutes, il s'impatiente, demande au duc de Duras ce qu'il doit dire à son chef qui a tout Paris sur les bras. Devant un tel manque d'étiquette, le premier gentilhomme s'indigne. Il lui est impossible de pénétrer chez le roi avant d'être appelé. Finalement, l'huissier ouvre la porte et le colonel peut entrer. Charles X n'a préparé aucune lettre.

— Dites au maréchal, déclare-t-il, qu'il réunisse ses troupes, qu'il tienne bon et qu'il opère par masses.

Muni de ce viatique, Komiérowski repart pour la fournaise !

Quelques instants plus tard, Mme de Gontaut pénètre chez le roi. Le banquier Laffitte lui a adressé un envoyé — un certain M. Béger — qui est porteur de propositions précises.

« On demande respectueusement au roi, comme moyen de faire cesser l'effusion du sang, de donner ordre d'évacuer toutes les petites rues, les passages étroits où ses troupes sont écrasées, de faire concentrer la totalité des forces militaires dans les places publiques, telles que la place Louis-XV, les Tuileries, le Louvre, le Carrousel. On espère que le roi, dans sa bonté, voudra bien révoquer les Ordonnances et changer de ministère. Dans ce cas, la commission s'engage à se rendre responsable de ce plan, certaine qu'il terminerait en un instant le carnage. Paris serait alors pacifié, le cœur de ses sujets reconnaissants lui serait rendu. »

Le roi écoute et s'exclame :

— Je réfléchirai, mais je trouve hardi de m'apporter de telles propositions !

Au même instant, à Paris, Polignac semblait encore plus sûr de lui. On était venu lui dire :

— La troupe fraternise avec le peuple.

Et il était sorti de sa rêverie pour répondre :

— Eh bien, il faut tirer aussi sur la troupe !

Le roi, sa « réflexion » achevée, déclare avec un geste gracieux :

— Que les insurgés déposent les armes ; ils connaissent assez ma bonté pour être sûrs du pardon le plus généreux.

Cet aveuglement sénile serait inexplicable si nous ne connaissions pas les sentiments religieux qui guidaient le souverain.

— Allons, je vois bien qu'il faut tout vous dire, confie-t-il au commandant de l'école de Saint-Cyr qui vient défendre le château avec ses élèves, eh bien ! Polignac a encore eu des visions cette nuit, et on lui a promis assistance...

« On » c'était la Sainte Vierge qui, chaque nuit, venait bavarder avec le premier ministre. Marie-Caroline à qui saint Spiridion ne se montre pas le moins du monde —

et elle l'invoque plusieurs fois par jour — hausse les épaules et ne tient plus en place. Elle veut toujours bondir à Paris. Elle a l'habitude des émeutes. La « pure canaille napolitaine », ainsi que l'appelait le roi Ferdinand, ne se révoltait-elle pas fréquemment ? Etant encore tout enfant, alors que les lazzaroni criaient devant le palais : « A bas Nasone ! » la petite Marie-Caroline avait aperçu, au troisième étage du château, un capitaine qui, de là-haut, dirigeait paisiblement le service d'ordre et encourageait ses hommes.

— Monte avec moi et viens m'aider à jeter ce poltron-là en bas, s'était-elle écriée, entraînant avec elle une de ses compagnes.

Elle avait sept ans !

Aujourd'hui aussi, elle aurait voulu « jeter en bas » tous ces officiers qui erraient, inutiles, dans le château et les entraîner vers la fournaise parisienne pour défendre le trône de son fils !

Charles X la tranquillise :

— Dans vingt-quatre heures, tout sera arrangé !

La soirée du 28 juillet se déroule, morne, selon l'accoutumée. On s'ennuie au Salon de la Vérité, comme aux plus beaux jours. A neuf heures, M. de Duras annonce au roi que son jeu est prêt, et, après avoir désigné trois personnes, Sa Majesté prend place à la table de whist. Seule, la duchesse de Berry trépigne. Madame Royale, si elle était là, partagerait — peut-être pour la première fois — les sentiments de sa petite belle-sœur, mais elle est malheureusement aux eaux de Vichy.

Charles X ne lève pas les yeux de ses cartes et ne semble pas entendre le canon dont on perçoit les grondements...

Penchée à la fenêtre, la duchesse de Berry peut même voir, dans la nuit qui tombe, la fumée de la mousqueterie s'élever en nuages au-dessus des maisons.

Duras est quelque peu distrait.

— Vous jouez mal, s'étonne le vieux roi.

Charles X est, ce soir, d'autant plus sûr de la victoire qu'il vient d'envoyer à Marmont un billet pour lui dire qu'il a appris « avec plaisir la bonne et honorable conduite des troupes ». « Remerciez-les de ma part, a-t-il ajouté, et accordez-leur un mois et demi de solde. Réunissez vos troupes en tenant bon, et attendez mes ordres de demain. Bonsoir, mon cher Maréchal ».

« Mes ordres de demain » !

Demain sera le 29 juillet. Demain, les troupes royales quitteront Paris. Demain, Talleyrand interrompra la dictée de ses *Mémoires*, en disant à son secrétaire :

— Mettez en note que le 29 juillet 1830, à midi cinq minutes, la branche aînée des Bourbons a cessé de régner sur la France.

Demain, le roi aura enfin les yeux dessillés en voyant apparaître, en plein conseil des ministres, un homme « sans cravate, défiguré par la poussière et la sueur, haletant et pouvant à peine se soutenir ». C'est le général de Coëtlosquet qui arrive de la barrière de l'Etoile. Les trois couleurs flottent sur les Tuileries. Marmont n'occupe plus que le faubourg du Roule !

— Vous croyez donc tout perdu ?

— Tout, non, Sire, mais bien Paris !

Le général raconte à la duchesse de Berry comment on avait dû évacuer les Tuileries. Marie-Caroline change de couleur. « Elle perdit la tête, nous raconte le comte Apponyi, et ne put cacher son agitation et son trouble. Elle tremblait, paraît-il, pour une cassette laissée dans son secrétaire et contenant des pièces *de nature à entacher la réputation de certaines personnes du plus haut rang.* » De quoi s'agissait-il au juste ? On ne sait. Peut-être toutes les pièces concernant le premier mariage du duc de Berry n'avaient-elles pas été brûlées par Louis XVIII et par Amy Brown !...

Quoi qu'il en soit, l'inquiétude de Marie-Caroline est telle qu'un garde du corps s'offre à rentrer à Paris et, sous un déguisement, à pénétrer dans les Tuileries. La duchesse de Berry accepte avec gratitude. Le garde, déguisé en charbonnier, parvint jusqu'à la chambre de la princesse au pavillon de Marsan, découvre la cassette et se hâte de quitter le palais. Soudain, s'apercevant qu'il est suivi, il traverse en courant la place du Carrousel, atteint

203

les quais mais là, sur le point d'être rejoint, jette son mystérieux fardeau dans la Seine au fond de laquelle il se trouve peut-être encore.

Lorsqu'on rapporte à la duchesse le demi-échec de l'expédition, elle pousse un soupir de soulagement. La cassette est perdue pour tout le monde !

Vers midi, Marmont reçoit ces ordres signés du dauphin, et dictés de son « quartier général de Saint-Cloud » :

« Mon Cousin, le Roi, m'ayant donné le commandement en chef de ses troupes, je vous donne l'ordre de vous retirer sur-le-champ, avec toutes les troupes, sur Saint-Cloud. Vous y servirez sous mes ordres. »

Cette nomination faisait partie d'un ensemble de mesures que le roi s'est enfin — mais trop tard — décidé à prendre.

— Me voilà dans la position où était mon malheureux frère, en 1792 ! s'était-il exclamé en renvoyant, les larmes dans la voix, le ministère — son cher Polignac et ses apparitions !

Marie-Caroline reprend courage.

C'est entre Auteuil et Boulogne que le duc d'Angoulême, toujours armé de sa bonne volonté et de son lorgnon, rencontre Marmont. Ils se saluent froidement et le nouveau généralissime poursuit sa route à la rencontre de ses neuf mille cinq cents fantassins et de ses sept cent cinquante cavaliers qui, fourbus de fatigue, exténués par la chaleur, n'ont, au surplus, presque rien mangé depuis l'avant-veille.

Aussi, aux « paroles de bienveillance » que bredouille le pauvre duc, les soldats vocifèrent avec un manque de respect digne de troupes républicaines :

— Du pain ! Du pain ! Voici trois jours que nous n'avons rien mangé !

Lorsque les malheureux arrivent à Saint-Cloud, des valets de pied se hâtent de leur offrir des biscuits de Savoie, et de l'orgeat.

— Croyez-vous que nous revenons du bal ? s'exclame Komiérowsky.

Les domestiques réapparaissent avec des miches de pain,

puis avec des rôtis. On voit même le petit duc de Bordeaux chargé d'un immense gigot, criant tout joyeux :

— Prenez ! C'est notre dîner, prenez tout, même les plats !

Lorsque le petit prince reprend sa place, il n'y a plus rien sur la table !

Tout le monde se met à rire...

Cette gaieté contraste fort avec l'atmosphère qui règne à la table des ministres. D'Haussez estime de la dernière inconvenance de voir seulement sur la table « tout un côté de veau rôti et un reste de jambon ». Ecœurés, ils renvoient avec dignité « une salade et une moitié de crème » qui devaient compléter ce repas « d'ermite ».

En guise de dîner, la duchesse de Berry envoie ses enfants au Trocadéro — ainsi a-t-on surnommé, en l'honneur de la « victoire » du duc d'Angoulême en Espagne, le jardin coiffant la colline derrière le château. Aussitôt arrivé, le futur Henri V réunit tous les enfants du château et les affuble d'uniformes dont il possède tout un arsenal. Lui-même se déguise en grenadier de la garde, tend à sa sœur un colback de chasseur, divise ensuite son « armée » en deux groupes, prend le commandement des « royaux », confie les « insurgés » à Mademoiselle, et toute la petite bande, à renfort de cris aigus, se met à jouer à la guerre civile...

Le roi annonce à la duchesse qu'il va demander au duc de Mortemart d'accepter la charge de premier ministre et d'essayer, à lui tout seul, d'enlever les barricades, de faire rentrer les Parisiens chez eux, et le roi aux Tuileries ! Le duc refuse ce travail de titan et Charles X tente de lui mettre dans la main sa nomination. « Je me suis reculé à plusieurs reprises, tellement que je touchais à la tapisserie, a raconté Mortemart à Alexandre Mazas. Le roi me suivait toujours : me voyant réellement au pied du mur et tenant constamment les bras collés près du corps, il m'a passé le papier dans ma ceinture d'officier général. Je l'en ai retiré brusquement pour le rendre. »

— Vous refusez donc, Monsieur, de sauver ma couronne et la tête de mes ministres ?

Mortemart s'incline enfin.

Il semble que jamais, au cours de l'Histoire, un président du Conseil ne fut investi de la sorte par un chef d'Etat !

Ce soir-là, le whist du roi est terne... visiblement tout le monde pense à autre chose. Marie-Caroline arpente le palais ; elle ne tient pas en place.

Le roi, la nuit, a son sommeil interrompu par plusieurs visites de M. de Mortemart, qui, secondé par Vitrolles, vient lui soumettre le texte de six nouvelles ordonnances (1). Réveillé chaque fois en sursaut, Charles X regrette certainement M. de Polignac qui ne le dérangeait même pas lorsque la Vierge venait bavarder en pleine nuit avec lui... De mauvaise humeur, le roi n'en résiste que mieux aux projets démocratiques de son nouveau ministre.

— Le rappel des Ordonnances ? bondit l'ex-comte d'Artois en agitant furieusement sa tête couverte d'un bonnet de coton... On n'en est pas là ! C'est trop fort !

Vitrolles qui est infatigable, explique longuement au roi « qu'on en est » même plus loin encore ! Mortemart est moins résistant ; il sort de ces entretiens absolument épuisé et aphone.

— Je n'ai plus de salive, confie-t-il d'une voix étouffée à Mazas qui l'attend dans sa chambre.

Enfin, à sept heures du matin, le duc et Vitrolles parviennent à leur fin. Le roi, toujours au lit, signe les nouveaux textes.

Cependant Mortemart ne se décide pas à partir pour Paris. « Il lambinait, nous dit Vitrolles, comme un homme qui n'est pas pressé d'aborder les difficultés qu'il redoute. On allait, on venait, on s'arrêtait devant un fromage posé sur une table... Enfin, poussé par le baron, Mortemart monte en calèche avec M. d'Argout, Langsdorff et Mazas qui a placé le texte des nouvelles ordonnances dans la

---

(1) Retrait des ordonnances du 25 ; rétablissement de la Garde Nationale de Paris ; nomination du maréchal Maison au commandement de cette garde ; nomination de M. Casimir Périer comme ministre des Finances ; celle du général Gérard comme ministre de la Guerre ; enfin dernière ordonnance concernant la réouverture des Chambres.

poche de sa veste fermée par une épingle. Tel est le portefeuille ministériel de la nouvelle équipe !

Le roi ne devait plus en entendre reparler...

*

*   *

— Je n'ai point oublié comment les événements se sont passés, il y a quarante ans, répétait Charles X, je ne veux pas, comme mon frère, monter en charrette ! Je veux monter à cheval !

Cette nuit-là, à deux heures et demie du matin, le vieux roi était bien monté à cheval, mais non pour se mettre à la tête de ses troupes...

Vers minuit, le dauphin, à la demande de Marie-Caroline, va réveiller le roi. Le général Gresseau vient d'arriver de Paris porteur de nouvelles alarmistes. Il a été reçu par la duchesse et lui a annoncé de graves nouvelles. Paris marche sur Saint-Cloud ! Mieux vaut fuir et se replier sur Versailles. Afin de retarder les assaillants, Angoulême restera encore quelques heures au château avec le gros des troupes royales.

A deux heures du matin, Marie-Caroline, la rage au cœur, prend place dans sa voiture. D'après elle, puisque la royauté est obligée de fuir, mieux vaudrait se replier sur la Vendée !

Charles X monte à cheval et, une main sur la portière, escorte la berline de ses petits-enfants... Une longue suite de voitures surchargées de bagages suit. Puis viennent les quatre compagnies des gardes du corps. En traversant Ville-d'Avray, le roi peut voir que partout on a déjà enlevé les fleurs de lys et les couronnes. Un marchand de vin — *La Chasse royale* — a biffé le dernier mot de son enseigne.

En haut de la butte de Picardie, le marquis de Vérac, gouverneur du château de Versailles, attend le cortège. Il est impossible d'entrer au palais. Les gardes nationaux de Versailles, la cocarde tricolore au chapeau, occupent la place d'Armes.

— A Trianon ! ordonne le Roi.

Trianon ! les trois syllabes chantantes doivent éveiller tout un passé pour l'ex-comte d'Artois. Le soleil éclaire les marbres roses. Il fait un temps délicieux. La duchesse de Berry apparaît dans le grand salon. Elle est vêtue d'une redingote verte à collet de velours, d'un pantalon flottant et d'un chapeau de postillon en cuir bouilli. Elle a passé dans sa ceinture deux mignons petits pistolets.

— Pourquoi cette tenue ? demande le roi ahuri.

— Pour défendre mes enfants dans le cas où l'on parviendrait jusqu'à eux.

Charles X lui frappe amicalement sur l'épaule et sourit.

— Croyez-moi, quittez cette tenue d'héroïne de Walter Scott !

Pour lui qui aime appeler les femmes comme autrefois « *petites chiffons* », sa belle-fille lui paraît aussi étrangère qu'une indigène de Papouasie.

— Maillé, comment la trouves-tu ? demande Charles X lorsque sa belle-fille fut sortie.

— Abominable, s'exclame le premier gentilhomme en toute sincérité.

La Cour est à la dérive... et pendant ce temps, à Paris, se joue le lever de rideau du futur régime qui détrônera le fils de Marie-Caroline : le duc d'Orléans, précédé d'un gavroche tapant sur un tambour à moitié crevé, quitte le Palais-Royal pour aller embrasser La Fayette à l'Hôtel de Ville. Derrière le futur roi-bourgeois, au milieu d'un groupe de quatre-vingts députés « en habits de voyage », viennent deux éclopés : Benjamin Constant, porté dans un fauteuil, et Laffitte, assis sur une chaise soutenue par deux porteurs d'eau. On crie : « *Plus de Bourbons !* » Aussi, sur tous les murs, s'étalent des placards expliquant — Dieu sait comment ! — que le duc d'Orléans « *est un Valois* » !...

Enfin la « parade » arrive place de l'Hôtel de Ville. On connaît la scène. Orléans veut tout d'abord défendre Charles X, puis, peu à peu, se laisse gagner... C'est, enfin, le tableau final : La Fayette et le futur roi s'embrassent sous les plis d'un drapeau tricolore. Selon le mot de Chateaubriand, le « baiser républicain » de La Fayette vient de faire un roi.

« MOITIÉ VÉSUVE, MOITIÉ GYMNASE »

Tandis que La Fayette prépare, à Paris, « le programme de l'Hôtel de Ville », à Trianon, les anciens ministres essayent de rédiger des proclamations... et n'ont qu'un désir : fuir au plus vite. D'Haussez va en parler au Roi.

— Ce départ n'aura pas lieu avant que j'aie vu le dauphin... Qu'on ne m'en parle plus !

Enfin Angoulême et ses troupes arrivent de Saint-Cloud. On entend quelques coups de fusil. L'armée est talonnée par une poignée de gardes nationaux versaillais et c'est bientôt un sauve-qui-peut général. Seul le roi s'attarde, regarde Trianon, le décor de ses vingt ans...

— Votre Majesté oublie qu'Elle veut partir !

— Ah oui !

Et doucement il se dirige vers son cheval.

En quelques minutes, tout le monde a disparu. A neuf heures et demie, Charles X et la duchesse de Berry arrivent à Rambouillet. Le vieux roi descend, le premier, devant le perron. « Sa figure a un ton violâtre, racontera le maire, J.-J. Delorme, venu saluer le roi fugitif ; elle est immobile et semble frappée d'apoplexie. Des traces de larmes se voient sur son visage. Ses vêtements sont gris de poussière. » D'un pas d'automate, il pénètre dans le Salon de la Reine, salue les fonctionnaires rambolitains et marche à travers le salon « sans parler ». Il est visiblement dépassé par les événements !

Dans la cour du château s'amoncellent carrosses, berlines, fourgons, cabriolets, tandis que gardes du corps, soldats suisses, gardes royaux, gendarmes d'élite, dragons, grenadiers — plus de douze mille hommes — se répandent dans Rambouillet. Tout retentit de bruits d'armes, de roulements de chariots, de hennissements de chevaux. Dans le parc, s'allument les feux des bivouacs.

Mais comment nourrir tout ce monde ? Il n'y a même pas au château un morceau de pain ! Mme de Gontaut a fouillé toute la demeure avant de découvrir un vieux morceau de pain sur une commode... De son côté, la duchesse de Berry, qui a passé à sa ceinture deux pistolets supplémentaires et s'est coiffée d'un chapeau d'homme, a réussi à trouver un morceau de pain qu'elle partage avec Montbel. Tout en mastiquant, elle demande à l'ancien ministre :

— Aidez-moi je vous en conjure, à obtenir du Roi de marcher vers la Vendée. Nous y trouverons des moyens de combattre. Je suis armée et je me montrerai au premier rang.

Marie-Caroline, une passionnée de Walter Scott, croit revenus les temps héroïques.

Pendant ce temps, le maire de Rambouillet réussit à arrêter des voitures de farine destinées à Paris... et bientôt, dans toutes les maisons, on cuit du pain. Dans le parc claquent des coups de feu : les soldats massacrent le gibier royal.

Le lendemain matin, toute la Cour se trouve réunie dans l'antichambre du château, attendant le départ du roi et de la duchesse de Berry pour la chapelle. « Au lieu de leurs somptueux uniformes, nous dit Montbel, des habits simples, des redingotes ; au lieu de leurs airs apprêtés, des propos pleins d'inquiétude... Tout à coup, un mouvement inattendu appelle notre attention, on se presse de toutes parts. Couverte de vêtements simples et en désordre, une femme s'élance dans le salon ; le roi accourt ; entrecoupés de sanglots, on entend :

— Mon père !
— Ma fille !

C'est Madame Royale qui, non sans peine, ni sans danger, arrive de Vichy (1), après avoir traversé des départements déjà pavoisés aux trois couleurs... ces trois terribles couleurs que la fille de Louis XVI trouve toujours devant elle aux heures tragiques de sa vie !

Le roi essuie ses yeux.

— Me le pardonnerez-vous ? demande-t-il presque timidement.

La dauphine se jette dans ses bras.

— Mon père, je partagerai tous vos malheurs. Nous voilà, je l'espère, réunis pour toujours.

_____

(1) Au sujet de ce voyage, voir du même auteur *Madame Royale*, (Perrin).

« MOITIÉ VÉSUVE, MOITIÉ GYMNASE »

En ce début de matinée, le roi a encore de l'espoir. Il a avec lui trente-huit canons, cinq mille huit cents chevaux, plus de douze mille hommes de troupe. Deux régiments sont arrivés de Normandie et ont compensé les désertions.

— Si l'on cherche à attenter à ma vie et à celle de ma famille, déclare Charles X avec noblesse, je suis décidé à me défendre jusqu'à la mort.

Après la messe, étant toujours sans nouvelles de M. de Mortemart, il charge Montbel et son collègue Guernon-Ranville d'établir le texte de nouvelles proclamations exposant aux Français « les malheurs qui fondraient sur leurs têtes s'ils se livraient ainsi au désordre ». Les proclamations terminées, les deux ministres reviennent dans l'ancien cabinet de Napoléon, où se tient le roi. C'est pour apprendre que tout est changé.

— Messieurs, il ne s'agit plus de proclamations ! J'ai à vous lire un acte bien différent par lequel je nomme M. le duc d'Orléans lieutenant général du royaume.

A vrai dire, « M. le duc d'Orléans » avait été nommé par les députés et investi par le baiser de M. de La Fayette... mais le roi, qui vient d'apprendre la nouvelle par Girardin, croit suprêmement habile d'envoyer, de son côté, au fils de Philippe-Egalité, sa nomination.

Montbel et son collègue sont anéantis.

— Les rebelles ont nommé M. le duc d'Orléans lieutenant général du Royaume, leur explique le roi ; il est possible qu'en le nommant moi-même, je fasse à son honneur un appel auquel il ne sera pas tout à fait insensible.

Tandis que, durant toute la journée, le roi vit dans l'espoir, à Paris, le lieutenant général rétablit la cocarde tricolore, nomme des ministres provisoires et refuse l'investiture royale. Il ne veut tenir ses pouvoirs que de la Chambre. Dès le lendemain matin — lundi 2 août — il fait venir au Palais-Royal M. Tupinier, nommé baron et directeur des Ports par Charles X. Le lieutenant général, après l'avoir promu au rang de directeur du département de la Marine, lui ordonne de « prendre toutes mesures pour faire armer et diriger sur Cherbourg des bâtiments disposés de manière à recevoir le roi Charles X, afin de le transporter en Angleterre » (1).

A Rambouillet, le roi a été réveillé par le maire venu lui apporter *le Constitutionnel*. Les nouvelles de Paris lui apprennent qu'il lui faut encore descendre un échelon de plus. Charles X se laisse convaincre par Marmont : il faut abdiquer.

— Que Votre Majesté ne se laisse pas arracher sa couronne qui tombe, supplie le maréchal. Qu'Elle sache s'en dépouiller elle-même, la prendre et la mettre sur la tête de son petit-fils !

Marie-Caroline supplie son beau-père :

— Tout n'est pas perdu... Je connais le peuple. Il ne faut pas avoir peur de lui. Je veux dès ce soir lui présenter mon fils.

— Trêve de folie ! s'exclame Charles X. Je ne puis vous permettre d'exposer mon petit-fils à de tels dangers

— Eh bien, j'irai seule ! j'irai seule !

Elle frappe presque du pied,... mais elle doit s'incliner.

Une heure plus tard, Marie-Caroline est appelée avec ses enfants auprès du roi. Les Angoulême l'entourent.

— Voilà mon abdication, déclare l'ex-comte d'Artois, les larmes aux yeux. Sa rédaction ne me plaît pas. Voici : elle est adressée à M. le duc d'Orléans : « Je suis trop profondément peiné des maux qui affligent ou qui pourraient menacer mes peuples pour n'avoir pas cherché un moyen de les prévenir. J'ai donc pris la résolution d'abdiquer en faveur de mon petit-fils.

« Le Dauphin, qui partage mes sentiments, renonce aussi à ses droits en faveur de son neveu.

« Vous aurez donc, en votre qualité de lieutenant général du royaume, à faire proclamer l'avènement d'Henri V à la couronne. Vous prendrez, d'ailleurs, toutes les mesures qui vous concernent pour régler les formes du gouvernement pendant la minorité du nouveau roi. Ici, je me borne

(1) Archives Nationales *Marine B.B.4 530 bis*. On le voit, le futur roi n'avait pas attendu l'abdication de Charles X pour prendre toutes dispositions afin d'organiser la fuite de son prédécesseur, et même de désigner le port d'embarquement.

à faire connaître ces dispositions. C'est un moyen d'éviter bien des maux. »

Le roi signe puis il tend la plume au dauphin qui hésite... Durant ces quelques secondes, il est bel et bien roi de France — sous le nom de Louis XIX — et il est excusable d'avoir voulu prolonger, le plus longtemps possible, son « règne ». Enfin, il se décide.

— Puisqu'ils ne veulent pas de moi, qu'ils se débrouillent !

Marie-Caroline est désormais la mère du roi de France Henri V.

La petite Mademoiselle voit des larmes couler de bien des yeux. Elle se penche vers Bordeaux :

« Il va nous arriver un malheur, mon frère, car tout le monde pleure en nous regardant ; allons prier le Bon Dieu ! »

Et elle l'entraîna doucement sur le balcon.

« Ils se mirent à genoux, a conté Mme de Gontaut. Je les regardai ; il n'y eut jamais un plus touchant tableau ! Je l'ai sans cesse à la mémoire. »

— Emmenez les enfants, soupire alors le roi ; leur tristesse me fait mal. Allez, tâchez de les distraire.

Quelques instants, plus tard, le baron de Damas, gouverneur du nouveau roi, entre dans la chambre de son élève. Henri V s'amuse en compagnie de sa sœur à « faire un attelage avec des chaises et même un haut de siège sur lequel il était », nous dit Mme de Gontaut. Le baron s'incline :

— Sire !

Il se fait un silence.

— Sire, je suis chargé de vous apprendre que le Roi, votre auguste grand-père, n'ayant pu faire le bonheur de la France, vient d'abdiquer. C'est vous, Monseigneur, qui allez être roi, sous le nom d'Henri V.

L'enfant descend de son « siège ».

— Bon-Papa, qui est si bon, n'a pas pu faire le bonheur de la France ? Alors on veut me faire roi !

Et haussant les épaules, il ajouta, très supérieur :

— Mais, Monsieur le baron, c'est impossible, ce que vous me dites là !

Ce petit roi reprend alors son fouet et ses rênes et déclare :

— Allons, ma sœur, jouons !

Il n'y eut pas d'autre discours du trône.

Pendant ce temps, l'acte est lu aux troupes. Le soir, Charles X, prenant son petit-fils par la main, le présente au bivouac des gardes du corps. C'est du délire !

« Mme la duchesse de Berry, nous dit Mme de Gontaut, me parut les électriser, car elle parlait de gloire et d'espérance. Parmi les soldats, elle était au-dessus de la femme qui craint, c'était la mère qui espère ! »

Un abbé hurle « d'une voix forte comme le tonnerre » :

— A la Vendée ! A la Vendée, Henri V et sa mère !

En voyant la duchesse de Berry, l'abbé « s'anime tellement qu'il devint fou. On l'emmena, nous ne le revîmes plus », raconte Mme de Gontaut.

Le même soir, cinq commissaires, envoyés par le lieutenant général arrivent au château : ce sont le maréchal Maison, le duc de Coigny, Schoenen, Odilon Barrot et le colonel Jacqueminot. Ils apportent « une sauvegarde ».

Le roi refuse de les recevoir. Il n'a pas besoin d'aide et mise sur l'effet de son abdication.

— Infailliblement, déclare Marmont en s'excusant auprès des commissaires, cette grande résolution va terminer tous nos embarras et il faut en attendre les effets.

Les cinq commissaires repartent pour Paris...

Les « effets » — vingt-quatre heures plus tard — dépassent les prévisions les plus pessimistes. Paris a, paraît-il, « frémi d'indignation en apprenant l'affront à ses commissaires nationaux ». La Fayette lance un appel aux armes : « Charles X ne veut pas s'en aller... Il va marcher sur Paris et faire couronner Henri V. »

Des milliers de Parisiens — il est impossible de connaître le chiffre exact — s'entassent dans des fiacres, des omnibus, des carolines, des coucous et prennent le chemin de Rambouillet. C'est « une déroute à rebours » !

Les cinq commissaires, que Louis-Philippe a renvoyés à

Rambouillet, précèdent la horde parisienne. A huit heures et demie, ils sont introduits auprès du Roi.

— Que me voulez-vous, Messieurs ? demande Charles X. Je me suis entendu avec le lieutenant général du royaume, tout est réglé maintenant.

— C'est lui, Sire, répondit M. Odilon Barrot, qui nous envoie ici pour chercher à protéger le jeune roi et son auguste famille contre la fureur d'un peuple soulevé qui arrive, se précipite sur Rambouillet ; cent mille hommes suivent nos pas ! Oh ! Sire, dit-il, en joignant les mains d'un air pénétré, épargnez à la nation un crime de plus, sauvez les jours de ce précieux enfant !

Le roi se tourne vers le maréchal Maison :

— Maréchal, au nom de l'honneur et sur votre parole de soldat, je vous somme de dire la vérité ; est-il exact, comme on vient de le représenter, que ce soit la population entière de Paris qui arrive spontanément et sans ordre ?

« A ces mots, et sans hésiter — je le vis, car je le regardais en face, nous dit Mme de Gontaut — le maréchal Maison répondit :

— Je le jure, Sire ! Ils n'ont dit que la moitié de la vérité ! »

Le roi s'incline :

— Je crois à l'honneur et à la parole d'un soldat, et je consens à m'éloigner.

Tandis que les commissaires se retirent, le roi se tourne vers le duc de Noailles :

— Mon cher duc, pour éviter de grands malheurs, je me décide à m'éloigner ; recevez-nous à Maintenon.

Le duc s'incline, et, le premier, quitte Rambouillet.

Odilon Barrot, en sortant de la chambre à coucher, pénètre dans le salon où se trouve la duchesse de Berry et la Cour.

— Sauvez le roi ; tout Paris est à Coignières ; dans deux heures, soixante à quatre-vingt mille Parisiens seront ici.

« Ces paroles raconte un témoin, produisirent un prompt effet ; les ordres de départ et de retraite sont donnés aussitôt et s'exécutent entre neuf heures et demie et dix heures, avec une célérité qui tient du prodige. »

Le fantôme de la grande Révolution est présent à tous les esprits. Marie-Caroline monte à cheval, les pistolets toujours passés à sa ceinture. Elle tempête contre la lâcheté et la trahison. Tout au long de l'interminable voyage, sous l'implacable poussière, elle ne rêvera que de complots et de batailles.

Madame Royale, qui a vécu le 6 octobre, croit voir à nouveau apparaître le terrible spectre de Paris en révolte. Elle se jette dans sa voiture de l'air d'une personne égarée. Le dauphin qui boude et a déclaré « ne plus vouloir s'occuper que de ses chiens », monte à cheval. Le roi, appuyé sur le bras du sous-préfet, se dirige vers sa berline. Il a vieilli de dix ans...

Dans le parc et aux avant-postes, vers Coignières, on sonne le boute-selle. L'armée royale, forte encore de douze mille huit cent trente-deux hommes, fuit, elle aussi... « Il faut le dire, a avoué le garde du corps Théodore Anne, notre retraite offrait un peu l'image de troupes battues et en fuite : infanterie, cavalerie, artillerie, tout défilait en même temps »...

L'immense cohue des fugitifs disparaît par la grille de Guéville, sur la route de Maintenon. Une heure plus tard arrive l'avant-garde de l'armée parisienne : un général et deux élèves de Polytechnique. Il annonce, lui aussi, l'arrivée de quatre-vingt mille Parisiens, et demande trente mille rations de pain..., chiffre qu'il réduit bientôt à quinze mille. En effet, au cours de la nuit, des détachements se présentent... Au jour, on compte « la colonne parisienne ». Elle est formée d'un millier d'hommes ! Le reste — si reste il y eut ! — a rétrogradé. Les « vainqueurs » s'entassent dans les carrosses de la Cour restés à Rambouillet — trente à quarante par voiture — et reprennent, en chantant et en agitant des drapeaux tricolores, le chemin de Paris, laissant le maire en tête à tête avec quatorze mille rations de pain !

*

*   *

Ce même matin, à quelques lieues de Rambouillet, sur la route de Dreux, un autre cortège défile à pas lents devant

216

le front des troupes. Le roi, après une nuit passée au château de Maintenon, prend congé de son armée. Il abandonne la lutte et accepte d'aller s'embarquer à Cherbourg. Les hommes sont rangés sur les bas-côtés de la route. Les étendards s'inclinent, tandis que les tambours battent. Des officiers s'avancent, certains brisent leur épée...

Quatre compagnies de gardes du corps à cheval, quelques troupes de la garde, une compagnie de gendarmerie des Chasses, en tout mille huit cent soixante-dix hommes, précèdent et suivent les voitures.

« La duchesse de Berry était en calèche, a raconté un garde. Ses gestes pleins de son expression toute méridionale, son visage mouillé de larmes, tout parlait. Ce spectacle était déchirant... »

Il est dix heures du matin. A pas lents, le cortège royal se dirige vers Dreux. Charles X veut bien quitter la France, mais en roi ! Il a décidé de faire la route par toutes petites étapes ; il séjournera là où bon lui semblera ! Il ne partira le matin qu'après avoir entendu la messe dite par ses aumôniers de quartier. On mettra quinze jours s'il le faut mais Charles X refuse de se presser !

Cette lenteur a pour but de pouvoir conserver les chevaux... mais aussi on espère, qu'au dernier moment, le duc d'Orléans hésitera « à sauter le pas ».

A l'étape, les gardes du corps seront en faction aux portes et, même dans les auberges, l'huissier de service, en costume comme aux Tuileries, se tiendra à la porte de la chambre royale pour introduire les visiteurs... Si les commissaires — « ces deux coquins et ce renégat » disait le Roi — désirent obtenir audience, ils la solliciteront du premier gentilhomme de la Chambre !

A trois heures, ce premier jour, on atteint Dreux.

Le fief de la famille d'Orléans ruisselle véritablement de rubans tricolores. La garde nationale fait la haie et présente les armes. Les tambours battent aux champs, saluant ce vieux monde qui va disparaître à jamais, ces écuyers-commandants, ces chambellans-maîtres-de-l'hôtel, ces aides-majors généraux, ces capitaines des gardes, cet écuyer-caval-

cadour — le général Vincent — ce premier menin du dauphin — le duc de Guiche — ces écuyers, chevaliers d'honneur ou dames pour accompagner la duchesse de Berry et
les Angoulême.

Le lendemain matin, après la messe, la garde à cheval
s'en va. Le roi est ému et se contente de dire à leur chef :
« — Les dragons sont bien beaux ! »
Il ne reste plus qu'un millier d'hommes.

Marie-Caroline ne décolère pas. Ah ! Si elle avait pu
leur parler !

Le 5, on couche à Verneuil, et le 6, à Laigle. En arrivant
au petit château du XVIIe siècle qui va devenir « le palais »,
le premier gentilhomme de la chambre et le premier maître d'hôtel sont épouvantés. Impossible de trouver dans le
bourg une table rectangulaire : il n'y a qu'une table ronde !
Comment le Roi va-t-il présider le repas ? On trouve enfin
une solution. On appelle un menuisier qui *scie* un côté de
la table ! Ainsi Charles X pourra conserver sa prééminence.

Dans la nuit, un attaché de l'ambassade d'Angleterre
se présente au roi. Il est porteur d'un billet de la main du
duc d'Orléans : « Croyez, Sire, ce que le capitaine Caradoc
va vous dire de ma part. » Louis-Philippe demandait que
l'on voulût bien lui confier le duc de Bordeaux. Il le ferait
nommer roi... mais tous les autres membres de la famille
royale doivent quitter la France, y compris la duchesse de
Berry. Charles X et Marie-Caroline refusent. Le lendemain
matin on peut voir la veuve du duc de Berry, au bivouac
des gardes du corps, assise sur l'herbe, en train de réparer
une robe. Au grand contentement de Charles X, la mère
d'Henri V a décidé d'abandonner son accoutrement à la
Walter Scott... elle le retrouvera un jour.

Louis-Philippe, la conscience plus tranquille, peut dès
maintenant se faire sacrer.

C'est le 9 — à Argentan — que la nouvelle en est apportée à Charles X. « M. le duc d'Orléans », le fils du régicide,
l'oncle de Marie-Caroline, est devenu Louis-Philippe 1er...
On avait hésité entre le nom de Louis XIX et celui de Philippe VII.

« MOITIÉ VÉSUVE, MOITIÉ GYMNASE »

*
*   *

Le 10 août, la « smalah » royale est seulement à Condé-sur-Noireau. Le roi loge chez M. Boisne. Voulant être aimable, Charles X lui offre d'assister à la messe dite pour lui seul dans le salon. Boisne, qui est huguenot, refuse sèchement. Les descendants de M. Boisne prétendent qu'en guise de représailles, le roi, très froissé, emporta un parapluie que lui avait prêté son hôte pour monter en voiture !

Le 11, Charles X, Louis XIX, Henri V, Madame, mère du roi, et la duchesse d'Angoulême font leur entrée à Vire. La voiture s'arrête dans la grande rue devant la belle maison de M. Peyronny qui accueille le souverain déchu en roi régnant. Le roi aurait voulu rester là deux jours. Le val de Vire lui plaît... mais les commissaires exigent le départ. On rit néanmoins en apprenant que le curé de Vire, le dimanche précédent, au lieu du *Domine salvum fac regem* aurait entonné, imperturbable : *Domine salvum fac le gouvernement provisoire.*

Après une étape à Saint-Lô, le 12, et à Carentan, le vendredi 13, vers deux heures de l'après-midi, par une pluie torrentielle, le convoi atteint Valognes où le roi demande aux commissaires de passer le dimanche. Il s'embarquera seulement lundi. Tel est son « bon plaisir ». Les commissaires s'inclinent.

Charles X s'est installé dans le bel hôtel Mesnildot, rue des Religieuses. C'est là que le 15 eurent lieu les adieux de la vieille monarchie. A huit heures, la famille royale est à l'église. Mais c'est la duchesse de Berry qui semble « la plus affectée ».

Le matin, après la messe, toute une troupe portant des étendards pénètre dans la demeure royale. Les douze plus anciens gardes du corps des quatre compagnies, accompagnés de tous les officiers et conduits par le duc de Luxembourg et le prince de Croy, vont rendre leurs étendards.

« La colonne monte silencieusement les degrés ; on n'entend que le bruit des talons des bottes frappant sur les larges dalles.» Les gardes se rangent dans deux vastes salons jaunes. Le roi entre, tenant par la main le duc de Bordeaux ; Charles X est en frac bleu, sans décoration. Derrière lui, le duc et la duchesse d'Angoulême, Mademoiselle, la duchesse de Berry, Marmont et un groupe d'officiers.

« Il se fit un instant de silence : ce moment fut immense, a écrit l'un des assistants. Je retenais ma respiration... Tout à coup les sanglots éclatèrent parmi les gardes du corps ; les rangs se rompirent et chaque garde se précipita sur les mains des princes pour les arroser de larmes. »

— Allons, mes amis, calmez-vous, faudra-t-il que ce soit moi qui vous console !

Un peu d'ordre renaît. Les gardes reprennent leurs rangs. Chaque porte-étendard s'avance, l'un après l'autre, et remet entre les mains du vieux souverain le drapeau de la compagnie.

Des larmes coulent de tous les yeux ; le roi, d'une voix étouffée par les sanglots, remercie :

— Messieurs, je prends vos étendards, vous avez su les conserver sans taches. J'espère qu'un jour mon petit-fils aura le bonheur de vous les rendre.

Toute la journée, c'est un lent défilé. Sous une pluie diluvienne, une longue file s'allonge devant le « palais royal ». De vieux officiers — certains avaient servi Louis XVI — veulent s'incliner devant le nouveau roi.

Le soir, Charles X écrit une longue lettre au roi d'Angleterre et à l'empereur d'Autriche, leur demandant un asile pour lui et « ses pauvres petits enfants ».

*

*   *

Ce fut enfin le 16 août.

Le matin, le roi voulut recevoir l'officier et les sous-officiers de la gendarmerie qui, chargés, depuis Rambouillet, de l'arrière-garde, étaient restés continuellement avec les bagages. Une scène analogue à celle de la veille se produisit... Le sous-officier qui paraissait le plus touché était le maréchal des logis Cléret, qui avait déjà assisté aux adieux de Napoléon à Fontainebleau !

« MOITIÉ VÉSUVE, MOITIÉ GYMNASE »

L'heure du départ approche. Le roi est toujours en frac bleu « sans plaque ni ruban ». La duchesse de Berry porte une amazone nankin. Le petit duc de Bordeaux, dans un coin de la pièce, signe l'ordre du jour du roi ; il s'applique en sortant sa petite langue. Bientôt la voiture royale — bien abîmée par la route — vient se ranger devant le perron. Le cocher est, lui aussi, en habit bourgeois. Son chapeau paraît « fort délabré ». Durant un quart d'heure, Charles X reste devant sa voiture... Il ne parvient pas à se décider.

Il est dix heures du matin, lorsque le cortège sort de Valognes. Les gardes du corps marchent par quatre, comme à la parade. Certains sont en casques, d'autres portent un bonnet de police, d'autres arborent un chapeau bourgeois...

Sur les bas-côtés de la route, une double haie de villageois, chapeau bas, regarde. Enfin on aperçoit la mer. La pluie a cessé et le temps est superbe. Les voitures s'arrêtent. Que se passe-t-il ? Le marquis de Courbon, major des gardes, accourt à la portière du Roi.

— Sire, un rassemblement assez considérable s'est formé au bord de la côte en avant de la ville, mais il ne manifeste pas d'intention hostile.

— Marchez toujours.

A une heure de l'après-midi, le cortège entre dans Cherbourg. Le silence est écrasant. Les soldats du 64e de ligne présentent les armes : les officiers saluent du sabre. Les deux enfants de France regardent par la portière, mais les autres membres de la famille semblent étrangers au spectacle. En arrivant au port, la duchesse de Berry peut voir un petit obélisque placé là pour commémorer le débarquement du duc de Berry en 1814...

Dès que le cortège pénètre dans le port, la grille se referme. Mais au loin, les ouvriers de l'Arsenal crient contre les cocardes blanches. Calmes, les quatre compagnies vont se ranger en bataille, face à la mer. Les deux vaisseaux sont là, reliés au quai par une passerelle couverte d'étoffe bleue.

Les gardes présentent les armes, les tambours battent. Le roi descend le premier, puis le dauphin, donnant la main au duc de Bordeaux. « Les enfants, a conté un témoin,

221

étaient ce que l'on est à leur âge : étonnés et frappés par un grand spectacle. Leur mère portait sur ses traits altérés l'empreinte d'une sorte de désespoir. Descendue de voiture, et prête à monter sur le pont, elle s'est brusquement retournée, et saisissant la main d'un vieil officier, elle l'a pressée d'une manière convulsive, a fixé sur lui un regard prolongé, dans lequel il n'y avait pas de larmes, mais bien de l'exaspération. Puis, franchissant rapidement le pont de communication, elle est allée se jeter dans sa chambre. La princesse portait, sur la tête, un chapeau d'homme, recouvrant son bonnet de dentelles. Elle avait pour vêtement une amazone verte.» Elle donnait le bras au baron de Charette.

Dumont d'Urville, chargé par Louis-Philippe de conduire les exilés là où ils le voudront, s'avance ; le préfet le présente à Charles X.

— Je désire être conduit à Spithead, dans l'île de Wight, en face de Portsmouth.

Le capitaine s'incline.

Les nerfs de Marie-Caroline flanchent lorsqu'elle voit *Le Rôdeur* chargé d'escorter le navire royal. C'est, en effet, ce *cutter* qui, à Dieppe, était habituellement mis à sa disposition pour ses promenades en mer. En son honneur les matelots étaient habillés de bleu... Combien de fois, par jour de tempête, était-elle revenue au port toute ruisselante... et riant à gorge déployée ! La présence d'un officier du bord nommé Louvel n'était point parvenue à la rendre morose ! Et, aujourd'hui, ce même *Rôdeur* devenait chien de garde et recevait la mission d'ouvrir le feu sur le navire portant la famille royale s'il ne prenait pas la direction d'un port anglais.

Mais le chagrin fut de courte durée. Le *Journal* de Dumont d'Urville nous apprend que Marie-Caroline, « la meilleure âme du monde et la plus folâtre, forcée de vomir, continuait cependant à rire et à se promener... »

*
* *

Au même moment, Amy Brown quittait, elle aussi, sa demeure — un appartement au 25 quai Voltaire. Elle avait garni les fenêtres de matelas afin de les protéger de la fusillade qui faisait rage de l'autre côté du fleuve. Elle partait pour Londres où ses deux filles, ses deux gendres et ses deux petits-fils, Charles et Louis de Faucigny-Lucinge, devaient bientôt venir la rejoindre (1).

---

(1) Archives F.-L. La famille alla demeurer à Kensington. Peu après les Lucinge partaient rejoindre la famille royale à Edimbourg.

X

L'EPOPEE

« C'est Walter Scott le vrai coupable !... »

L e mardi 17 août, en rade de Sainte-Hélène, devant l'île de Wight, le roi Charles X — une fois de plus — fut horrifié en voyant sa belle-fille Marie-Caroline, qui dévorait en effet à belles dents un gros fromage de Chester :

— Fi donc, comment pouvez-vous tenir cela dans vos mains ?

— C'est excellent, répondit la duchesse, la bouche pleine.

Le cauchemar s'éloignait. Le mal de mer avait cessé et les exilés attendaient avec espoir le retour du marquis de Choiseul qui était parti pour Londres porter une lettre au roi d'Angleterre afin de lui demander l'autorisation de résider en Angleterre. En attendant la réponse, Marie-Caroline se considère en vacances et fait des excursions dans l'île, à bord des petites voitures du pays dont les banquettes sont tournées vers le cocher. Elle entraîne avec elle sa sévère belle-sœur et les deux femmes quittent bientôt le navire de Dumont d'Urville qui arbore toujours les trois couleurs détestées pour aller s'installer à l'Hôtel de la Fontaine à Poole. Les membres de la noblesse tory de l'île invitent Marie-Caroline et Marie-Thérèse à goûter ou à déjeuner.

Enfin arrive la réponse du ministre qui propose à la famille royale de France d'aller s'installer au château féodal de Lullworth, appartenant à Sir Thomas Weld et situé non loin de la côte, dans le Dorset, à vingt-deux kilomètres de Dorchester.

Dès l'arrivée, le vieux roi et sa terrible petite belle-fille eurent « des mots » : Marie-Caroline s'était permis, en s'installant, de prendre des dispositions contraires à celles décidées par Charles X.

Ce fut bientôt un défilé de Français venant proposer leurs services à Charles X et à « Louis XIX ». « Il fallait recevoir tout cela et s'en débarrasser », nous dit avec franchise le baron de Damas, gouverneur du duc de Bordeaux. Marie-Caroline, elle, ne tenait pas en place. Elle refusait de s'incliner et ne pensait qu'à « laver la honte de Rambouillet ». Pourquoi ne pas se jeter en Vendée et soulever le pays contre Philippe, l'Usurpateur ? Non sans mal, son royal beau-père la calmait.

Il fallait cependant régler la situation politique. Qui était roi légitime ? Charles X avait bel et bien abdiqué à Rambouillet ; sans doute, arrivant à Lullworth, poussé par le baron de Damas, avait-il éprouvé le besoin d'écrire aux souverains européens afin de leur confirmer son abdication et l'avènement d'Henri V... si Louis-Philippe voulait bien lui laisser la place. Néanmoins, sans le proclamer, Charles X se considérait toujours comme roi de France.

— Sire, au nom de la France, dites-nous qui est roi ? lui avait demandé M. d'Hautpoul.

— Je ne puis le dire, il ne faut parler qu'au nom de la légitimité.

De son côté, Angoulême n'avait pas signé la lettre explicite de Lullworth et considérait au surplus la déclaration de Rambouillet comme un chiffon de papier signé sous la contrainte des événements. De droit, le roi légitime semblait donc devoir être l'époux de la fille de Marie-Antoinette.

— Mais de fait ? demandait-on à Blacas, maître de cérémonies des exilés.

— De fait ? Non !

— Pourquoi ces deux nuances ?

— Parce qu'elles sont essentielles pour écarter de M. le duc de Bordeaux la légion d'ambitieux qui pourraient l'acclamer roi avant qu'il soit d'âge et en force de tenir les rênes de l'Etat.

Il fallait, cependant, un tuteur au duc de Bordeaux. Le tuteur, selon le baron de Damas, pouvait être soit Charles X soit la duchesse de Berry. Mais, dans la déclaration de Lullworth, Charles X s'était bien gardé de désigner, sa belle-fille. Une régente de France qui s'habillait en homme et mangeait du Chester avec ses mains, il n'y fallait point songer !

En attendant qu'une décision soit prise, on voit Marie-Caroline à Bath, à Bristol, à Cheltenham, à Birmingham. Partout, on la reçoit avec sympathie. Elle refuse cependant de danser chez le duc de Devonshire « à cause des malheurs de la famille royale ». Lorsqu'elle revient à Lullworth, c'est pour apprendre que Charles X va s'installer au château d'Holyrood, l'ancienne forteresse des Stuart à Edimbourg. Le vieux roi est, en effet, poursuivi par les créanciers — vieilles dettes qui courent depuis l'Emigration et que l'on n'a point songé à « éponger » au cours de la Restauration.

Holyrood, son parc, sa prairie, et même son village, constituent « un lieu d'asile » où le roi pourra vivre sans être arrêté par ses créanciers. Le dimanche, les recors ne pouvant agir, il sera possible à Charles X de faire sa promenade dans les environs...

En arrivant devant la lugubre demeure, bardée de machicoulis et de créneaux, Marie-Caroline fait la grimace. L'ensemble, « parfaitement triste », noyé dans le brouillard, est à sangloter. Que l'on se trouve loin ici du cher soleil de Naples ! La duchesse, sans en parler au roi, se hâte d'échanger son lugubre appartement qui était, paraît-il, à sangloter contre celui attribué au duc de Luxembourg et qui lui paraît un peu plus gai. L'ancien comte d'Artois a depuis longtemps oublié la galanterie d'Ancien Régime. Il bondit chez sa belle-fille :

— Je veux être maître chez moi, lui crie-t-il.

— Maître chez vous, mon père ? ironise la remuante petite duchesse... Qui plus que moi voudrait vous voir maître chez vous ? C'était à Saint-Cloud, à Versailles, à Rambouillet qu'il fallait l'être ! Vous n'auriez pas perdu votre couronne et mon fils son avenir. Au reste, si telle est la vie que nous devons mener dans cet horrible exil, je déclare que je ne m'y soumettrai pas. Après avoir tout perdu, je veux au moins jouir de la liberté qui me reste.

Marie-Caroline préfère quitter la place et va s'installer dans le faubourg de Canongate, au 11 Régent-Terrace. Elle va voir ses enfants chaque jour, car Louise et Henri demeurent sous la coupe du baron de Damas. « J'avais conservé, nous dit-il, l'habitude de déjeuner à midi, Mademoiselle avait accepté et pour accoutumer aux bonnes manières, j'avais fait un règlement ; obligation d'une conversation générale, point d'aparté avec son voisin ; jamais un mot plus bas qu'un autre ; ne pas interrompre ; pas de médisance ; ne rien raconter qui fût long et quand, par hasard, on revenait sur une histoire déjà dite, ajouter toujours quelque chose de nouveau. Bien entendu, tenue parfaite. Il y avait des amendes de deux sous pour chaque faute : on voulut bien s'y prêter et cela fit beaucoup rire. Il est clair que cela ne dura qu'un certain temps, mais les bonnes habitudes demeurèrent. »

Marie-Caroline attire davantage les dévouements que le roi, quelque peu empêtré dans ses droits par son abdication d'abord donnée puis retirée. Comme le disait Metternich, il est inadmissible que le souverain puisse considérer sa couronne comme un chapeau, l'enlever et la remettre selon son plaisir. Aussi les anciens ministres de Charles X considèrent-ils la veuve du duc de Berry comme la future régente de France. Devant cette attitude de son ancien ministère le vieux souverain se montre ulcéré et la question d'une éventuelle régence est à nouveau une cause de perpétuelles discussions entre le roi, ses entours et la remuante petite duchesse.

Comment régler cette question ?

« Inutile de dire, comme l'a raconté le baron de Damas, que dans le cercle qui environnait cette princesse, la conduite du roi et de son entourage était critiquée hautement : tout se rapportait à Madame et il fallait obtenir pour elle la régence. Pour moi, qui redoutais cette cohue et tous les indiscrets qu'elle renfermait, je voulais une abdication formelle qui réglât les droits et les devoirs de chacun et qui pût être envoyée aux princes de l'Europe. J'aurais voulu être aidé par M. de Blacas qui s'annonçait. La princesse lui avait jadis montré de la confiance, c'est lui qui avait fait son mariage. Mais il ne devait arriver qu'en même temps que la duchesse de Berry, ou même après elle. Le jour où elle serait à Holyrood, il n'y avait plus de secret possible dans les délibérations ; chacun voudrait rédiger à sa manière la déclaration, y ajouter, et en définitive, le roi, qui n'aimait pas tout ce tapage, ne ferait rien. »

Blacas, ministre de la nécropole, ne veut point entendre parler de la duchesse de Berry. On devine tout ce que cet ordonnateur des Pompes Funèbres, à la figure immobile et décolorée, et dont la gravité solennelle peut faire croire à des pensées réfléchies, on devine tout ce qu'il reproche à la trépidante duchesse de Berry.

Charles X a enfin signé cette pièce, qui lui réserve l'éventuelle régence et en écarte Marie-Caroline :

« Nous déclarons, sauf la réserve stipulée dans l'article suivant, que nous renonçons à la couronne, que notre fils bien-aimé, le Dauphin, y renonce également, et qu'ainsi notre petit-fils, le duc de Bordeaux, demeure investi de tous les droits de la royauté. En vertu de la réserve annoncée dans l'article précédent, et révoquant autant que de besoin toutes dispositions différentes antérieurement faites, nous exercerons la régence ou nous pourvoirons à son exercice jusqu'à la majorité de notre petit-fils : laquelle, conformément aux ordonnances des rois, nos prédécesseurs et aux usages du royaume, cessera lorsqu'il aura atteint l'âge de quatorze ans commencés, c'est-à-dire le trentième jour du mois de septembre 1833.

Au cas où, avant l'époque susdite, il plairait à la divine Providence de disposer de nous, notre bien-aimée fille, la duchesse de Berry, serait de droit régente du royaume.

Fait à Edimbourg, le 27ᵉ jour du mois de novembre de l'an 1830, de notre règne le septième.

Approuvé : Charles. »

Ces derniers mots ne furent apposés que le 7 décembre, une heure avant le retour de la duchesse de Berry de Londres. On réussit cependant à tenir secrète la fameuse déclaration, mais son texte était vite devenu la fable de toute la « Courette » et Marie-Caroline se révolta.

Il faut lire ces fragments du journal du comte Alfred de Damas — le frère du baron — pour comprendre les colères de Marie-Caroline :

— 8 décembre. — Nous ne tenons plus rien. Le roi a tout d'un coup changé d'idée, ce pouvoir auquel il n'y avait pas moyen de le faire renoncer, il n'en veut plus depuis hier, il faut tout recommencer parce qu'il adopte une autre rédaction et qu'il ne se réserve que de pourvoir à la régence. Quand le fera-t-il ? Et maintenant quand signera-t-il ? Certes, le parti qu'il prend est plus franc et plus noble, mais y tiendra-t-il ? Son incertitude va entraîner peut-être encore un mois de retard, et son silence fait perdre à son petit-fils une année par mois.

— 10 décembre. — Comme je l'ai prévu, il a repris sa première idée, il vient de signer douze exemplaires de la première rédaction. Que ferons-nous d'un pareil homme ?

— 12 décembre. — Il y a eu des indiscrétions de faites, la Déclaration est l'objet de la rumeur publique, Mesnard et Brissac, qui veulent se mêler d'affaires, ont poussé Madame, qui se révolte et se plaint que sa femme de chambre lui a appris la Déclaration et ses dispositions, et qu'elle seule l'ignore.

— 13 décembre. — Nous sommes remis à demain. Nouvelle indécision. Intrigues de toute espèce. Nous recevons les journaux anglais ; infâme article du *Times,* discours incendiaire du Chancelier de l'Echiquier, Lord Althorp.

Lettre du duc de Blacas, qui arrive. Capelle, qui était pour la première édition, penche pour la seconde.

Enfin, le 14, tout est réglé à la faveur de la duchesse de Berry, qui a mis plus de deux mois à obtenir de se voir conférer la régence, même avant la mort de Charles X, mais seulement dans le cas où elle débarquerait en France... Malheureusement pour « Mme la Régente », Blacas se voyait confier secrètement le rôle de premier ministre.

*

* *

En France, apprenant que « leur » duchesse pensait à « débarquer », les légitimistes reprirent un peu confiance.

« Je suis comme une lionne, déclarait la baronne de Montmorency, au lendemain de la Révolution de 1830... Il m'est impossible de *les* voir aux Tuileries ou à Saint-Cloud établis dans ces chambres qu'habitaient les membres de la famille de Charles X. »

« *Les* », c'était Louis-Philippe et les siens.

Il faut lire, dans les amusants *Souvenirs* du prince de Faucigny-Lucinge, ce que fut la colère du mari de la comtesse d'Issoudun en apprenant que son fils aîné avait osé accepter une invitation à un bal donné à l'ambassade de Belgique. Léopold Ier n'avait-il pas épousé une fille de Louis-Philippe ?

Quand la duchesse de Berry mettrait-elle ses projets à exécution et chasserait-elle « Philippe » ? Ce fut seulement le 17 juin 1831 que la mère d'Henri V quitta définitivement l'Angleterre pour Rotterdam. Elle voyageait sous le nom échappé d'une opérette de *comtesse de Sagana*, et était accompagné d'un petit groupe de fidèles, dont, hélas, faisait partie le « premier ministre » Blacas. Marie-Caroline traversa l'Allemagne, le Tyrol, et arriva à Gênes. Le roi de Sardaigne, Charles-Albert, fronça les sourcils en voyant ces touristes qui s'inscrivaient sous des noms manifestement inventés et qui, en dépit de leur pseudo-nationalité anglaise, espagnole ou allemande, ne parlaient que le français...

Marie-Caroline ne trouva asile que chez le pittoresque duc de Modène, François IV qui — le seul en Europe — avait refusé de reconnaître Louis-Philippe. De l'auberge de Massa di Carrara, le 30 juillet, elle écrivait à son amie la comtesse de Meffray — 30, rue de Miromesnil : « Vous allez être étonnée, ma chère Suzette, de me savoir dans notre belle Italie, je *vas* prendre les bains de Luques pour mes *reumatismes*. Vous concevez comme moi le plaisir que j'ai éprouvé en revoyant la patrie *sponde* et entendant la douce langue maternelle après seize ans de vicissitudes. Malgré que les méchants *veuillet* bien donner une autre destination à mon voyage, je suis ici à parcourir la belle Italie, à respirer un air chaud et prendre des bains dont j'avais grand besoin après avoir respiré tant d'air *umide* et froid... »

Et elle signe *Madame Giuseppa Sannaccone*. Encore un nouveau nom ! Dieu, que c'est amusant, de conspirer ! Mme la Régente se rend à Naples, mais le roi son frère la reçoit sans enthousiasme. Elle passe par Rome, écoute d'aimables paroles prononcées par le pape, puis revient à Massa où la conspiration prend d'autant plus corps que Blacas, après une scène, a abandonné son rôle, et est reparti pour la nécropole écossaise. Marie-Caroline reçoit des centaines de lettres l'appelant en France. L'avocat Berryer lui adresse ces lignes : « Hâtez-vous d'accourir ou nous ferons le soulèvement sans vous !... » Chateaubriand, de son côté, écrit plus noblement : « Quelle influence n'avez-vous pas sur l'opinion quand on vous voit garder seule à l'orphelin exilé la pesante couronne que Charles X secoua de sa tête blanchie, et au poids de laquelle se sont dérobés deux autres fronts assez chargés de douleurs pour qu'il leur fût permis de rejeter ce nouveau fardeau... ? Le peuple ne nourrit contre vous aucun préjugé ; il plaint vos peines : il admire votre courage ; il garde la mémoire des jours de deuil ; il vous sait gré de vous être mêlée plus tard à ses plaisirs, d'avoir partagé ses joies et ses fêtes ; il trouve un charme à la vivacité de cette française-étrangère venue d'un pays cher à notre gloire par les journées de Fornoue, de Marignan, d'Arcole et de Marengo. Les muses regrettent leur protectrice née sous ce beau ciel d'Italie qui lui inspira l'amour des arts et qui fit d'une fille de Henri IV une fille de François Ier. La France, depuis la Révolution, a souvent changé de conducteur et n'a point encore vu une femme au timon de l'Etat. Dieu veut peut-être que les rênes de ce peuple indomptable soient renouées par une jeune princesse ; elle saurait les rendre à la fois moins fragiles et plus légères... »

Comment résister ? La décision de Marie-Caroline est prise : elle va tenter un nouveau retour de l'île d'Elbe. Elle demeure maintenant au palais ducal de Massa. A ses côtés se trouvent la marquise de Podenas, le comte de Mesnard, les de Saint-Priest, auxquels se joignent le comte de Rosambo, le baron Athanase de Charette, le comte de la Roche-Fontenilles, le comte de Brissac, le maréchal de Bourmont et son fils Charles, le comte et la comtesse de Bouillé.

Tous se voyaient le mois prochain aux Tuileries. « C'était à qui adresserait à Madame de vives et pressantes exhortations racontera le fidèle comte de Mesnard. A les entendre on ne peut trop tôt hâter le jour d'une expédition dont le succès est infaillible... Les royalistes ne veulent pas qu'elle aille à Naples où elle pourrait s'oublier dans les joies de la famille, ni même qu'elle s'arrête à Rome où sa nature artiste se laissera trop longtemps séduire par les productions artistiques. La Vendée, le Midi, l'accusent de lenteur et s'indignent de ce qu'ils appellent ses hésitations. Chaque lettre de France contient des reproches qui vont presque jusqu'à l'inconvenance tant ils sont vifs et peu mesurés. On lui dit : chaque jour que vous dérobez à la patrie est un vol que vous faites à l'héritage de votre fils. De tous les points, de toutes les villes, des cris d'appels s'élèvent et arrivent jusqu'à nous. C'est à qui cherchera à se rallier à notre cause. Joignez à cela chez Madame une pensée qui exalte son courage jusqu'à l'héroïsme, la pensée qu'elle peut détourner de la France une guerre européenne. »

Enfin, les plans sont prêts. C'est par la Provence que l'on commencera. On débarquera près de Marseille et assurément à la voix de la mère d'Henri V, tout le Midi s'embrassera ! Le 20 *aprile,* elle écrit à Mme de Meffray : « Oui, qu'il nous faut une belle dose de patience, mais prions le Seigneur ; priez, ma chère Suzette, et faites prier pour moi les bonnes âmes de Naples, j'en ai grand besoin.» Le surlendemain le navire sarde *Carlo Alberto* annonce qu'il va pouvoir lever l'ancre le 24 avril au soir. Quatorze personnes s'apprêtent à accompagner la régente qui a choisi cette fois le nom de *Rosa Itagliano*. Autour d'elle, Mesnard, Brissac, les Kergolay, Saint-Priest qui a loué le bateau sous le nom de duc d'Almazan, le maréchal de Bourmont devenu *Bustar de Almendra*. La marquise de Podenas a choisi avec simplicité le pseudonyme de *Mlle Lebeschu*. Le trésor de guerre est composé de 150 000 francs prêtés par les sœurs napolitaines.

Le 24, le bateau n'est pas prêt, et Marie-Caroline, riant de l'aventure, s'endort sur la plage de Massa.

A six heures du matin, une barque de pêcheurs accoste. Le *Carlo Alberto* est prêt à appareiller. Aussitôt Mme la Régente embarque. On lève l'ancre, mais le 27, il faut faire escale à Nice : le bateau n'a plus de combustible. On ne trouve point de charbon, mais du bois ! Qu'importe ! Le soir, on repart. Personne à Nice, même pas le consul de France, le baron Masclet, n'a deviné la présence de la duchesse.

Le 30, le petit navire jette l'ancre devant le Planier, à douze milles de Marseille, où les partisans d'Henri V doivent prendre le pouvoir cette même nuit. Une proclamation a été écrite avant le départ : « Soldats, une funeste révolution a violemment séparé la France de la famille de ses rois ; cette révolution s'est faite sans vous ; elle s'est faite contre vous... Vos cœurs n'ont pas adhéré à l'usurpation. Soldats !... La petite-fille de Henri IV vient vous demander votre appui ; elle le demande au nom des malheurs de la France, au nom des familles désolées ; c'est à votre amour, à celui de tous les bons Français, des Français seuls, que Henri V veut devoir sa couronne. Française et mère, je vous confie l'avenir de la France et les droits de mon fils... Ralliez-vous au drapeau blanc, c'est celui de ses pères, c'est le vôtre, c'est le signe glorieux qui a conquis et su conserver nos plus belles provinces, qui est honoré dans toutes les parties du monde et respecté sur toutes les mers. Vous l'avez planté naguère

234

aux colonnes d'Hercule, sur les ruines d'Athènes, sur les remparts d'Alger... La France et l'Europe s'apprêtent à le saluer de nouveau comme un gage de sécurité, comme l'étendard de l'honneur et du courage. Je me place avec confiance au milieu de vous... Vive le roi ! Vive Henri V ! Pour le Roi, la Régente du royaume. Marie-Caroline.»

Assurément, la garnison de Marseille va venir acclamer la régente !

Marie-Caroline, déguisée en mousse, débarque à Sainte-Croix, près du Sausset. Elle va se cacher dans une cabane de pêcheurs et attend dans une chaumière le résultat de la «révolution marseillaise». Les heures s'écoulent, mornes... Enfin, au milieu de l'après-midi apparaît le duc des Cars, «gouverneur général du Midi pour le roi Henri V». Le duc vient apporter de pitoyables nouvelles : le drapeau blanc — le dernier drapeau blanc hissé en France — était monté comme prévu au clocher de Saint-Laurent, mais les deux mille insurgés n'étaient pas soixante ! Ils avaient bien parcouru la Canebière en braillant, cependant personne n'avait bougé et quelques soldats du 13e de ligne avaient dispersé cette galéjade...

Que faire ?

— S'enfuir ? s'exclame Marie-Caroline. Jamais !

Elle prend aussitôt une décision :

— Messieurs, en Vendée !

En cas d'échec, affirme-t-elle, une voiture l'attend à Lambesc. Elle part à pied, suivie de l'inévitable Mesnard. La nuit tombe. Marie-Caroline se couche à même la terre nue près du feu de bruyères. Enfin, après un bref repos et une halte au château de Bonrecueil, la régente atteint le lieu du rendez-vous. Une voiture est là, en effet. Une voix crie :

— Laurent !

C'est le nouveau nom porté par Marie-Caroline.

L'ancien préfet M. de Villeneuve s'avance ainsi que le dévoué M. de Beausset et le marquis de Lorges, déguisé en valet de pied. «Laurent» — nouveau nom choisi par la régence — les regarde en souriant :

— Messieurs, en Vendée !

*

*   *

Depuis, la régente avait disparu... Mais on ne parlait que d'elle dans tous les châteaux de France ! Les moins anxieux n'étaient certes pas les membres de la famille Dampierre, familiers des Tuileries, retirés dans leur majestueuse demeure de Plassac, à dix-huit kilomètres de Saintes. Le marquis — « on l'aimait pour ainsi dire à la première vue et quand on l'avait aimé une fois, on l'aimait toute sa vie », disait de lui le duc de Clermont-Tonnerre — le marquis Aymar de Dampierre vivait dans l'espoir que la duchesse de Berry se jetterait un jour en Vendée et de pouvoir l'y rejoindre...

Le soir du 7 mai 1832 — il était près de dix heures et quart — la fraîcheur obligea toute la famille à quitter la terrasse et à regagner le salon. Outre leurs deux enfants, le marquis et la marquise recevaient deux vieilles demoiselles effacées, mélancoliques et romantiques : la chanoinesse de Luc et sa sœur. Ces dames allaient commencer quelque tapisserie lorsque les aboiements d'un dogue qui gardait la cour d'honneur se firent entendre... Quelques instants plus tard un domestique vint annoncer qu'une voiture se trouvait à la grille et que les occupants « demandaient monsieur le marquis ».

Aymar de Dampierre, une lanterne sourde à la main, se hâta, par les douves, de se porter à la rencontre des arrivants. Il reconnut bientôt M. de Villeneuve qui faisait les cent pas devant la voiture.

— Mon ami, je vous amène Madame, lui dit-il à voix basse.

M. de Villeneuve dans ses *Mémoires* prétend qu'il déclara avec lyrisme :

— Cher châtelain, ouvrez, c'est la fortune de la France !

Etant donné la présence des postillons, la première version semble plus conforme à la vérité.

Il fut immédiatement convenu que, vis-à-vis du personnel, seul Villeneuve garderait sa véritable identité, le comte

236

de Mesnard deviendrait le père de Madame, Marie-Caroline porterait le nom de comtesse de La Myre et le marquis de Lorges, troisième compagnon de la duchesse, à qui jusqu'à présent était dévolu le rôle du cocher, passerait pour son époux.

— Mon Dieu, s'exclama la régente lorsqu'on vint lui faire part de ces décisions, comme je change souvent de mari !

Elle était ravie ! Depuis trois jours elle avait été tantôt Mme de Villeneuve, tantôt la nièce de Mesnard « négociant suisse ». En outre, ce soir, aux portes de Vendée, son cœur brûlait d'espérance !...

M. de Villeneuve avait eu beau lui répéter que les temps héroïques n'étaient plus, que la Vendée ne bougerait pas ; M. de Mesnard, plus triste que Don Quichotte, lui affirmer que l'affaire se terminerait au plus mal, Marie-Caroline avait haussé les épaules, sûre d'elle :

— Non !... On m'attend en Vendée. Les Bourbons ont laissé trop souvent ces braves gens combattre seuls sans partager leurs souffrances. Je me dois d'aller me mettre à leur tête... Et puis, ne vous inquiétez pas, je suis commode en voyage, avait-elle ajouté en riant... et ce rire était si désarmant !

M. de Mesnard avait donc accepté de se muer en garde-fou de « l'héroïne » et Villeneuve de vivre ce roman à la Walter Scott. Madame se croyait, en effet, revenue à l'époque des exploits jacobites des Diana Vernon, des Flora Mac-Ivor ou des Alice Lee. Et puis, de sa retraite italienne de Massa, elle voyait l'île d'Elbe !... enfin, le souvenir de son voyage triomphal de 1828 restait gravé dans son cœur.

On devine ce que fut l'entrée de la trépidante duchesse dans le salon légitimiste des Dampierre. La marquise « versait des larmes d'attendrissement, en baisant les mains de Madame » ; les bonnes tantes demandèrent la même faveur et le jeune Elie était « rayonnant de bonheur ».

Marie-Caroline décida de faire de Plassac son quartier général. Mais avant tout, il fallait procurer à Madame des vêtements : Marie-Caroline ne possédait qu'un grand manteau bleu rayé noir qui dissimulait mal un costume d'homme. Le lendemain, le cœur battant, la chanoinesse partit pour Bordeaux et revint avec un trousseau complet.

La demeure était austère : Marie-Caroline eut vite fait de l'animer, elle s'amusait à tirer les cheveux de la jeune fille de la maison, fraîche émoulue du Sacré-Cœur, ou bien à la scandaliser à l'église — car elle osait aller à l'église du village — en s'écriant au moment du *Domine salvum fac regem :*

— Mon Dieu, faites-*le* pendre !

Dix jours plus tard, la duchesse de Berry, suivie de Mesnard, de Lorges et des Dampierre, pénétrait en Vendée.

A Montaigu, M. de Charette, mari de la comtesse de Vierzon, vient à sa rencontre et la conduit par des chemins de traverse jusqu'au château de La Preuille (1). Dans la crainte d'être arrêtés en cours de route, les voyageurs changent encore d'état civil, ils se transforment en une famille britannique en excursion et Marie-Caroline s'amuse à baragouiner un anglais mêlé d'italien. A La Preuille — où l'on arrive le 17 au matin — nouveau changement à vue : la régente choisit une veste noire ornée de boutons de métal ouvrant sur un gilet jaune, un pantalon de coutil bleu et une blouse de paysan, enfin, au-dessus d'une perruque châtain, elle coiffe un bonnet de laine et se noircit les sourcils au cirage.

Elle est aux anges !

« Tant pis pour ceux qui se moqueront ! Ce petit bonhomme, ce Petit-Pierre, pareil à un garçon de Vendée, est un être héroïque, celui dont la mémoire veut seule se souvenir. Qu'importe si le foyer n'a plus de flammes, que seules quelques étincelles en jailliront sans allumer d'incendie ! Le Petit-Pierre n'en est pas moins un grand bonhomme et s'il tombe, entraînant le vieux corps fatigué de la monarchie, c'est que le destin ne pouvait plus rien (2). »

Caroline poursuit son rêve dans les chemins creux vendéens. Elle ne parvient pas à comprendre qu'en 1793 les

(1) Demeure située sur la route de Nantes à une lieue et demie de Montaigu.

(2) Gilbert Dupé : *Chevauchée romantique.* (La Table ronde éd.)

paysans soient allés chercher leurs chefs, et qu'aujourd'hui il faille aller chercher les paysans.

Feuilletons — tel un recueil d'Epinal — quelques images de l'épopée manquée où il est bien difficile de savoir où finit l'histoire et où commence la légende : c'est la chaumière cernée par les bleus d'où Marie-Caroline, tout en vidant une bolée de cidre, s'échappe à la barbe des soldats ; c'est la noyade dans la Maine... c'est Charette et le vieux Mesnard qui la déshabillent respectueusement et roulent sa blonde nudité dans une couverture :

— Aujourd'hui je vois l'eau ; demain, ce sera le feu !

Ce sont les nuits passées dans les étables sur une botte de paille ; c'est le réveil par le bœuf qui «lui fait *plouf*» à la figure, et lèche le visage du triste Mesnard ; c'est le saladier à fleurs des jours de noces, que la fermière lui offre à défaut de pot de chambre ; c'est la duchesse qui, sous son déguisement masculin, s'amuse à lutiner des servantes ; c'est la jeune Rosette qui voyant côte à côte les deux lits de Petit-Pierre et d'Eulalie de Kersabiec, s'exclame :

— Ah, çà, Mam'zelle, je ne suis certainement pas aussi jolie fille que vous, mais je ne voudrais pas, pour tout l'or du monde, coucher aussi près de ce failli de Petit-Pierre !

Ce sont surtout les longues chevauchées en croupe derrière quelque chouan, les caches où l'on reste des jours entiers immobile, tandis que les soldats de « Philippe » encerclent le hameau... Et toujours cet héroïsme bon enfant, ce panache, ce courage, cette foi résistant à tous ceux qui lui conseillent d'abandonner cette folie.

Le 18 mai, elle reçoit deux émissaires envoyés par les chefs royalistes qui la supplient de contremander l'insurrection fixée au 24 mai. Aussitôt, elle se jette sur son écritoire et trace ces lignes : « J'ai lieu de m'affliger des dispositions contenues dans la note que vous m'avez envoyée. Vous vous rappellerez, monsieur, le contenu de vos dépêches ; ce sont elles, ainsi qu'un devoir que je considère comme sacré qui m'ont décidée à me confier à la loyauté reconnue de ces provinces. Si j'ai donné l'ordre de prendre les armes le 24 de ce mois, c'est sûre de votre participation, c'est d'après des notions positives du Midi et de plusieurs points de France. Je regarderais ma cause comme à jamais perdue, si j'étais obligée de fuir ce pays, et j'y serais naturellement amenée, si une prise d'armes n'avait lieu immédiatement. Je n'aurais donc d'autre ressource que d'aller gémir loin de la France, pour avoir trop compté sur les promesses de ceux pour lesquels j'ai tout bravé pour remplir les miennes. Je l'avoue, privée des lumières du maréchal, il m'en a coûté de prendre une telle résolution sans lui, mais j'ai l'assurance qu'il sera à son poste, s'il n'y est déjà. J'aurais désiré suppléer à ses conseils par les vôtres, mais le temps me manquait et j'ai fait appel à votre dévouement et à votre zèle. L'ordre envoyé dans toute la France de prendre les armes le 24 de ce mois demeure donc exécutoire dans tout l'Ouest.

« Il me reste, maintenant, à appeler votre attention sur l'armée ; c'est elle qui assurera nos succès ; c'est donc un devoir d'employer vis-à-vis d'elle tous les moyens de suggestion possible. Vous aurez soin de répandre deux jours à l'avance mes proclamations et mes ordonnances ; vous ne vous porterez à des voies de fait contre elle qu'après avoir employé tous les moyens de conciliation. Telles sont mes volontés positives.

« Marie-Caroline, Régente de France »
« Vendée, 18 mai 1832. »

Le 21 mai, Marie-Caroline arrive chez les Saint-André, au château des Mesliers. Une trappe qui s'ouvre sous son lit lui permet de gagner une pièce où elle réunit dès son arrivée les chefs de l'insurrection. Il y a là MM. de Goyon, de Goulaine et de Tinguy. La duchesse, ayant à ses côtés Kersabiec, Saint-André et Mesnard, prend la parole :

— Eh bien, messieurs, me voilà ; tout est prêt. Nous prendrons les armes du 23 au 24 mai.

Il y a un silence que M. de Goyon ose rompre.

— Hélas, Madame, ce pays ne vous attendait pas. Je crains que nous ne puissions rien entreprendre.

— N'avez-vous pas quinze mille hommes avec vous ? demande Marie-Caroline à M. de Goulaine.

— Non, Madame, quelques hommes à peine, et j'ai la

cruelle certitude que tout ce que l'on nous engagera à faire ne pourra être que préjudiciable à la cause de votre fils.

Goyon surenchérit :

— Nous ne pouvons dire à nos paysans que tout est pour le mieux lorsque nous voyons que tout est perdu.

— Mais à Massa, s'exclame Marie-Caroline, j'ai reçu plus de cinq cents lettres. On me suppliait de venir, et maintenant on me rejette. Merci de vos avis, messieurs. A présent, il est trop tard. Les généraux de la rive droite et de la rive gauche sont prêts à faire leur devoir.

— Croyez-vous, Madame ? reprend Goulaine. Plusieurs d'entre eux, m'a-t-on dit, on pris l'engagement de ne pas agir.

Mesnard, « à qui la fidélité, comme le dit Emile Gabory, tient lieu de logique », intervient :

— Dans le pays, le paysan n'a pas grand-chose à perdre.

— Tout est relatif, répond M. de Goyon, celui qui n'a que vingt sols craint autant de les perdre que celui qui possède vingt mille livres de rente.

— Eh bien, si la Vendée me rejette, crie presque Marie-Caroline, j'irai en Bretagne où Cadoudal m'attend avec cinquante mille hommes.

— Nous ne vous rejetons pas. Nous sommes tous prêts à mourir, s'il le faut, pour votre cause et pour celle d'Henri V. Mais vous avez été trompée sur la Bretagne comme sur la Vendée.

— Rappelez-vous, messieurs, la guerre de 93 !

— Madame, en 93, les paysans furent chercher leurs chefs, mais aujourd'hui, comme en 1815, ce sont les chefs qui vont chercher les paysans. La différence est immense.

— Il est trop tard, je le répète, l'ordre est donné.

Rentrés à Lagrange, chez le marquis de Goulaine où ils retrouvent les autres chefs royalistes, les officiers rédigent une proclamation destinée à fléchir la duchesse :

Lagrange, le 22 mai.

« Les officiers du 3e corps se sont crus obligés de déclarer franchement à Son Altesse Royale que les causes qui pouvaient donner chance aux événements de la Vendée n'existaient pas ; ils ne peuvent pas se flatter d'opérer un soulèvement utile. La mauvaise disposition des esprits depuis la tentative échouée dans le Midi ne nous permet pas d'espérer le succès.

« Quelques personnes étrangères au pays manifestent seules une opinion contraire à la nôtre ; elles sont tombées dans l'erreur en assurant à Son Altesse Royale que sa présence dans l'Ouest pourrait y faire naître un soulèvement général et spontané ; elles veulent expier par un beau dévouement personnel la faute d'avoir appelé une courageuse princesse qui doit voir aujourd'hui combien ses conseillers se sont trompés.

« Quand il n'y a encore de fait qu'une faute réparable, pouvons-nous hésiter, nous, habitants du pays, à conseiller franchement d'ajourner, jusqu'à de nouvelles chances, une tentative qui n'offre aujourd'hui que des malheurs pour la cause et pour une princesse que nous ne pouvons défendre qu'avec nos faibles moyens personnels. Nous nous faisons un devoir d'adresser à Son Altesse Royale une déclaration pénible pour nos cœurs. »

La duchesse ne s'incline pas. Cependant, un émissaire du comité légitimiste de Paris, l'illustre avocat Berryer, est en route pour la Vendée. Nantes dépassé, Berryer, guidé par un paysan, pénètre en plein mystère. Le cri de la chouette, poussé par les soldats d'Henri V, annonce que la voie est libre. Le silence indique que des patrouilles de « philippards » se trouvent dans les parages. Enfin, au début de la nuit, dans une pauvre ferme isolée, l'avocat parvient jusqu'à la régente, enveloppée dans un châle écossais et coiffée d'un bonnet de paysanne.

La conversation commence par la lecture d'une lettre que Marie-Caroline écoute, la gorge serrée par l'émotion :

« On se trompe sur la Vendée comme on s'est trompé sur le Midi. Cette terre de dévouement et de sacrifice est désolée par une nombreuse armée, aidée de la population des villes, presque toute antilégitimiste. Une levée de paysans n'aboutirait désormais qu'à faire saccager les campagnes et à consolider le gouvernement actuel par un triomphe facile.

« On pense que si la mère de Henri V était en France,

elle devrait se hâter d'en sortir, après avoir ordonné à tous les chefs de rester tranquilles. Ainsi, au lieu d'être venue organiser la guerre civile, elle serait venue demander la paix, elle aurait eu la double gloire d'accomplir une action de grand courage et d'arrêter l'effusion du sang des Français... »

— Mais, Monsieur, cette lettre n'est pas signée.

— Elle a été écrite par M. de Chateaubriand, précise Berryer.

— Lui aussi !

— Ecoutez la voix de la raison, Madame, supplie l'avocat. Voici un passeport au nom de mon fils qui vous permettra de passer en Angleterre.

— C'en est trop, Monsieur. Quand je songe que vous avez été l'un des premiers à presser ma venue ! Maintenant, le sort en est jeté. Il n'est plus temps de reculer. Que penserait-on de moi ?

— Et si Madame est prise, enfermée ?

— Enfermée ? Nous verrons bien. Je vous le répète, Monsieur, ainsi que je l'ai répété hier à ceux que j'ai reçus ici, il est trop tard ; toutes les dispositions sont prises.

Berryer sort alors de sa poche une lettre que le maréchal de Bourmont, qui doit prendre le commandement de l'insurrection, lui a donnée la veille à Nantes. Elle est adressée aux chefs du mouvement :

« Retardez de quelques jours l'exécution des ordres que vous avez reçus pour le 24 de ce mois, et que rien d'ostensible ne soit fait avant de nouveaux avis. Mais continuez à vous préparer. »

La duchesse blêmit.

— Ah ! c'est la fin ! s'exclame-t-elle.

Ce n'est qu'à trois heures du matin qu'elle accepte d'abandonner. Mais le 23 mai, elle apprend par une lettre anonyme venue de Toulon et écrite à l'encre sympathique que le « Midi est en feu ». La nouvelle est fausse, mais Marie-Caroline l'ignore et elle envoie un contre-ordre à tous les chefs de l'insurrection : le soulèvement aura lieu dans la nuit du 3 au 4 juin.

En attendant, c'est la guérilla.

Presque tous les jours, des gendarmes ou des soldats philippards qui patrouillent se font harponner par les soldats d'Henri V. Mais les opérations menées par les Bleus ont plus d'envergure. Le 29 mai, non loin de Vitré, plusieurs compagnies du 46e et du 16e léger poursuivent cinq cents partisans de la régente. Il y aura cinquante morts parmi les Chouans. En faisant une perquisition à la Chapelle-sur-Erdre dans la nuit du 29 au 30, le général Dermoncourt découvre dans le jardin du château de M. de L'Aubépin des bouteilles remplies de papiers. On y trouve une lettre de la duchesse annonçant le soulèvement général pour le 3 juin.

Le gouverneur connaît maintenant la date de l'insurrection et proclame l'état de siège dans les trois départements vendéens.

Le soir du 30 mai, à l'heure où Dermoncourt revient vers Nantes, tout heureux de sa trouvaille, Marie-Caroline, en croupe derrière le marchand François Simailleau, se dirige vers le lac de Grand-Lieu où sera son P.C. Avant de quitter le château de Saint-André, elle a nommé des ministres, promis des pensions, annoncé la suppression de l'impôt sur le sel et rétabli les franchises des communes. La régente se couche le 1er juin à La Mouchetière, mais on la réveille à une heure du matin.

— Les Philippards arrivent !

Elle se reposera le lendemain au Moulin-Etienne. Cependant elle passera la nuit suivante — veille de l'insurrection — à la belle étoile.

Les contemporains, qui vivent loin de ce petit bout de femme, ne comprennent pas ! Les plus stupéfaits sont assurément Charles X et les siens. Le 2 juin, Madame Royale adresse à la princesse de Lucinge cette lettre inédite : « J'avoue que mes inquiétudes sont loin d'être dissipées entièrement, je connais trop le courage de ma sœur qui ne craint pas de s'exposer quand elle croit remplir son devoir, mais je crains qu'elle ne se soit peut-être trompée et que le temps ne soit pas encore arrivé d'exécuter ses projets. Les entreprises qui ne réussissent pas font plus de tort que de bien aux affaires et exposent bien des gens fidèles. Puissé-je me tromper (1) !»

De même que la duchesse d'Angoulême, les fidèles savent que «l'entreprise» va échouer, mais Marie-Caroline leur a souri... de cet étonnant sourire qui conquiert et désarme.

*

* *

La «guerre» commence par le combat de la Pénissière. Trente-huit légitimistes résistent durant neuf heures à l'assaut de deux compagnies d'élite et d'une compagnie du 19e de ligne. Neuf cents contre trente-huit ! Les assiégés n'ont qu'une douzaine de pétoires et quarante coups à tirer.

— Rendez-vous, brigands ! crient les «rouges».

— Vive Henri V ! répondent les «brigands».

Finalement les Philippards mettent le feu au château. «La fumée nous aveuglait de minute en minute, a raconté un survivant ; nous étions menacés d'être brûlés vifs... Aucune nourriture depuis 24 heures, pas d'eau pour étancher la soif ardente qui nous dévorait... huit heures de combat... il était temps de faire brèche : l'escalier brûlait déjà.» Précédés de clairons sonnant la charge, ils parviennent à passer à travers une grêle de balles. Les rescapés se comptent : ils ne sont plus que 30. Des quatre frères de Girardin un est tué, trois sont blessés.

Mais c'est au Chêne-en-Vieillevigne, un village mélancolique entouré de marais, que tout va se jouer... Charette dispose ses huit cents hommes vers la lande de Bouaine. Soudain, au pas de course, les Philippards débouchent du village. A leur rencontre marche «la garde royale d'Henri V» armée d'espingoles. Le feu s'engage. Comme en 1793, les Vendéens poussent des cris en traversant le ruisseau qui les sépare de l'ennemi. Les troupes gouvernementales reculent. Le vieux La Robrie, dont la fille a été la veille sauvagement massacrée par les «rouges», les harcèle «sabrant à gauche et à droite». La poursuite ne s'arrêtera

(1) (Archives F.-L.)

qu'aux portes de Montaigu. Ce sera, hélas, le seul succès de cette campagne d'un jour... Une heure plus tard, tandis que Charette est en train de passer la revue de ses hommes, un bataillon du 44e de ligne s'avance vers le Chêne. Sans attendre les ordres, les Vendéens foncent avec impétuosité... Les « pantalons rouges » commencent à plier, lorsque derrière les assaillants on entend des coups de fusil. Pris entre deux feux, les Vendéens hésitent... « L'épouvante se mit dans leurs rangs », a écrit Charette. La voix du chef est méconnue et c'est bientôt la débandade. Le soir, lorsque les troupes de Madame se reforment, il ne reste même plus deux cents hommes.

De loin, Marie-Caroline a suivi la fusillade du Chêne. Mesnard a eu toutes les peines du monde à l'empêcher de se joindre aux combattants. Le lendemain, cernée de tous les côtés, elle reste six heures cachée dans un fossé boueux. Petit-Pierre a compris maintenant, il abandonne et n'a qu'un regret :

— Si j'avais été tuée, j'aurais pu avoir l'assurance d'être vengée... et je vous assure que je ne recule pas au danger. Je vais m'éclipser, dit-elle à Charette, je ne veux pas vous inquiéter.

Mais elle ajoute — toujours Walter Scott ! :

— Robert Bruce ne monta sur le trône d'Ecosse qu'après avoir été vaincu sept fois, j'aurai autant de constance que lui.

Puis, seule avec Eulalie de Kersabiec — Petit-Paul — elle s'enfonce dans la lande...

L'insurrection vendéenne est morte.

*
* *

Le 5 juin était arrivé à Nantes le commissaire de police Joly, celui-là même qui avait veillé sur Marie-Caroline lors de son arrivée à Marseille et qui, de service à l'Opéra, avait interrogé Louvel le soir du 13 février 1820. Il était muni de pouvoirs illimités pour arrêter la duchesse de Berry. Il avait aussitôt organisé, selon son expression, « une exploration permanente de tous les individus indistinctement, étrangers ou personnages du pays, entrant, séjournant et sortant de Nantes ».

Personne, on le voit, n'était oublié !

Le 9 juin, c'est jour de marché. Les agents ont fort à faire : par toutes les routes, maraîchers et fermiers pénètrent dans la ville sillonnée de patrouilles.

Tout en croquant une pomme, une paysanne du pays de Retz — coiffe de dentelle, cotillon court, corsage étroit — le panier d'œufs au bras, pieds nus, les sabots à la main, lit lentement une affiche officielle. Il s'agit de l'arrêté ministériel annonçant « la mise en état de siège des quatre départements voisins ». Le signalement peu flatteur de la duchesse de Berry termine l'arrêté : « yeux bleus clairs un peu éraillés et louches... »

A quelques pas une autre paysanne s'impatiente...

— Ce papier-là m'intéresse assez, répond la fermière de Retz, pour que je veuille en prendre connaissance.

Et pour cause !

La paysanne qui avait pénétré dans Nantes en cet équipage venait à pied de Grand-Lieu et avait nom Marie-Caroline, duchesse de Berry, régente de France, sœur du roi de Naples et de la reine d'Espagne, nièce de Marie-Amélie, reine des Français, et de François II, empereur d'Autriche, autrement dit, la femme aux *yeux éraillés et louches* de l'affiche ministérielle... Elle venait de la Haute-Ménantie sur les bords du lac de Grand-Lieu. Ayant remarqué ses jambes trop propres, elle était descendue dans un fossé et y avait pataugé avec entrain...

— Je vous en supplie, Madame, implore Petit-Paul, suivez-moi !

Tout en baguenaudant, la duchesse rejoint sa compagne et toutes deux se dirigent vers le quai du Bouffay...

C'est ainsi, à la barbe de Joly, de ses sbires et de toute la garnison sous les armes, que Madame a fait sa joyeuse entrée dans Nantes !

Joly multiplie ses « explorations » qui « ont fourni des notions utiles, quoique, reconnaît-il, fort éloignées de l'objet spécial recherché ».

Pendant ce temps « l'objet spécial », caché dans une mansarde, tout en haut de la maison où demeurent les demoiselles de Guiny, correspondait à l'aide de vingt-quatre chiffres différents, avec l'Europe. Les rois de Hollande, de Portugal, de Sardaigne et même le tsar, acceptaient d'aider la régente, mais il fallait tout d'abord que les légitimistes obtiennent des résultats plus tangibles que la galéjade marseillaise et la débandade vendéenne !

— Si Madame obtient le moindre succès, déclarait le comte de Nesselrode, ministre de l'empereur Nicolas, nos vœux se changeront en un appui effectif.

A l'aide du jus d'un citron, la duchesse répondait :

— Pour que je sois victorieuse, il faut commencer par intervenir.

Intervenir ? Certains souverains finissent par en accepter le principe, mais avec une condition capitale :

— Je m'engage à passer la frontière avec mon armée, disait le roi de Sardaigne, aussitôt qu'une puissance, n'importe laquelle, commencera les hostilités.

Madame ne sortait pas de ce cercle vicieux, mais elle ne s'en amusait pas moins ! Conspirer, même en échouant, la mettait en joie... Toujours Walter Scott !

Louis-Philippe et la « tante Amélie », mis au courant des complots dont leur nièce tenait les ficelles dans son placard nantais, commencèrent à trouver que « la petite » exagérait. Par ailleurs, en Vendée, la révolte couvait sous la cendre, les embuscades se multipliaient. Des « commandos », selon l'expression actuelle, s'attaquaient aux maires philippards, pillaient les caisses publiques. A plusieurs reprises, le sang coula. Tant que la duchesse de Berry serait en liberté les troubles ne s'arrêteraient pas !... Aussi Joly, rappelé à Paris, est-il réexpédié à Nantes, muni d'instructions précises : chaque nuit quatre ou cinq cents hommes sortiront de la ville, et, secteur par secteur, fouilleront tous les environs... car on est persuadé que la duchesse se cache dans les faubourgs. On multiplie les perquisitions et on arrête à tour de bras. Dans les rues on ne rencontre que des patrouilles et des agents en tenue bourgeoise, mais reconnaissables à cent pas. Les vieux Nantais se croient revenus au temps du sinistre Carrier...

L'été passe de cette manière. Dans son réduit, Marie-Caroline continue à expédier aux quatre coins de l'Europe des lettres écrites à l'encre sympathique. Un gouvernement dans une mansarde ! Elle donne des audiences, reçoit des ambassadeurs officieux, signe des brevets... ose même aller à la grand-messe de la cathédrale et s'asseoir aux côtés des filles du général commandant la place. Pour se délasser elle tapisse elle-même sa chambrette.

Cependant la situation internationale évolue au mieux des intérêts de la régente. Le roi Guillaume de Hollande, chassé du territoire belge, n'occupe plus que la citadelle d'Anvers et attend la première occasion pour reprendre les armes. A La Haye les intérêts d'Henri V sont soutenus par le comte de Lucchesi-Palli, attaché à l'ambassade napolitaine... un diplomate que nous retrouverons bientôt. Les bases d'un traité avait été jetées entre le roi Guillaume et la duchesse de Berry : la Belgique, moins une partie du pays flamand et Anvers, reviendrait au roi de France Henri V... mais il fallait évidemment que l'attaque hollandaise contre les forces françaises cantonnées en Belgique fût combinée à la fois avec « une diversion » des partisans de Marie-Caroline en France, écrivait, à Madame, le prince d'Orange, fils du roi Guillaume, et « des démonstrations de l'Espagne vers les Pyrénées et surtout de la Sardaigne du côté des Alpes ».

Sans doute, à peu de chose près, se trouve-t-on dans la même situation que trois mois auparavant, mais Marie-Caroline n'en redouble pas moins d'activité, *blanchissant* des rames de papier.

Avec autant d'insouciance que d'inconscience, de sa soupente, elle préparait l'invasion de la France. Mais — fort heureusement pour Louis-Philippe — Marie-Caroline possédait deux ennemis : Charles X et Madame Royale. Si l'Autriche avait eu l'intention de participer à la curée projetée par les petites puissances — sans François II les roitelets ne pouvaient pas grand-chose — l'attitude du beau-père et de la belle-sœur de la régente l'en eût empêchée.

Charles X confiait au ministre d'Espagne à Vienne combien il désapprouvait les tentatives de Marseille et de la Vendée et « qu'il avait envoyé partout des contre-ordres ».

« J'ai eu l'occasion, écrivait Metternich, de m'entretenir avec Mme la duchesse d'Angoulême sur l'entreprise de Madame sa belle-sœur. Elle pense à ce sujet comme le roi Louis-Philippe et comme l'Empereur. »

En attendant mieux, et pour se consoler, Marie-Caroline faisait tomber le gouvernement. Louis-Philippe que l'on commençait à accuser de faiblesse — voire de complicité — dut prendre des ministres « à poigne ». Le 11 octobre, Thiers reçoit le ministère de l'Intérieur et son premier geste est de remplacer le préfet de Nantes, M. de Saint-Aignan, par un certain Maurice Duval, homme énergique sans doute, mais à la réputation franchement détestable. Devant ce cadeau les Nantais, qui ont de l'esprit, décident de manifester à leur manière. Ils se rendent à la porte de la ville pour accueillir le nouveau préfet en musique. Et quels instruments : crécelles, sifflets, casseroles, et chaudrons ! Duval prévenu passe par une autre porte... mais les Nantais ont deviné la ruse et transportent leur orchestre devant l'Hôtel de France où doit descendre l'indésirable fonctionnaire... et le charivari reprend de plus belle. Maurice Duval, que personne ne connaît, arrive sur ces entrefaites et essaye, en vain, de fendre cette foule bruyante... On prétend même que l'un des meneurs du chahut, lui voyant les mains vides, lui tendit un poêlon et une louche en lui recommandant de faire le plus de bruit possible... et Duval, dit-on, s'exécuta !

Marie-Caroline en rit jusqu'aux larmes !

Le nouveau proconsul débutait bien mal ! Thiers ne savait plus à quel saint se vouer ! Ce fut le diable qui se présenta en la personne d'un juif allemand nommé Simon Deutz, un juif converti, d'ailleurs, filleul de l'archevêque de Paris et particulièrement recommandé par le pape qui l'appelait son « enfant de lumière » ! Il avait déjà eu maille à partir avec la police. Un dossier des Archives Nationales (1) nous apprend, en effet, que Deutz avait été inquiété au moment de l'assassinat du duc de Berry ; mais il s'agissait manifestement d'une erreur.

Lorsque le cardinal Capellari devint pape sous le nom de Grégoire XVI, il reçut des renseignements si mauvais sur Simon qu'il lui fit interdire l'entrée des Etats Pontificaux. Ce qui ne l'empêcha nullement de se présenter à Massa auprès de la duchesse de Berry, en qualité « d'envoyé de S.S. Grégoire XVI ». Et Marie-Caroline, « voyant en lui un homme de grande capacité et d'une fidélité à toute épreuve », l'avait désigné pour tenir la place d'agent secret au Portugal.

Simon avait donné rendez-vous à Thiers aux Champs-Elysées et lui avait proposé de lui livrer la duchesse de Berry qui l'utilisait comme agent secret et l'avait même nommé baron.

— Je dois remettre à la duchesse d'importantes missives. Il me sera facile de pénétrer auprès d'elle. Je n'en fais pas une affaire d'argent... cependant je ne suis pas riche, et...

— Combien ?

Deutz hésita... puis :

— 500 000 francs.

Le ministre, après avoir été surpris par l'énormité de la somme, se décida, et fit appeler Joly qui arriva de Nantes à bride abattue. Le commissaire fit la grimace. Travailler avec « un scélérat qui va vendre et livrer une femme restée sa bienfaitrice », ne lui souriait guère. Thiers insista :

— Le contact avec un homme de cette sorte ne peut en rien vous atteindre ni vous attribuer une participation à son crime.

Le soir, Joly fit la connaissance de Deutz. Le juif fixa le commissaire avec attention et s'inquiéta :

— Est-ce un homme sûr et bien sûr ? demanda-t-il à Thiers.

— C'est un homme qui ne se vend, ni qu'on achète.

Deutz chercha à se justifier : « Si un succès même pas-

(1) A. N. 6745.5.

sager suit le soulèvement vendéen, précisait-il dans un rapport, l'étranger franchit la frontière. Je peux, sans faire couler une goutte de sang, par l'arrestation d'une femme, prévenir des déchirements et des malheurs. Mon but est de sauver la France des horreurs de la guerre civile et de l'invasion extérieure.» Il posa ensuite cette condition : « S'il succombait dans son entreprise, son corps serait transporté à Paris, aux frais de l'Etat, et enterré auprès de la tombe de sa mère.»

Les deux hommes partirent séparément de Paris et se retrouvèrent à l'Hôtel de France, à Angers. Pour atteindre Nantes, Joly prit la route, tandis que l'espion s'embarquait sur le bateau à vapeur qui descendait la Loire. Deutz, ne se doutant de rien, était suivi par deux inspecteurs qui bavardèrent même avec lui. Le 22 octobre, suivi de ses deux anges gardiens, il débarquait à Nantes... Sans grande peine, en s'adressant au curé de Saint-Pierre, et en lui présentant la moitié d'une carte à jouer dont la duchesse possédait l'autre moitié, Simon fut conduit près de la régente.

*

*   *

Le matin du 6 novembre 1832, dans sa mansarde, Marie-Caroline se lève après une mauvaise nuit. Elle a rêvé qu'un singe lui arrachait les cheveux... et pour une Napolitaine, c'est là un bien fâcheux présage ! L'entourage de la duchesse est lui aussi nerveux. Il y a là : Mesnard, de plus en plus lugubre, le séduisant et charmant Guibourg, Eulalie de Kersabiec et sa sœur Stylite, Charette et sa femme (1), la fille d'Amy Brown.

Madame a accordé pour aujourd'hui une nouvelle audience à Deutz qui était venu, le 30 octobre, lui apporter des lettres du Portugal écrites par don Miguel. L'homme avait paru étrange. Il était blême d'émotion... et après l'audience, était parti sous la pluie en gesticulant comme

---

(1) Deux mois auparavant, dans des circonstances épiques, la fille d'Amy Brown avait mis au monde un garçon qui sera un jour le général A. de Charette.

un fou. Pourquoi sollicitait-il une autre entrevue ? Et avec tant d'insistance ?

A quatre heures, le traître est introduit dans la mansarde. Il remet à la duchesse de Berry deux lettres qu'il vient de recevoir. L'une provient d'Espagne, l'autre du banquier parisien Jauge, écrite à l'encre sympathique. Marie-Caroline la plonge dans un réactif et en commence la lecture.

— Savez-vous, mon cher Deutz, ce que contient cette lettre ? Elle m'annonce qu'un homme en qui j'ai mis toute ma confiance m'a trahie et a vendu mes secrets à M. Thiers.

Elle ajoute de son sourire malicieux :

— Vous avez entendu ?... C'est peut-être vous !

Deutz prétend qu'il répondit :

— C'est possible !

Après une heure et demie, l'audience prend fin.

— Adieu, monsieur le baron !

Le traître s'agenouille et baise le bas de la robe de la duchesse. Six heures sonnent. Marie-Caroline se met à table avec les demoiselles de Guiny et de Kersabiec, le « chancelier de la Régente » Guibourg, la baronne de Charette et l'inévitable Mesnard. Le potage achevé, on commence à couper le bouilli, lorsqu'un violent coup de sonnette retentit. C'est le commissaire Joly. Le pâté de maisons est cerné par 1 200 hommes. Suivie de Stylite, de Guibourg et de Mesnard, la duchesse de Berry bondit jusqu'à la mansarde. La plaque de la cheminée pivote et les quatre personnes s'engouffrent dans la cachette qui avait servi à des prêtres réfractaires, du temps de Carrier. C'est un placard de deux mètres de haut sur un mètre soixante de large...

Pendant ce temps les quatre autres convives reçoivent Joly qui, soupçonneux, jette un regard sur la table fleurie dont la nappe est damassée de fleurs de lys...

— Comment se fait-il, Mesdemoiselles, que nous trouvions ici un couvert de huit personnes et dîner proportionné, tandis que vous n'êtes que quatre personnes présentes ?

— Il n'y a rien que de très naturel, puisque nous attendons quatre autres convives.

— Je peux d'autant moins croire à cette assertion que je remarque que la soupe a été mangée et que le bouilli, servi sur la table, a été découpé en partie ; ce n'est pas la manière, pas plus à Nantes qu'à Paris, d'attendre ses convives !

La maison, envahie par les gendarmes, est fouillée de fond en comble. On ne trouve rien. Les habitants sont longuement interrogés. Les Guiny, Mme de Charette et Eulalie décident de poursuivre leur repas et, tout en dînant paisiblement, regardent ironiquement les gendarmes !

— Où se trouve la duchesse de Berry ? demande Joly à la baronne de Charette...

La fille du duc de Berry hausse les épaules. Elle ne sait rien. Elle est venue là pour dîner... L'ex-comtesse de Vierzon tremble cependant un peu, car son mari — dont la tête a été mise à prix — doit venir également ce soir ! Fort heureusement, en voyant le quartier cerné par la troupe, il s'est évanoui dans la nuit (1)...

Joly crie et tempête. Il sait que la duchesse est dans la maison. Ses hommes abattent les cloisons, sondent les murs, défoncent les armoires ! Des morceaux tombent jusque dans la cachette :

— Mes pauvres enfants, soupire comiquement Marie-Caroline, je crois que nous allons être mis en pièces...

Mais Joly et ses hommes ne découvrent rien.

— Je ferai occuper la maison militairement durant quinze jours s'il le faut !

Dans sa cage triangulaire, la régente a entendu. Ses compagnons frémissent, mais Marie-Caroline rit une fois de plus. Les heures passent... Les reclus, debout, serrés les uns contre les autres, grelottant de froid, trompent leur faim en grignotant des morceaux de sucre que Mesnard, homme précautionneux, porte toujours sur lui.

Deux gendarmes se sont installés dans la mansarde. Ils échangent des propos gaillards à la grande joie de la duchesse. Ses compagnons, moins épris de Walter Scott, trouvent l'aventure peu plaisante... Soudain — il est près de

(1) Six mois plus tard il parviendra à s'embarquer pour l'Angleterre et ira rejoindre sa femme et sa belle-mère à Londres.

dix heures du soir — les deux hommes décident de faire
du feu avec des mottes de tourbe briéronne et de vieux
numéros de *La Mode,* le journal légitimiste... Au début,
les emmurés se réjouissent : ils vont pouvoir se réchauffer;
mais une fumée âcre envahit le réduit et la plaque de la
cheminée, devenue rouge, met le feu à la robe de Marie-
Caroline qui l'éteint avec ce que l'on devine...

— Il faut bannir toute cérémonie... A la guerre comme
à la guerre, murmure-t-elle, en pouffant de rire.

Un détail que l'auteur d'*Ivanhoe* n'avait pas prévu !

Mesnard réussit à enlever quelques tuiles du toit. On respire... mais on grelotte, d'autant plus que le feu s'éteint peu
à peu. La nuit s'écoule interminable. Serrée entre Mesnard,
Guibourg et Stylite, tous trois grands et forts, Marie-Caroline disparaît...

Au matin, la duchesse n'a plus le sourire...

Vers neuf heures et demie, les gendarmes recommencent
à faire un feu d'enfer. La plaque devient brûlante et la
robe reprend feu. La duchesse fait un geste pour l'étein-
dre... et ouvre la plaque. Stylite essaye de la refermer,
mais se brûle atrocement. Mesnard pousse la régente à
céder... Elle se résigne.

— Otez le feu, nous nous rendons, crie-t-elle. Nous sommes vos prisonniers mais surtout n'appelez pas la troupe !

Les gendarmes, ébahis, repoussent le feu à coups de botte
et de sabre. Ils voient bientôt Son Altesse Royale, toussant,
les yeux rougis, noire de fumée, les cheveux et la robe à
moitié brûlés, sortir à quatre pattes de sa cachette, suivie
de ses compagnons aussi mal en point... Ils se mettent au
garde-à-vous et saluent militairement.

La duchesse ne veut se rendre qu'au général Dermoncourt qui n'avait jamais reçu aucune faveur des Bourbons.
On l'attend... enfin il pénètre dans la mansarde :

— Je vous ai donné bien de la peine, Général, lui dit-elle
de son sourire retrouvé, mais je vous en donnerais encore
si vous ne m'aviez pas fait une guerre de saint Laurent !...
Comment me traiterez-vous ?

— En princesse, répond le vieux guerrier en offrant son

bras à la petite duchesse... Et ils partent tous deux, « comme s'il s'agissait d'une promenade ».

De la rue Haute jusqu'au château de la duchesse Anne, les soldats font la haie, présentent les armes et regardent passer ce petit bout de femme qui depuis six mois leur tient tête et qui, durant seize heures, a résisté dans la hotte de sa cheminée !... Redressant sa petite taille elle marche fièrement dans sa robe brûlée...

— Elle est comme l'empereur ! murmure un grenadier.

En arrivant sur le pont-levis du Château, elle se retourne et crie d'une voix forte :

— Vive le Roi ! Vive Henri V !...

Puis, derrière elle, la lourde porte se referme.

Marie-Caroline de Naples est prisonnière.

Aussitôt « incarcérée », elle demande à dîner. On se hâte de la satisfaire et, au bras de Dermoncourt, elle se rend dans la salle à manger.

— Si je ne craignais pas que l'on m'accuse de vous séduire, Général, je vous proposerais de partager mon repas.

— Et moi, Madame, si j'osais, j'accepterais volontiers, car je n'ai rien pris depuis hier matin.

— Comment, vous n'avez pas dîné hier ?

— Pas plus que Votre Altesse.

— Alors, j'aurais tort de vous en vouloir, nous sommes quittes.

Pendant qu'elle se restaure, Maurice Duval entre, le chapeau sur la tête, s'approche du buffet et se met à grappiller en tournant le dos à la princesse.

— Général, s'exclame Marie-Caroline, savez-vous ce que je regrette le plus dans le rang que j'ai perdu ?

— Non, Madame.

— Deux huissiers pour me débarrasser de monsieur.

Le maire et le conseil municipal sont annoncés.

— Je veux bien les recevoir, déclare Marie-Caroline, mais qu'ils enlèvent leurs écharpes tricolores.

Dermoncourt ne peut s'empêcher de rire.

— Madame, n'oubliez pas que vous êtes notre prisonnière.

L'ÉPOPÉE

Mais les écharpes n'en demeurèrent pas moins dans l'antichambre.

A Paris, c'est du bout d'une paire de pincettes que Didier, secrétaire général du ministère de l'Intérieur, tendit à Deutz une liasse de cinq cents billets de mille francs (1)...

Le 11 novembre, le brick le *Capricorne*, après deux jours d'attente due au mauvais temps, put enfin lever l'ancre, quitter l'estuaire de la Loire et mettre le cap vers le sud.

A la lisse, une femme est accoudée et regarde la terre verte et bleue de Vendée qui s'éloigne et se confond bientôt avec l'horizon.

C'est la duchesse de Berry qui vogue vers sa nouvelle prison : la citadelle de Blaye, située non loin du château de Plassac où, six mois auparavant, avait commencé l'épopée... Trois mille hommes l'y garderont.

— Tant mieux, s'était-elle exclamée, j'aime fort la compagnie !

Non loin d'elle, le commissaire Joly regarde sa prisonnière que le lent balancement du navire commence à rendre malade. Le policier s'apitoie.

— Oui, renchérit Mlle de Kersabiec, d'autant plus que Madame a la santé dérangée par une *suppression* qui date de plus do deux mois...

L'épopée devait s'achever en vaudeville !

(1) La police eut bien du mal à se débarrasser de lui. Vite ruiné, il vint à plusieurs reprises demander des secours à la Préfecture. Il mourut dans un galetas, en proie à la plus noire misère. Sa postérité obtint de pouvoir changer de nom.

XI

LE VAUDEVILLE

> — *Que ne nient-ils que je sois une femme !...*
>
> (MARIE-CAROLINE)

U n personnage bien étonné fut assuré-
ment M. de Ruffo, fils du prince de Castelcicala, ambassadeur de Naples à Paris, lorsque, de passage à La Haye,
au début de 1833, il reçut la visite de l'ancienne « maîtresse » du roi Louis XVIII, la comtesse du Cayla, venue
le plus sérieusement du monde lui proposer d'épouser la
duchesse de Berry, sœur de son roi !

Il ne s'agissait évidemment pas pour le fils de l'ambassadeur de conduire Marie-Caroline devant le maire et le
curé de Blaye, où la duchesse se trouvait encore prisonnière,
mais de se déclarer l'époux secret de la veuve du duc de
Berry depuis le mois de décembre 1831 et d'affirmer, en
outre, lui avoir rendu visite dans sa soupente nantaise...

Il faut préciser sans plus tarder que la régente se trouvait enceinte et qu'en vue d'un accouchement prochain, elle

cherchait un mari pour elle et un père pour « l'enfant de Vendée »...

M. de Ruffo était venu voir Marie-Caroline lorsqu'elle se trouvait à Massa, à la veille de partir pour Marseille. Un mariage secret avait parfaitement pu être célébré... Mme de Cayla — Zoé pour ses amis — mit en œuvre tous ses charmes — et elle avait de glorieux restes — pour convaincre le fils du prince de Castelcicala. Il l'écouta avec la plus grande politesse et promit de réfléchir. Ses réflexions furent sans doute décisives car, à peine la comtesse du Cayla partie, M. de Ruffo « fit ses paquets, demanda ses chevaux, raconte Mme de Boigne, et s'enfuit à grandes courses de La Haye ».

Dans sa prison, Marie-Caroline était fort soucieuse. Son gardien, le général Bugeaud, de plus en plus soupçonneux, regardait avec insistance certaines rondeurs suspectes... La duchesse, en dépit d'une mine éclatante et d'un solide appétit, prétendait qu'elle se sentait souffrante... mais, ainsi que l'écrivait le général au ministre de l'Intérieur, « il était difficile d'expliquer la coïncidence d'une bonne santé avec une proéminence qui viendrait de l'hydropisie ou de l'engorgement d'un viscère ». Et le futur maréchal, se transformant en bas policier, allait jusqu'à fouiller le panier de linge sale, bien que, mandait-il à Thiers, le linge ne puisse rien lui apprendre « parce qu'il y avait cinq femmes dans l'enceinte ». Il gardait les yeux fixés sur la poitrine de la duchesse qu'il prétendait « être assez volumineuse à son entrée (?) et à sa sortie (?)... » Bugeaud possédait certainement plus d'aptitude dans l'art de la tactique que dans celui du diagnostic...

Non sans mal, il réussit, d'abord à faire admettre à Marie-Caroline son état, puis à lui faire croire que si elle avouait s'être mariée, on s'empresserait de la mettre en liberté. Enfin la prisonnière, « pressée par les ciconstances », écrivit sa fameuse déclaration du 22 février 1833, par laquelle elle avouait s'être mariée secrètement en Italie...

Avec qui ?

LE VAUDEVILLE

Marie-Caroline se gardait bien de le dire et semblait jouer un proverbe :

— Je lui déplairais en le nommant sans sa permission, déclarait-elle.

Pour la lui demander, il fallait d'abord le trouver !

En dépit de l'aveu de la duchesse de Berry, les portes de la citadelle ne s'ouvrirent pas le moins du monde. Pour ridiculiser à jamais le parti légitimiste, le gouvernement tenait à faire entendre à toute l'Europe les vagissements du nouveau-né.

Qui était le coupable ? Certains historiens ont voulu voir Mesnard. Ce sage Mentor, froid et sévère, alors âgé de soixante-trois ans, n'avait rien d'un Don Juan. « Vous avez été pour moi comme un père », lui écrira la duchesse le 22 mai 1833. « M. de Mesnard, a écrit le docteur Ménière, est grand, maigre, un peu courbé au niveau des reins, ses cheveux sont presque blancs et son long profil, saillant et aminci, rappelle assez bien les traits du roi Charles X. Son air est froid, très réservé, mais sans embarras... Sa grande taille et son visage sérieux lui donnent un air de procureur du roi qui met subitement en fuite les jeux et les ris. »

Le coupable — autant que l'on puisse dans un tel domaine avoir une certitude — fut vraisemblablement l'avocat Guibourg... et Marie-Caroline, dans sa retraite nantaise, a toutes les excuses de s'être laissée aller dans les bras de son jeune et beau soupirant.

Au moment même où Marie-Caroline fut arrêtée, sortant de sa cachette, elle griffonna un billet au crayon et le tendit à l'avocat : « Insistez pour n'être pas séparé de moi. » Le lendemain, Joly surprit Stylite en train de coudre dans la doublure du pantalon de Guiny ce billet de la duchesse : « Soyez tranquille, mon cher Guibourg, on m'a promis que nous ne serions pas séparés. »

En dépit de cette promesse, on les sépara... Aussi, avant de quitter le château de Nantes, Marie-Caroline écrivit-elle à Guibourg : « J'ai réclamé mon ancien prisonnier et on va écrire pour cela. Dieu nous aidera et nous nous reverrons. »

Enfin, nous dit Louis Hastier, « dans une lettre que Ma-

dame adressa à Mesnard le 22 février 1833 pour lui
avouer sa grossesse, nous avons relevé cette phrase : « G...
a dû vous écrire. » Il nous semble permis de voir dans ces
mots, écrits à un tel moment, dans de telles circonstances,
l'indication, à peine déguisée, du nom du père de l'enfant.
A quel autre sujet, en effet, G. (qui ne peut être que Guibourg) aurait-il dû écrire à Mesnard, sinon pour avouer
de son côté, à la demande sans doute de la princesse, qu'il
était le père de l'enfant attendu ? »

Marie-Caroline, après avoir quitté Nantes, ne devait plus
revoir celui qui fut selon toute vraisemblance son amant.
Malheureusement il y avait une « suite »... et quelle suite !
Le mère d'Henri V ne pouvait pas décemment devenir
Mme Guibourg ! La duchesse de Berry fut affolée par
« l'événement ». Elle se rendit compte que la cause de la
Légitimité allait s'effondrer dans le ridicule.

Marie-Caroline s'était confiée au maréchal de Bourmont
qui, on s'en souvient, devait commander les troupes d'Henri
V. Elle correspondait avec lui en glissant ses lettres dans
le scapulaire du séminariste venant le dimanche servir la
messe de la prisonnière (1).

Le temps pressait. Mme du Cayla, alertée par sa fille,
Mme de Craon — qui faisait la liaison entre le maréchal
et Zoé — pensa alors à offrir la duchesse et son futur enfant à un autre gentilhomme italien, venu, lui aussi, à
Massa en 1831 — le détail était indispensable — et qui
avait nom comte Lucchesi-Palli, fils du prince de Campo-
Franco, ancien premier ministre du roi de Naples et ex-
vice-roi de Sicile.

La duchesse avait choisi Lucchesi-Palli pour la représenter auprès du roi de Hollande, durant l'été précédent. Elle
devait donc, pensa la comtesse du Cayla, fort bien connaître le diplomate et apprécier ses qualités. Certains prétendaient même que Madame avait été élevée avec le comte
à la cour du roi de Naples. « C'était un ami d'enfance »,
conclut un peu vite l'historien H. Thirria. Sentimental, il

(1) Les ornements d'église furent fournis par l'archevêque de
Bordeaux qui envoya à Blaye sa note se montant à 730 francs 30.
(A. N. F. 7. 12174.)

ajoute : « Celui que son cœur aurait peut-être choisi dès l'origine si elle avait été libre de se marier à sa guise... » L'histoire est touchante, mais fausse... M. Thirria est excusable : sur ce chapitre, Marie-Caroline en savait encore moins que lui ! A Blaye, elle prétendait que le comte Lucchesi-Palli avait trente-six ans... c'est-à-dire deux ans de plus qu'elle. En réalité, le comte en avait huit de moins ! Lorsque la petite duchesse, âgée de dix-sept ans, quitta Naples le 14 mai 1816 pour épouser le duc de Berry, Lucchesi était un enfant de neuf ans. On est précoce et l'on aime la jeunesse sous le ciel de Naples, encore ne faut-il point exagérer !

Mais cette différence d'âge — que n'ignorait pas Mme du Cayla — n'était pas un obstacle. Le comte avait la solide réputation d'aimer toutes les femmes et particulièrement celles qui approchaient d'une maturité de bon aloi. Il avait fait plusieurs enfants à la vieille princesse de Partano, femme de son ambassadeur à Madrid. Par ailleurs, le type « Bourbon-Habsbourg » devait lui plaire, puisque, jeune attaché d'ambassade, il avait dû quitter l'Espagne à la suite d'une intrigue un peu trop tapageuse avec la reine Christine, sœur de Marie-Caroline.

Il faut maintenant laisser la parole à la comtesse de Boigne. « Mme du Cayla fit de si belles phrases à M. de Lucchesi, sur un si admirable dévouement à la sœur de son souverain, sur la postérité qui n'aurait pas assez d'éloges à lui donner, d'autels à lui dresser... Puis survint (le banquier) Ouvrard avec les arguments irrésistibles de Don Basile. Cent mille écus décidèrent le comte Hector Lucchesi-Palli, prince de Campo-Franco, à mettre son nom à la merci des intrigants qui le lui avaient acheté... Bientôt le rire simultané de toute l'Europe accueillit la paternité postiche d'un homme qui n'avait pas quitté La Haye depuis deux ans. »

Il faut sans doute accueillir avec précaution les bruits colportés par cette farouche Philipparde, mais l'histoire est confirmée par le général de Reiset dans ses *Souvenirs*. « J'accepte le mari que vous m'avez choisi », aurait écrit Marie-Caroline à Mme du Cayla.

Depuis, dans les archives du prince de Beauvau, M. J. Lucas-Dubreton a eu la bonne fortune de retrouver copie, de la main de Mme du Cayla, d'une lettre capitale de la duchesse de Berry adressée de Blaye à Bourmont et parvenue à La Haye le 12 avril 1833.

« Je serai reconnaissante toute ma vie, mon cher Olivier (le maréchal de Bourmont) de la manière dont vous avez interprété auprès de moi les sentiments du comte Hector ; je lui écris moi-même pour le remercier et lui exprimer combien je suis touchée de sa proposition que j'accepte avec la plus vive reconnaissance ; mon occupation sera de faire son bonheur. Je pense qu'il est important qu'avec la plus grande prudence et le plus grand empressement et secret, il se rende à Naples pour enregistrer l'acte de mariage et qu'il y reste pour m'attendre. Je me réserve, bien entendu, d'assurer le sort d'Hector par contrat lorsque je serai en Italie et que j'aurai connaissance détaillée de mes propres affaires. Je profiterai de l'autorisation si délicate qu'il me donne de le désigner s'il y a urgence (sic). Je réponds qu'il n'y aura aucune réclamation quelconque (de Guibourg ?). Ma lettre au comte Lucchesi fait foi de mon entier consentement à l'accepter pour époux. Je lui demande par vous seulement le secret le plus absolu, excepté pour son père (le prince de Campo-Franco) s'il le croit nécessaire. Il est bien entendu que pour le roi de Naples, sa famille et la mienne, le mariage s'est conclu pendant mon séjour en Italie (à Massa), mais, si faire se peut, ils ne doivent le savoir que lorsque je serai rendue à la liberté. S'il est utile de convenir d'une course légère en Hollande (1), elle n'a pu avoir lieu que du 15 août au

---

(1) Cet aveu ruine définitivement la thèse de nombreux historiens légitimistes qui ont prétendu que Marie-Caroline avait réellement été retrouver son « mari » en Hollande, au cours de l'été 1832. D'ailleurs un carton des Archives Nationales contient tous les papiers de la duchesse saisis à Nantes au moment de son arrestation. On peut y voir une liste de sa main indiquant la nomenclature des lettres reçues et expédiées du 23 juin au 18 septembre. Presque tous les jours y figurent : une absence est impossible.

D'autres affirment que le comte était venu rendre visite à sa femme dans son placard nantais. Les familiers de la duchesse de Berry, telle la baronne de Charette, soutinrent ce pieux mensonge

15 septembre. Je n'ai pas besoin de vous assurer de ma sincère amitié, et combien je suis touchée de cette nouvelle preuve de votre attachement. »

Ce texte est concluant (1) !

Le comte Lucchesi-Palli, qui fut aussitôt baptisé *saint Joseph* par les spirituels Siciliens, n'est pour rien dans la naissance de l'enfant de la Vendée. L'acte du mariage en date du 14 décembre 1831 (2) que tant d'historiens ont publié, est donc un faux régulièrement établi d'ailleurs par les autorités ecclésiastiques... la restriction mentale et le mensonge officieux ayant été appelés à la rescousse pour cette circonstance exceptionnelle. La pièce fut sans doute « fabriquée » sur les instances de Mme du Cayla qui partit pour l'Italie et expliqua au Père jésuite Rozaven (3) ce que l'on attendait de lui. A moins que l'acte n'ait été inscrit

jusqu'à leur mort. Témoin cette lettre de la comtesse de Vierzon que Maurice de Charette a bien voulu me communiquer. Elle est écrite en 1889 à son fils le général Athanase : « J'ai reçu en double le volume que M. de Saint-Amand m'a adressé directement. Il me paraît écrit dans un bon esprit, seulement il y a une assertion de M. de Saint-Amand qui est absolument fausse, c'est sur le nombre de personnes que Madame recevait. Elle ne recevait personne à Nantes et tout au plus une ou deux de Paris, y compris M. de Lucchesi, *bien entendu...* » (Archives de La Contrie.)

Par ailleurs — et quoi qu'on en ait dit — , « les archives de La Contrie, m'a affirmé Maurice de Charette, ne contiennent rien qui permette de résoudre le problème de l'enfant de Blaye ».

(1) M. Louis Hastier a fait paraître une étude sur l'enfant de Blaye. Notre excellent confrère publie également cette lettre découverte par M. Lucas-Dubreton, mais il l'étaye de documents inconnus jusqu'à ce jour, fort troublants, qu'il a eu la bonne fortune de pouvoir utiliser et qui mettent un point final à la question.

(2) « 14 décembre 1831. Je, soussigné, certifie que S.A.R. Marie-Caroline-Ferdinande-Louise, Madame, duchesse veuve de Berry et M. Hector-Charles comte Lucchesi-Palli de Campo-Franco, s'étant adressés à moi, confesseur, afin de s'unir secrètement par les liens du mariage, des raisons de la plus haute importance les empêchant de le faire publiquement, muni de toutes les facultés spéciales nécessaires pour procéder à cette union dans le plus grand secret, je les ai conjoints en mariage légitime sans présence de témoins, comme j'en avais le pouvoir... A Rome, 14 décembre 1831. Jean-Louis Rozaven. » Suivent les deux signatures des conjoints.

(3) Jean-Louis de Leissègues de Rozaven, né à Quimper le 9 mars 1772. Entra à la Compagnie de Jésus en 1804. Après un long séjour en Russie, se rendit à Rome en 1820 et fut nommé « assistant de France », poste qu'il occupa jusqu'à sa mort, le 2 avril 1851.

plus tard, au moment du réel mariage entre *saint Joseph* et Marie-Caroline, à l'époque où la duchesse se rendit à Rome et fut reçue par le pape, après sa délivrance...

Peu importe d'ailleurs !

Un fait est précis : Lucchesi-Palli se trouvait officiellement marié depuis dix-huit mois avec la sœur de son roi qu'il connaissait à peine. Le comte fut peut-être le moins étonné de l'affaire... Témoin cette anecdote inédite qu'il raconta un jour au prince de Faucigny-Lucinge. Le comte Lucchesi se trouvait pour la première fois à Paris au cours de l'année 1829. « Il errait au hasard, sans parti pris et en vrai flâneur. Cependant s'il avait renoncé à aller voir les rares amis qu'il avait alors à Paris, il y avait une visite pourtant qu'il tenait à faire. A Naples comme à Madrid, partout où il avait passé, il avait entendu parler de la célèbre Mlle Le Normand, dont la réputation était universelle, et qui passait pour une prophétesse infaillible pour laquelle l'avenir n'avait pas de secrets. L'occasion de faire la connaissance de cette illustre sibylle était trop favorable et trop tentante pour la laisser échapper ; il se décida donc à aller chez elle, et s'étant informé de son adresse, partit à pied pour se rendre à son logis. L'itinéraire qu'il suivait le fit passer sur le quai qui longe les Tuileries. Or au moment où il arrivait en face du pont Royal, à la hauteur du guichet qui s'ouvre sur la cour du palais, il y trouva une certaine foule de personnes arrêtées et qui regardaient curieusement dans la direction du palais. S'étant informé de la cause de cet attroupement, il lui fut répondu que certainement un prince ou une princesse allait sortir, car une grande voiture était attelée, stationnant dans la cour, et que la tête des chevaux étant tournée du côté du Guichet... Presque aussitôt une lourde et riche berline sortit, dans laquelle se trouvait Mme la duchesse de Berry qui fut saluée avec respect par M. de Lucchesi et toutes les autres personnes présentes. La princesse, sans pouvoir distinguer ni reconnaître naturellement personne, rendit gracieusement les saluts reçus, et continua sa route, pendant que la foule se dispersait... Puis le comte poursuivit son chemin, et, peu après, arrivait chez Mlle Le Normand...

LE VAUDEVILLE

« En le voyant entrer, la grande prophétesse le considéra un instant très attentivement, puis sans lui laisser pour ainsi dire le temps de lui expliquer le but de sa visite lui dit :

« — Vous êtes un étranger, vous venez de loin et allez plus loin encore. Vous ne faites que traverser Paris. Vous avez voulu me voir, et vous avez bien fait, car je puis, avec sûreté, vous révéler votre avenir. Vous êtes jeune et ne songez pas encore à vous marier, mais vous n'en serez pas moins marié bientôt, car ce sera chose faite avant que deux années se soient écoulées.

« Jusque-là il n'y avait encore rien de bien extraordinaire, aussi le comte, un peu surpris, mais amusé cependant, demanda-t-il s'il était possible de savoir avec qui il devrait si prochainement unir son sort.

« — Je ne puis dire qui est cette personne que vous devez épouser, répondit l'oracle, ni vous tracer son portrait, mais il m'est aisé de vous en dire assez pour que vous puissiez, sans hésitation, la reconnaître. Vous la connaissez déjà en effet, car vous l'avez rencontrée aujourd'hui même et saluée quand vous avez croisé la voiture dans laquelle elle se trouvait.

« Fort incrédule par sa nature, M. de Lucchesi n'en fut pas moins surpris de la précision de cette affirmation, et ne fit aucune difficulté pour reconnaître que dans le fait la seule personne qu'il eût rencontrée et saluée dans la journée était bien une très jeune femme, mais que par suite de circonstances particulières tout mariage entre cette jeune femme et lui était impossible. Mais la pythonisse ne tint aucun compte de ces observations :

« — Je ne sais rien, dit-elle, des circonstances dont il est fait mention, j'ignore qui est cette jeune femme, et ne sais pas si elle est mariée ou ne l'est pas. Je n'en persiste pas moins à affirmer que c'est elle que d'ici à deux ans vous aurez épousée (1). »

Il semble que l'on ait été bien injuste envers le second mari de la duchesse de Berry. Ce n'est pas par intérêt

(1) Archives F.-L.

267

que le comte avait accepté l'étrange marché, mais par dévouement pour la sœur de son roi. Il est bon de faire intervenir dans le débat un homme qui vécut dans l'intimité de « saint Joseph ». « Le comte Lucchesi-Palli, écrit le prince de Faucigny-Lucinge, était un homme élégamment constitué. Ses traits étaient réguliers, son teint un peu coloré, et sa carnation légèrement dorée comme l'ont souvent les hommes nés dans les pays chauds. Il avait une chevelure noire, abondante, naturellement ondulée, et une forte moustache de la même nuance que les cheveux. Ses yeux très bruns fort expressifs, et dont le regard reflétait à la fois la bonté et la finesse, donnaient à sa physionomie la plus agréable expression. En somme ce gracieux et élégant ensemble, que rehaussaient encore la noblesse et la distinction de sa tournure et de sa tenue, en faisait un homme que l'on ne pouvait s'empêcher de remarquer et qui forcément, partout où il se présentait, devait attirer sur lui l'attention.

« Il avait embrassé de bonne heure la carrière diplomatique, mais le prince de Campo-Franco son père, qui aurait désiré qu'il fût d'Eglise, lui avait, dès ses premières années, fait donner une très sérieuse instruction et même commencer des études théologiques qu'il n'avait pas continuées, il est vrai, mais qui n'en avaient pas moins contribué à faire de lui un homme profondément instruit, plus instruit en tout cas que ne le sont généralement les gens du monde. Ses connaissances étaient donc très variées ; en outre il parlait un grand nombre de langues, avait beaucoup voyagé, visité quelques Cours étrangères et s'était trouvé en relation avec la plupart des hommes marquants de l'époque. Sa conversation était pleine d'intérêt et de charme, d'autant plus qu'il savait, grâce à l'esprit le plus fin, le plus vif et le plus enjoué, la rendre plus attrayante. C'était en effet le plus agréable et séduisant causeur que l'on puisse imaginer, et c'est là une vérité dont je puis affirmer la réalité avec d'autant plus de certitude et de conviction, que plus que beaucoup d'autres, j'ai pu souvent la reconnaître et la constater. Il m'est en effet arrivé par la suite de passer, à la campagne, de longs mois en tête à tête avec cet aimable conteur, et d'avoir avec lui chaque soir des conversations qui duraient souvent une heure ou deux et que je trouvais toujours trop courtes, car je ne manquais jamais d'y trouver grand profit en apprenant chaque jour quelque chose de nouveau et d'instructif, et un plaisir infini grâce à l'esprit pétillant de mon interlocuteur. Mais à toutes ces qualités, le comte Lucchesi en joignait une autre encore, et non la moins précieuse : il était bon, patient, indulgent, bienveillant, naturellement gai et doué du plus excellent caractère. Je n'ai, au cours de ma longue existence, jamais rencontré d'homme aussi complètement aimable et séduisant (1). »

Il poussera même la courtoisie jusqu'à fabriquer des lettres, écrites soi-disant après le faux voyage de la duchesse de Berry à La Haye au mois d'août 1832 : « Combien de temps me laisserez-vous en cet état, mon angélique épouse ? écrivait le comte Lucchesi. Votre course rapide, qui vous a exposée à tant de dangers, a été pour moi un tourment de plus, bien que je lui doive le bonheur de vous avoir revue. Je dois au monde et à vous de rester indifférent à tout ce qui vous touche ; et, même si vous étiez obligée de déclarer mon bonheur, vous voulez que mon nom reste ignoré. Quel sort est le mien ! Vous, toute à votre devoir, moi, tout à mon désespoir. Déliez-moi, je vous en conjure, de cette parole qui fait le malheur de chaque instant de ma vie, et comptez sur ma prudence. Croyez-vous que mon cœur ne veillerait pas sur vous ? »

Précisons encore que la conception de l'enfant n'a pu avoir lieu qu'entre le 27 et le 31 août. Or, nous possédons une lettre et un billet qui nous prouvent que la duchesse se trouvait à Nantes à la fin de ce même mois d'août.

*
* *

A Blaye, tout était minutieusement préparé pour que l'accouchement fût aussi public que celui du duc de Bordeaux. Afin que le gouvernement ne puisse être accusé de supercherie — les Légitimistes ne voulant pas croire à la

(1) (Archives F.-L.)

grossesse — un coup de canon devait être tiré afin d'avertir les témoins lorsque les douleurs commenceraient. La chambre était entourée de « guêteurs », ayant des sonnettes à portée de la main (1). Un sous-officier était allé jusqu'à se dissimuler sous le plancher de la pièce ! Bugeaud qui, dit-on, avait même goûté le lait des nourrices — couchait dans le couloir... Mais, dans la nuit du 9 au 10 mai 1833, Marie-Caroline, avec sa rapidité coutumière, accoucha *ex abrupto* d'une fille. Deneux, qui involontairement jouait le rôle du comique de la troupe, était, cette fois-ci encore, arrivé en retard, ne parvenant pas à boutonner son pantalon. Il se présenta, dit un témoin, « dans un appareil grotesque ».

Bientôt M. Pastoureau, président du Tribunal de première instance de Bordeaux, pénètre dans la pièce suivi des témoins désignés par Bugeaud. Le magistrat — dont le nom semble échappé d'une comédie de Labiche — s'avance près du lit et pose les questions prévues :

— Est-ce à Madame la duchesse de Berry que j'ai l'honneur de parler ?

— Oui.

— Vous êtes bien Madame la duchesse de Berry ? insiste Pastoureau.

— Oui, monsieur, reprend Marie-Caroline un peu impatientée.

— L'enfant nouveau-né qui est auprès de vous est-il le vôtre ?

— Oui, monsieur, cet enfant est de moi.

— De quel sexe est-il ?

— Il est du sexe féminin, répond la duchesse qui commence à s'amuser. J'ai d'ailleurs chargé M. Deneux d'en faire la déclaration.

« Et à l'instant, précise le procès-verbal, Louis-Charles Deneux, docteur en médecine, ex-professeur de clinique d'accouchement de la Faculté de Paris, a fait la déclaration suivante : *Je viens d'accoucher Mme la Duchesse de Berry, ici présente, épouse en légitime mariage du comte Hector*

(1) A. N. F. 7. 12174.

270

de Lucchesi-Palli, de la Maison des princes de Campo-Franco, gentilhomme de la Chambre du roi des Deux-Siciles, domicilié à Palerme ».

La farce est jouée !

Pastoureau en tête, les témoins s'inclinent. Marie-Caroline les regarde partir, et lance le mot de la fin :

— Bonsoir la compagnie !

Puis Marie-Caroline déjeuna d'un fort bon coup de fourchette. Les notes des fournisseurs nous ont été conservées (1) et nous voyons que ce jour-là, il fut servi à la duchesse et à sa petite suite : 8 poulets, 6 pigeons, 6 grosses anguilles, 50 œufs, 18 paquets de cresson et que ce menu de convalescente fut apprêté à l'aide de 25 *billes* de beurre frais.

Les émotions creusent, sans doute, l'appétit... mais, je pense que Marie-Caroline « en laissa » !...

*
*   *

En dépit des précautions prises par le général Bugeaud, le parti légitimiste, qui ne croyait pas plus au mariage qu'à la grossesse, nia également l'accouchement. « L'infâme Philippe » avait voulu souiller l'héroïne de la Vendée !

Les soupirs et les discours des « Dames patronnesses de Madame » — une association avait, en effet, été créée sous ce titre — exaspéraient Marie-Caroline (2).

— Leur écrire ? s'exclamait la pétulante duchesse. Rien ne les convaincra ! Mariage ? Impossible ! Accouchement ? Archi-impossible ! Que ne nient-elles que je sois une femme ? La paix, mon Dieu, la paix !

(1) A. N. F. 7. 12174.

(2) Ces dames prétendaient que Marie-Caroline était mal soignée, mal logée et mal nourrie. Les factures conservées aux Archives Nationales nous prouvent que les victuailles s'amoncelaient sur la table de la duchesse et que le mobilier était extrêmement honorable. Bugeaud loua pour elle un Pleyel (6 mois pour 230 francs) et abonna sa prisonnière au *Constitutionnel*, aux *Débats*, au *Courrier français*, au *Matinal*, au *Temps*, au *Charivari*, à *l'Indicateur*, etc. (A.N.F. 7. 12174.)

Pour le Faubourg, la mère d'Henri V n'était pas une femme : elle était un ange ! l'*Ange de la Monarchie !* Et bien des historiens en ont jugé de même ! Ils se sont refusé à évoquer les cent cinquante jours passés dans la petite mansarde durant le lourd été de 1832. Au moindre bruit Guibourg et elle se trouvaient obligés de gagner leur cachette. Puis, le danger passé, quelle détente ! Ils éclataient de rire. Il était jeune, beau, séduisant ; elle n'attachait à la chasteté « aucun prix » — c'est Mme de Boigne qui nous l'affirme. Napolitaine, au sang chaud, elle s'ennuyait en dépit de sa correspondance au jus de citron... Pas l'ombre d'un dérivatif ! Plus de chevauchées, de promenades, de danses et... veuve depuis douze années !

Un légitimiste — un seul — s'écria :

— Tant mieux ! Voilà qui va ajouter à la popularité de Madame ! On ne pourra pas l'accuser d'être bigote comme le reste de sa famille...

« Le reste de sa famille » — et principalement Madame Royale (1) — fut effondré. La fille de Marie-Antoinette ne pouvait y croire ! Quant à Charles X, il parlera à La Ferronnays de cette « nouvelle preuve de désobéissance » de sa belle-fille !

Pour cette fois, la malheureuse n'aurait pas demandé mieux que d'obéir !

En attendant d'affronter sa terrible belle-famille, Marie-Caroline avait abdiqué. Elle ne pensait même plus à Walter Scott ! L'épopée était finie ! Elle ne chevauchait plus sa chimère ! Bientôt elle s'embarquera pour Palerme ; le gouvernement la libérera... *Mme Lucchesi* n'était plus dangereuse ! De longues heures elle restait étendue, rêveuse, regardant sa fille — la petite Anna —, aussi chétive que peu désirée... Doucement elle remuait le berceau — un berceau de 285 francs (2) offert par « l'oncle Philippe » — et chantait une vieille berceuse napolitaine :

---

(1) Voir à ce sujet les lettres inédites de la duchesse d'Angoulême publiées dans *Madame Royale,* du même auteur (Coll. *Présence de l'Histoire*).

(2) A. N. F. 7. 12174.

LE VAUDEVILLE

Dimmi, dimmi, apuzza mia,
Uni vai, cussi matina ?
Dis-moi, dis-moi, ma petite abeille,
Où vas-tu aussi matin ?

*

* *

Tous les historiens, se référant à une note des Archives Nationales, ont prétendu que Marie-Caroline avait quitté Blaye, en emportant avec elle les meubles fournis par Louis-Philippe. Selon leur mentalité, les uns ont qualifié le fait de *rapt,* les autres de *bonne farce* jouée à la tante Amélie.

La duchesse de Berry emporta, en effet, avec elle douze caisses de bibelots, de linge, d'argenterie et de meubles dont nous possédons la liste (1). Or, si nous la comparons avec les factures des fournisseurs, nous nous apercevons que tous les objets emportés avaient été payés, au cours de la captivité, par la duchesse de Berry elle-même et sur sa bourse personnelle (2). Pour un seul poste, je n'ai pu retrouver la facture correspondante acquittée par Marie-Caroline ; il s'agit d'une boîte de loto...

Bugeaud, devant les attaques des journaux légitimistes qui continuaient à nier l'existence de l'enfant, commençait à perdre la tête. Il aurait désiré que le départ de Marie-Caroline pour Palerme prit l'allure d'un véritable spectacle auquel auraient été conviées « toutes les populations à six ou sept lieues à la ronde ». Aucune troupe ne devrait faire la haie et empêcher la foule d'approcher la duchesse qui, portant son enfant dans ses bras, se rendrait à pied de la citadelle jusqu'au port.

Le sous-préfet alerta le ministre d'Argout, en s'élevant contre ce programme qu'il qualifiait de « véritable pilori ». On accorda à la princesse une double haie de soldats...

(1) A. N. F. 7. 12174. On relève même deux métiers à tisser, et une longue-vue.

(2) Mesnard, qui emporta deux écrans à 5 fr. pièce et une descente de lit « double face » de 13 fr., les avait payés quelques mois auparavant.

mais le futur maréchal obtint d'être seul avec elle et la petite fille dans le canot qui conduirait la prisonnière à bord du navire.

Le général avait quitté son tablier de sage-femme, pour celui de bonne d'enfant !

C'est donc au bras de Bugeaud que la duchesse — le 8 juin — sortit de la citadelle où elle était entrée le 17 novembre. A dix pas derrière eux, venait la petite Anna portée par sa nourrice Mme Potier. Au moment où cette dernière quittait la forteresse, une commission composée du sous-préfet, du maire, du président du tribunal, du juge de paix et de plusieurs conseillers municipaux arrêta la nourrice dans le but de constater l'identité de l'enfant.

A quelques pas, Marie-Caroline attendait la fin de l'humiliante formalité...

L'*Albion,* — un journal anglais — fut scandalisé : « Ce que l'on considère comme la fin des tortures infligées à la mère d'Henri V, écrit-il, est l'un des procédés les plus dégoûtants qui se soient jamais vus... »

« Ce qu'il faut vouer à l'exécration, s'exclama Chateaubriand, ce qui n'a pas d'exemple dans l'Histoire, c'est la torture infligée à une faible femme, seule, privée de secours, accablée de toutes les forces d'un gouvernement conjuré contre elle comme s'il s'agissait de vaincre une puissance formidable. Des parents livrant eux-mêmes leur fille à la risée des laquais, la tenant par les quatre membres afin qu'elle accouche en public, appelant les autorités du coin, les geôliers, les espions, les passants, pour voir sortir l'enfant des entrailles de leur prisonnière, de même qu'on avait appelé la France à voir naître son roi. Et quelle prisonnière ! La petite-fille de Henri IV ! Et quelle mère ! La mère de l'orphelin dont on occupe le trône ! »

Jamais Marie-Caroline n'oubliera !... Elle en voulut particulièrement à sa tante, femme de Louis-Philippe.

Douze ans plus tard, elle confiera un jour au prince de Faucigny-Lucinge :

— Certes, Louis-Philippe ne vaut pas cher, mais livré à lui-même, il n'eût peut-être pas été aussi vil s'il n'avait été poussé par les ignobles conseils de mon atroce tante...

Je ne souhaite pas la mort de la reine Marie-Amélie, mais quand cela arrivera, je ne porterai pas de deuil. Il se pourrait que je sois alors fort vieille, car ma scélérate de tante n'a que dix ans de plus que moi et si elle doit mourir de vieillesse, je ne serai plus jeune non plus ! Mais, si âgée que je sois à ce moment-là, quand j'apprendrai qu'elle n'est plus, je me ferai faire une robe et bien que je ne puisse manquer d'être passablement ridicule en cette tenue, je donnerai un bal et je danserai moi-même (1) ! »

*

*   *

Le 5 juillet à midi — après un voyage d'un mois — l'*Agathe* mouillait en rade de Palerme et saluait la ville de deux coups de canon. Avec courtoisie, les forts répondirent...

Au bout d'une heure on vit approcher des canots contenant une cohorte de personnages emplumés et dorés : un ministre, un général, un amiral et leurs suites venaient saluer Marie-Caroline au nom de son demi-frère, Léopold, comte de Syracuse, commandant général en Sicile.

Bugeaud et ses officiers, en grand uniforme, accueillirent les personnalités. La situation ne devait pas manquer de pittoresque...

A trois heures de l'après-midi, le comte Hector de Lucchesi-Palli, arrivé seulement de l'avant-veille, se présenta et fut reçu à la coupée par Mesnard « qui portait au cou deux grands cordons, l'un rouge, l'autre noir, et sur son sein deux énormes crachats ». Le comte après avoir fait antichambre fut introduit avec cérémonie auprès de la duchesse, sa *femme,* restée dans sa cabine. Les deux « époux » demeurèrent seuls...

Un peu plus tard, ils apparurent sur le pont. « La beauté et la jeunesse du comte, écrivit Bugeaud, formaient un contraste affligeant avec Madame », qui commençait à devenir « informe ». Très maître de lui, d'une correction qu'un lord aurait pu lui envier, le comte Lucchesi

(1) Archives F.-L.

275

stupéfia les Français par la manière élégante avec laquelle il s'acquitta de son rôle difficile.

Il exagéra presque. Au grand désespoir de la nourrice, le comte Hector ne demanda même pas à voir « sa fille ». Mme Potier, ulcérée, passa souvent près de lui « avec intention », mais, note Bugeaud, « il ne fit pas une caresse à l'enfant ».

A cinq heures « M. et Mme Lucchesi-Palli » s'embarquent dans un canot en compagnie d'un amiral sicilien doré sur tranches, venu chercher la sœur de son souverain. L'équipage français rend les honneurs... Bugeaud et les officiers saluent de l'épée.

Marie-Caroline a retrouvé son enfance ! L'embarcation est entourée par une grande quantité de barques « remplies de curieux, de musiciens et de moines mendiants »... On crie, on jette des fleurs, on l'interpelle... C'est la Sicile de ses seize ans qu'elle revoit ! La Sicile pouilleuse, mais si gaie au soleil ! Et l'ex-régente de France, assise près de son séduisant mari, toujours maître de lui et digne, sourit, presque heureuse...

Sur le pont de l'*Agathe,* qui « tremblait sous les coups de canon et se pavoisait de pavillons », le général Bugeaud garde entre ses mains gantées le reçu que vient de lui remettre l'amiral sicilien... *Reçu une princesse et sa fille !...* Le document — ô ironie ! — est signé par Son Excellence le premier ministre du roi de Naples, autrement dit par le prince de Campo-Franco devenu le beau-père de la duchesse de Berry et le grand-père de l'enfant de la Vendée...

Walter Scott était bien dépassé !

XII

LA TRAGI-COMÉDIE

Six semaines auparavant, le soir du vendredi 24 mai, un voyageur, le cœur battant, montait à pied les rues silencieuses conduisant au château du Hradschin de Prague, ancienne résidence des rois de Bohême, devenue la demeure de la famille de France exilée. Ce voyageur, parti de Paris le 14 mai, n'était autre que le vicomte de Chateaubriand, envoyé par Marie-Caroline auprès du roi Charles X, afin de lui annoncer ce qu'il savait déjà par la presse : le « remariage » secret de la duchesse de Berry. Le vicomte devait également obtenir que cette situation nouvelle ne modifiât en aucune manière la position de Mme la duchesse de Berry. Elle devait toujours faire partie de la maison de France, conserver son titre éventuel de régente, bref, en dépit de l'arrivée de l'enfant de la Vendée, demeurer la mère d'Henri V et reprendre sa place parmi les membres de la famille royale.

— Captive de Blaye, je vais voir votre fils ! s'était exclamé Chateaubriand.

Le paladin attardé avait fait « radouber » sa vieille calèche de voyage — elle avait appartenu autrefois à Talleyrand — et avait pris la route de Bohème. « Mme de Berry, écrira-t-il plus tard (1), m'avait bien jugé : la nature même de la faute qui lui faisait tout perdre, ne m'éloignait pas. Jouer un trône, la gloire, l'avenir, une destinée pour un attachement n'est pas chose vulgaire. Les femmes perdues, les hommes de mauvais lieux, les prudes qui ont des bâtards, les libertins qui vont à la messe, sont pleins de rigueur pour la Magdelaine au diadème. Mais le peuple, d'accord avec le Christ, sorti de ses rangs, a un sentiment plus juste de l'humanité ; il excuse et pardonne ; il ne se mêle pas à la ricanerie des ennemis, à la sévérité des amis ; il comprend qu'une veuve a pu aimer sans cesser d'être mère héroïque. »

Comment le vieux roi accueillerait-il le messager ?

Après avoir passé le guichet où se trouvait un poste d'infanterie autrichien, Chateaubriand traversa une cour carrée. « Nous enfilâmes à droite, au rez-de-chaussée, un long corridor qu'éclairaient de loin en loin des lanternes de verre accrochées aux parois du mur, comme dans une caserne ou dans un couvent. Au bout de ce corridor s'ouvrait un escalier, au pied duquel se promenaient deux sentinelles.

« Comme je montais le second étage, je rencontrai M. de Blacas qui descendait. J'entrai avec lui dans les appartements de Charles X ; là étaient encore deux grenadiers en faction. Cette garde étrangère, ces habits blancs à la porte du roi de France, me faisaient une impression pénible. L'idée d'une prison plutôt que d'un palais me vint.

« Nous passâmes trois salles anuitées et presque sans meubles : je croyais errer encore dans le terrible monastère de l'Escurial. M. de Blacas me laissa dans la troisième salle pour avertir le roi, avec la même étiquette qu'aux Tuileries. Il revint me chercher, m'introduisit dans le cabinet de sa Majesté, et se retira. »

(1) Nous suivons ici le texte inédit révélé dernièrement par Maurice Levaillant dans sa remarquable étude sur *Chateaubriand, prince des Sages* (Hachette).

Charles X s'approcha de Chateaubriand et lui tendit la main avec cordialité :

— Bonjour, bonjour, monsieur de Chateaubriand, je suis charmé de vous voir. Je vous attendais. Vous n'auriez pas dû venir ce soir, car vous devez être bien fatigué. Ne restez pas debout ; asseyons-nous. Comment se porte votre femme ?

« Rien ne brise le cœur comme la simplicité des paroles dans les hautes positions de la société et les grandes catastrophes de la vie. Je me mis à pleurer comme un enfant, nous dit encore le vicomte, j'avais peine à étouffer avec mon mouchoir le bruit de mes larmes. »

Le roi le fit asseoir près d'une petite table éclairée par deux bougies, mais, ce soir-là, la conversation ne fit qu'effleurer le sujet brûlant. C'est le lendemain que l'ambassadeur de la prisonnière de Blaye expliqua sa mission.

— Mme la duchesse de Berry déclare qu'elle a contracté un mariage secret avec le comte Hector Lucchesi-Palli, d'une famille illustre. Ces mariages secrets de princesses, dont il y a plusieurs exemples, ne les privent pas de leurs droits. Mme la duchesse de Berry demande à conserver son rang de princesse française, la régence et la tutelle. Quand elle sera libre, elle se propose de venir à Prague embrasser ses enfants et mettre ses respects aux pieds de Votre Majesté.

— Monsieur de Chateaubriand, répondit le roi sévèrement, Mme la duchesse de Berry m'a profondément blessé ; elle a fait son équipée malgré moi ; je sais que vous vous y êtes opposé. Pour se dire régente du royaume, elle s'est autorisée d'un acte que M. de Blacas lui avait porté, M. de Blacas devant rester avec elle ; mais cet acte n'était valide qu'autant qu'une partie de la France émancipée eût proclamé mon petit-fils. Vous voyez ce qui est arrivé ; on n'a point écouté mes conseils. Si vous saviez de quelles espèces de gens Mme la duchesse de Berry était environnée, et ce qui se passait autour d'elle en Angleterre et en Italie !...

Quant au mariage secret, le roi avait une opinion bien arrêtée :

— J'en sais plus long que vous sur le mariage secret. Rien n'est arrangé ; on n'a pas encore l'approbation du roi de Naples ; Lucchesi est à Florence, sollicitant le consentement de son propre père. L'acte, où est-il ? Il a fallu de l'argent ; enfin, c'est un tripotage. Personne ne croit à ce mariage. Je rends justice au courage de Mme la duchesse de Berry et j'ai pitié de ses malheurs ; mais si elle est mariée, elle ne saurait conserver son titre de princesse française. Qu'elle soit la comtesse Lucchesi-Palli, princesse des Deux-Siciles, mais elle ne peut, ni comme tutrice, ni comme régente, signer des actes qui, pour être valides, exigeraient le contre-seing de M. Lucchesi. Le code ne reconnaît pas de mariage secret ; ou Marie-Caroline est Mme Lucchesi, femme d'un étranger et dès lors étrangère comme lui, ou elle est Mme la duchesse de Berry, mère d'une bâtarde. Et comment voulez-vous qu'elle vienne ici ?...

Charles X n'ignorait rien non plus des circonstances ayant entouré l'intempestive venue au monde de la petite Anna :

— Mon cher Chateaubriand, il m'irait mal d'être sévère pour ces sortes de fautes ; j'en ai trop commis dans ma jeunesse pour n'avoir pas appris à les excuser ; mais je suis vieux, je suis roi, je suis tuteur, je dois veiller aux exemples qui peuvent frapper une fille de quatorze ans, placée sous la protection de mes cheveux blancs. Mme la duchesse de Berry arrivant à Prague, portant dans ses bras une sœur de Mademoiselle ? Ça ne se peut pas. Qu'elle aille en Sicile, qu'elle y reste, il faut laisser grandir les enfants.

— Sire, reprit l'ambassadeur, il n'est pas donné à tout le monde de faire des sottises de cette espèce ; Henri IV se battait comme Mme la duchesse de Berry, et comme elle, il n'avait pas toujours assez de force. Heureusement pour sa mémoire, il était homme, et ce n'est pas lui qui portait les marques de ses légèretés.

Charles X se mit à rire.

— Sire, poursuivit le poète, il n'y a pas de quoi rire. Vous ne voulez pas que Mme la duchesse de Berry soit princesse de France ; elle le sera malgré vous ; le monde entier l'appellera toujours *la duchesse de Berry*, l'héroïque mère de Henri V. Son intrépidité et ses souffrances dominent tout ; il n'y a pas aujourd'hui assez de sainteté dans les mœurs pour que le siècle prenne trop au sérieux une déclaration dont l'aveu a été arraché par des tortures morales. Elle a beaucoup moins perdu dans l'opinion que Votre Majesté ne le croit. Que gagnerez-vous à une chicane de famille qui, d'ailleurs, serait inconnue du public ? Vous ne voulez pas que Mme la duchesse de Berry vienne à Prague ; Sire, elle doit y venir, non seulement pour elle, mais pour son fils. Vous ne pouvez pas, en la repoussant, vous mettre au rang de ses ennemis et donner du poids à la calomnie ; vous ne pouvez pas, à l'instar du duc d'Orléans, vouloir flétrir du même coup les enfants et la mère ; vous ne pouvez pas vous placer entre l'amour filial et l'amour maternel et forcer l'un à rougir de l'autre. Ce n'est pas la honte que vous devez faire descendre sur la tête de la pécheresse, si pécheresse il y a, c'est votre bénédiction paternelle. C'est, si vous voulez, l'absolution de la charité chrétienne. Vous est-il donc si difficile de pardonner à la gloire et à la faiblesse d'une femme ?

— Eh bien, monsieur l'ambassadeur, conclut le roi, « avec une emphase bienveillante », que Mme la duchesse de Berry aille à Palerme, qu'elle s'y fasse oublier, qu'elle y vive maritalement avec M. Lucchesi à la vue de tout le monde, alors on pourra dire aux enfants que leur mère est mariée ; elle viendra les embrasser. Je ne lui ferai aucun reproche ; mais il faudra qu'elle se contente d'une réunion passagère ; elle ne peut pas prétendre demeurer auprès de sa fille et de son fils.

Chateaubriand cria presque victoire : « Les principaux points étaient aux trois quarts obtenus, la conservation du titre et l'admission à Prague dans un temps plus ou moins éloigné : sûr d'achever mon ouvrage avec Mme la dauphine, je changeai la conversation. Les esprits entêtés regimbent contre l'insistance ; auprès d'eux, on gâte tout en voulant tout emporter de haute lutte. »

C'était là se méprendre, la suite le prouvera.

Tout heureux, Chateaubriand partit voir Madame Royale

à Carlsbad où la belle-sœur de Marie-Caroline prenait les eaux. Chateaubriand lui apportait une lettre écrite par Marie-Caroline au jus de citron.

« L'Ambassadeur » présenta la feuille devant un réchaud, mais rien n'apparut. La fille de Marie-Antoinette, dont l'expérience datait du Temple, eut plus de chance et parvint à faire apparaître la grande écriture de Marie-Caroline :

— Mme la duchesse de Berry a raison de compter sur moi, déclare Madame Royale après avoir lu la lettre, mais, Monsieur de Chateaubriand, la main sur la conscience, la croyez-vous mariée ?

— Madame, je le crois, je dois le croire, puisque Mme la duchesse de Berry me l'a écrit ; cette lettre est mon acte de foi.

— C'est très bien, Monsieur de Chateaubriand, très bien ; et il faut donc le croire. Je plains ma belle-sœur : vous le lui direz.

Chateaubriand fut écœuré : il le racontera plus tard dans ce texte qui ne figurera pas dans ses Mémoires :

« Cette insistance de Mme la Dauphine à dire qu'elle plaignait Mme la duchesse de Berry, sans sortir de cette pitié, sans aller plus loin, me fit voir combien, au fond, elle était blessée de la conduite de sa sœur et combien peu il y avait de sympathie entre ces deux femmes. Il me paraissait aussi qu'un mouvement involontaire de jalousie s'était glissé au cœur de la sainte ; jalousie et rivalité de malheur. La fille de Marie-Antoinette n'avait pourtant rien à craindre dans cette lutte : la palme des souffrances lui serait restée. »

*
* *

Marie-Caroline se rendit seulement compte que son messager n'avait rien obtenu, lorsque, à la demande de Charles X, la frontière autrichienne se ferma devant elle. « Petite échappée des flammes et de la geôle » elle marchait avec agitation dans sa chambre du palais napolitain Chiatamone :

— Louis-Philippe me remet en liberté, Charles X me

retient en exil ! Eh bien, j'arriverai à Prague, malgré toutes les résistances !

Et elle chargea La Ferronnays d'aller porter une lettre à Charles X. Le malheureux fut bien mal reçu :

— Que la duchesse de Berry ne se figure pas qu'elle puisse m'arriver à Prague en aventurière ou en habit de masque ! hurlait Charles X, tout en faisant les cent pas dans le vaste salon de Hradschin. Si elle parvenait jusqu'à moi, je la ferais chasser...

Au centre de la pièce, le comte Auguste de La Ferronnays regardait le roi dont le teint pâle devenait rose et atteindra tout à l'heure le cramoisi.

— C'est pour m'apporter cela que vous avez fait un si long voyage ? criait le roi... Et c'est vous, Monsieur, que la duchesse de Berry a cru devoir choisir pour me donner cette nouvelle preuve de sa désobéissance ! Elle a raison, l'ambassadeur est digne de celle qui l'envoie. Eh bien, votre mission est remplie.

Il haussait de plus en plus le ton :

— Vous pouvez repartir et dire à la duchesse de Berry que je ne veux pas la recevoir, que je ne la reverrai jamais, à moins que je n'aie entre les mains les pièces que je lui ai demandées. Jusque-là, je demeurerai convaincu que son prétendu mariage est un mensonge...

Ce mot de « mariage » fit redoubler sa fureur... Il continua à arpenter la pièce. Le malheureux essayait de trouver de l'aide du côté de Madame Royale, mais la duchesse, le dos tourné aux deux hommes, sanglotait dans un fauteuil.

— Non, monsieur, la duchesse de Berry ne reverra jamais ni moi, ni ses enfants, tant que je n'aurai pas la preuve positive de son mariage... Non, mille fois non, elle ne mettra pas les pieds chez moi ni dans les Etats autrichiens. L'empereur vous le dira lui-même puisque vous avez aussi une lettre pour lui... Voilà ce que vous pourrez dire de ma part à Mme la duchesse de Berry. Voilà ma seule réponse à la lettre dont vous vous êtes fait le porteur.

Charles X s'étranglait de rage, puis, soudain, ce fut la

détente : il s'affala sur un canapé. Il avait vieilli de dix ans !

— Depuis longtemps, soupira-t-il d'une voix brisée, tout ce qui m'arrive de cette femme ne me fait que du mal !

L'audience était terminée. La Ferronnays laissa le vieillard ressasser ses griefs : Marseille, la Vendée, Nantes, l'enfant sans père, et surtout la *combinazzione* du mariage.

En sortant de l'appartement de Charles X, l'envoyé de Madame est reçu par l'empereur François II d'Autriche qui séjournait alors au Hradschin.

— La volonté du roi me semble parfaitement juste, lui déclara-t-il. Tant que sa belle-fille ne s'y sera pas soumise, elle trouvera mes frontières fermées... On a chez moi des habitudes d'obéissance.

Selon lui, il fallait avant tout penser au duc de Bordeaux « qui devait un jour monter sur le trône de France », précisait-il.

Le lendemain, le comte Auguste trouva Charles X plus sociable.

— Avoue que tu t'es chargé d'une bien sotte commission !

La Ferronnays aurait avoué n'importe quoi...

— Que veux-tu que je fasse avec celle qui ne veut rien entendre. Je te le répète, je ne la crois pas mariée. Son refus de m'en donner la preuve me convainc que ce n'est là qu'un conte absurde !

Sans doute la pièce que Marie-Caroline, avec la « complicité » du pape, aurait pu fournir eût été un faux, mais le roi se serait alors trouvé en possession d'un document lui permettant de clamer dans toute l'Europe que la duchesse de Berry se nommait Mme Lucchesi.

Avec un entêtement qui, pour être sénile, n'en était pas moins justifié, il répétait à La Ferronnays :

— Apportez-moi la preuve ! Apportez-moi la preuve ! Si elle est mariée, ce sera toujours une sottise, mais il y aura au moins un moyen d'expliquer à ses enfants cette nouvelle position.

Comment en sortir ? Comment fournir à Charles X la « preuve » du mariage, tout en ne lui donnant pas l'acte ?

— Si M. de Montbel, suggéra La Ferronnays, pouvait, par exemple, sur sa parole d'honneur, garantir Votre Majesté de l'existence et de la parfaite régularité de l'acte de mariage, le roi se déclarerait-il satisfait ?

Charles X finit par accepter et remit aux « ambassadeurs » cette lettre destinée à Marie-Caroline.

« Ma chère petite »,

— Je ne puis l'appeler mon enfant, avait dit le roi, et le terme de Madame l'affligerait.

« Je ne parlerai point ici ni de moi, ni de mon fils, ni de ma belle-fille, mais de ce qui concerne vos enfants. Henry et Louise ne savent rien de ce qui vous concerne depuis votre arrestation à Nantes, sauf votre longue captivité, votre départ de Blaye et votre arrivée à Palerme. A présent, il faut, avant qu'ils puissent vous revoir, qu'ils soient instruits des nouveaux liens que vous avez formés et de la naissance de l'enfant qui en est résulté, mais, avant que je puisse leur parler de la situation où vous vous trouvez maintenant, il est indispensable que j'aie entre les mains votre acte de mariage avec le comte Lucchesi ou, du moins, une copie authentique et légalisée. Hâtez-vous de m'envoyer cette pièce qui m'est absolument nécessaire. »

Marie-Caroline reçut cette lettre à Florence. Elle s'en revenait de Rome où, le 19 août, elle avait été reçue par le pape... Le souverain pontife dut certainement comprendre les angoisses de la princesse, sœur du roi de Naples, et lui donner tout apaisement. Ce n'est pas par Sa Sainteté que naîtrait le scandale ! M. de Montbel pouvait venir : il serait bien accueilli !

A son retour à Florence, la duchesse poussa des cris d'écorchée vive lorsque La Ferronnays, en lui remettant le billet de Charles X, lui rendit compte de l'échec de sa mission et des exigences royales.

— On veut me pousser à bout ; on veut pouvoir dire à la France et à mes enfants qu'il n'y a plus de duchesse de Berry... On dresse un pilori et on veut que je m'y attache moi-même ! Si on veut la guerre, je l'accepte !

Le comte essaya de faire entendre à Marie-Caroline que

le roi ne croyait pas au mariage « faute d'apport de l'instrument matrimonial ».

— Le mariage n'est-il pas nié d'ailleurs par les propres amis de Madame ?

— Mais, Monsieur, je vous donne ma parole d'honneur que je suis mariée.

— Je prie V.A.R. de remarquer que c'est la première fois qu'elle daigne me parler avec cette confiance. Le Roi ne croit pas à votre parole parce que vous ne la lui avez pas donnée.

Quinze jours plus tôt, lors de leur dernière entrevue, la duchesse de Berry n'avait pas encore été reçue par le pape...

Pour convaincre le comte elle sortit de son sac un morceau de papier assez ridicule, paraît-il, un genre de *copie conforme* qui ne prouvait strictement rien. La pièce était simplement signée : *R., confesseur.* Jamais Charles X ne se contenterait d'un tel chiffon !

Il fut alors décidé que M. de Montbel partirait pour Rome prendre connaissance de l'acte de mariage. Ce n'est certainement pas sans quelque crainte que Marie-Caroline, Lucchesi-Palli et La Ferronnays le virent prendre le chemin de la Ville Eternelle. L'ancien ministre des Finances de Charles X avait parfois des crises étranges. On l'avait surpris, un jour, sur une basse branche d'un arbre en train d'agiter les avant-bras et de pousser de retentissants *cocoricos* : il se croyait devenu coq (1) !... Si pareille scène venait à se reproduire au Vatican ?

Fort heureusement, durant toute sa mission, M. de Montbel resta ambassadeur. Après avoir pris les ordres de Grégoire XVI, un cardinal-vicaire — Mgr de Zurla — lui montra l'acte authentique et lui délivra une pièce attestant que « le 14 décembre 1831, J.-L. Rosaven, confesseur *suffisamment autorisé* avait *secrètement* et *sans témoins* uni en mariage la princesse Marie-Caroline et le comte Hector de Lucchesi-Palli ».

Reconnaissons-le, ce document, bien que, cette fois, le

(1) (Archives F.-L.)

nom du *confesseur* y fût indiqué, ne prouvait pas grand-chose !

Aux yeux de Marie-Caroline il prouvait encore trop... et elle arracha l'attestation des mains de M. de Montbel !

— Vous l'avez vue, cela doit vous suffire !

La duchesse se trouvait alors à Padoue... et Montbel, en passant par Florence, s'était malheureusement un peu hâté de pousser des *cocoricos* victorieux et d'écrire à Charles X pour lui annoncer le succès de sa mission. Le roi s'était incliné.

« Je n'hésite plus, maintenant, ma chère petite, manda-t-il à sa belle-fille, à instruire vos enfants de votre nouveau mariage... »

Mademoiselle versa d'abondantes larmes. Elle se montra surtout jalouse en apprenant la naissance de la petite Anna. Bordeaux fut avant tout furieux contre Lucchesi :

— Comment ! s'exclama-t-il, il faudra que je voie cet homme, Je ne le veux pas !

Charles X était plus aimable :

« Je vous prie de dire au comte Lucchesi, écrivait-il à la « chère petite », que je serai fort aise d'avoir le plaisir de le voir. »

Il ne s'agissait évidemment pas d'accueillir le comte Hector au Hradschin. Le roi, sans attendre le retour de Montbel, avait envoyé un nouvel émissaire à Marie-Caroline — un certain M. de Milanges — pour lui faire savoir qu'il irait lui conduire ses enfants à Léoben, ville plus proche de la frontière italienne que ne l'était Prague.

Ce n'était point pour épargner à la duchesse les fatigues du voyage que Charles X se rapprochait d'elle, mais il ne tenait nullement à voir débarquer Marie-Caroline à Prague à la veille des treize ans de son fils, majorité légale du duc de Bordeaux, qui devait être célébrée — escamotée plutôt — le 29 septembre 1833.

— Des scènes fâcheuses, ou pour le moins ridicules, pourraient en résulter, soupirait le roi.

Marie-Caroline eût assurément traité son fils « en roi ». Lorsqu'elle écrivait à son fils, ne traçait-elle pas fièrement la suscription suivante : *A Sa Majesté Henri V, mon très cher fils, Prague ?* Une bombe déposée sur la table du Hradschin n'aurait pas produit plus d'effet...

Comment empêcher la « terrible femme », si elle venait à Prague le 29 septembre, de jouer son rôle de régente ?

On l'a vu, la première précaution avait consisté à demander à François II de bien fermer ses frontières au nez de la duchesse jusqu'au 29. Ensuite Charles X et Louis XIX avaient demandé à Madame Royale de se charger, le cas échéant, de la régence de France. C'est là un fait inconnu qui nous est révélé par cette lettre inédite adressée par la duchesse d'Angoulême à son secrétaire et ami le baron Charlet, et dans laquelle la fille de Louis XVI parle d'elle-même à la troisième personne : « Si la famille exige qu'elle (Madame Royale) se mêle de l'affaire de son neveu dans son pays (la régence d'Henri V en France), elle le fera plus par devoir que par aucun autre sentiment. »

Un peu plus tard, dans cette autre lettre inédite, elle précisait :

« Je n'ai aucune ambition. Je n'accepte les conditions qu'on veut bien me donner que d'accord avec les miens (Charles X et Louis XIX) dont je ne me séparerai jamais en rien. Que la personne dont vous me parlez (la duchesse de Berry) reprenne ses enfants si c'était pour leur bien, je le désirerai, n'ayant en vue que le leur et celui de mon pays, mais je ne suis pas assez autorisée à rien pour prendre des partis aussi violents et qui conduiraient, si on n'y gardait tout de suite (si on n'y prenait pas garde) à d'autres concessions beaucoup plus dangereuses à mon avis (la reconnaissance d'Henri V comme roi « de droit ») personne n'étant d'accord, ne s'entendant et ne reconnaissant pas le Chef (Charles X) d'où tout doit émaner. »

Le « Chef » était bien décidé à enlever à « Mme Lucchesi » tous ses droits non seulement à la régence, mais encore à l'éducation de ses enfants et à en charger les épaules de la *Princesse du Malheur.*

Pour lutter contre l'Orpheline du Temple, pour obtenir son admission le 29 septembre à Prague, Marie-Caroline n'avait plus qu'un espoir : l'aide de Chateaubriand. Elle lui demanda de venir la rejoindre à Ferrare.

Leur rencontre — le 18 septembre — ne manqua pas de pittoresque. Marie-Caroline fut accueillie par les honneurs militaires. L'empereur lui interdisait de pénétrer dans ses États, mais ne lui en fit pas moins donner une aubade par ses troupes d'occupation... Les fifres autrichiens essayèrent donc de couvrir de leur voix les trompettes papalines ! La foule avait envahi la rue dès l'arrivée du courrier à l'*Hôtel des Trois-Couronnes* où logeait déjà Chateaubriand.

Marie-Caroline, en descendant de sa berline, eut toutes les peines du monde à fendre la presse... Soudain, son visage s'éclaira : de ses yeux de myope, elle avait reconnu Chateaubriand. Elle lui cria avec simplicité :

— Mon fils est votre roi, aidez-moi à passer.

L'ouvrage de Chateaubriand sur *La Captivité de Mme la duchesse de Berry* se terminait par ces mots : « Madame, votre fils est mon roi ! ». La phrase était devenue le mot d'ordre du Parti légitimiste « Jeune France »... mais Marie-Caroline, avec familiarité et sens pratique, l'adaptait à la vie courante !

L'écrivain trouva *la mère de son roi* amaigrie, laide et « extrêmement drôle » boudinée dans une robe de toile grisâtre et coiffée d'un petit béguin de pensionnaire en pénitence : « une espèce d'allure qui ne ressemblait à rien... Elle allait çà et là comme un hanneton ; elle courait à l'étourdie, d'un air assuré, au milieu des curieux, de même qu'elle se dépêchait dans les bois de la Vendée. » Elle ne regardait et ne reconnaissait personne. Sa distraction et sa myopie étaient telles que Chateaubriand fut obligé de tirer la princesse par sa robe en lui disant :

— Madame, voilà le commandant autrichien, l'officier en blanc ; Madame, voilà le commandant des troupes pontificales, l'officier en bleu ; Madame, voilà le prolégat, le grand jeune abbé en noir.

Dans leurs harangues les officiels se trompèrent. Chateaubriand fut traité d'Altesse Royale et Marie-Caroline complimentée pour le *Génie du Christianisme...*

Le calme revenu, la duchesse de Berry, Chateaubriand et Lucchesi s'enfermèrent dans une chambre de l'Hôtel —

289

10

bien nommé — des *Trois Couronnes*. Ils semblaient jouer
une pièce, remarque Chateaubriand : *la Princesse fugitive
ou la Mère persécutée.* Durant deux jours il ne fut question que des trois rois, de leurs droits, de cette étrange
royauté sans royaume, des querelles autour de ce trône
imaginaire... La séance terminée, Chateaubriand « quittait
dans les coulisses son heaume de chevalier et », nous dit-
il, « reprenait son chapeau de paille. » Après avoir bien
discuté, il fut décidé que Chateaubriand partirait pour
Prague, suivi vingt-quatre heures plus tard par Marie-
Caroline qui arriverait ainsi en temps voulu pour la majorité de son fils. Mais le gouvernement autrichien entra en
scène : la frontière s'entrouvrirait pour l'auteur d'*Atala*,
mais resterait irrévocablement fermée pour la duchesse de
Berry.

« Ma surprise égale ma douleur, écrit Marie-Caroline
à son beau-père. Je ne puis croire qu'un ordre semblable
soit émané du cœur du roi... Que dira la France ? Et
combien Philippe va triompher ! Je ne puis que presser
le départ du vicomte de Chateaubriand. »

Celui-ci ne tenait nullement à partir.

— Je n'obtiendrai rien à Prague ! soupirait-il.

Mais Marie-Caroline le poussa vers sa berline :

— Partez, vous pouvez tout ; vous seul pouvez tout !

Chateaubriand emportait une lettre dans laquelle Marie-
Caroline conseillait à son beau-père de « simplement constater la majorité d'Henri et non de faire un manifeste ».
Elle craignait trop de ne pas s'y trouver nommée ! Charles X, alors à Butschirad, prit assez mal la chose :

— De quel droit Mme la duchesse de Berry prétend-
elle me dicter ce que j'ai à faire ? Elle n'est plus rien
que Mme Lucchesi, une femme étrangère à ma famille !
Le code français ne reconnaît point le mariage secret.

Un véritable vent de panique régnait à Prague. La
gouvernante des enfants de France avait accueilli Chateaubriand « au milieu de malles à moitié faites », et en se
jetant à son cou en sanglotant :

— Sauvez-moi ! Sauvez-nous !

— Et de quoi vous sauver, Madame ?

Il s'agissait toujours d'empêcher le duc de Bordeaux d'être traité en roi. Aussi, expédia-t-on à la sauvette la cérémonie célébrant la majorité d'Henri V. Les fidèles venus de Paris qui oseront, en dépit de l'interdiction, traiter l'enfant de « Sire » et de « Votre Majesté » furent renvoyés « sans se voir offrir le moindre verre d'eau »...

Le danger passé, rien n'empêchait plus le roi de partir pour Léoben et de s'installer à l'*Hôtel de l'Empereur* où avait été fixée la rencontre. Avec Marie-Caroline Chateaubriand eut beau s'exclamer :

— Cette entrevue secrète dans une auberge, c'est avouer qu'on rougit du courage de Mme la duchesse de Berry et de ses adversités. C'est une insulte et non un honneur !

Charles X n'en prit pas moins la route de Léoben avec Madame Royale et les enfants, tandis que l'auteur des *Martyrs,* selon son expression « repartait tout bêtement pour Paris »...

Un peu avant Léoben, Montbel, qui courait après le roi, rejoignit Charles X et put enfin lui apprendre qu'il n'avait pas le moindre document à lui montrer.

Charles X se remit en colère :

— Je ne la recevrai pas... Je ne veux pas la voir...

Montbel réussit à l'apaiser. Une nouvelle lettre partit rejoindre la duchesse à Trieste : « Vous ne remplissez pas les engagements que vous avez pris. Je ne reviendrai pas toutefois sur mon intention de vous réunir momentanément à vos enfants. » Les douaniers autrichiens laissèrent enfin passer Marie-Caroline et, le 13 octobre, un courrier aux armes de France annonça à Léoben la prochaine arrivée de la duchesse.

Bientôt une voiture à quatre chevaux, qui contrastait fort avec la calèche de louage et les deux haridelles du roi de France, s'arrêta devant l'*Hôtel du Maure* où Marie-Caroline avait décidé de s'installer. C'est à pied, donnant le bras à Hector de Lucchesi-Palli, qu'elle se dirigea vers l'*Hôtel de l'Empereur*. Depuis deux heures, le duc de Bordeaux s'était installé à la fenêtre et guettait l'arrivée de sa mère... Charles X l'attendait en haut de l'escalier la duchesse voulut lui baiser la main, mais le roi affecta de ne pas voir le geste et tendit la main au comte Lucchesi en l'accueillant avec amabilité. Il y eut un moment de gêne que Marie-Caroline essaya de meubler en embrassant avec transport son fils et sa fille... puis le froid ne se dissipant pas, elle les embrassa derechef.

On entra dans la salle à manger. La duchesse de Berry se trouvait, paraît-il, « dans un saisissement difficile à dépeindre ». En répondant aux questions polies du roi, elle ne pouvait « articuler plus d'un ou deux mots ».

Elle devait bien vite se rattraper.

Dès qu'elle fut enfermée seule avec Charles X, elle poussa de tels cris que Madame Royale, restée au salon avec Lucchesi, épouvantée par le scandale, s'empressa de donner l'ordre de fermer portes et fenêtres : on entendait « Mme Lucchesi jusque dans la rue ! »...

La conversation entre le comte Lucchesi, Madame Royale et leurs suites « s'embourbait à toute minute sans pouvoir aller son train ». On se *désembourbait* de temps en temps et d'un commun effort, afin de couvrir les hurlements de Marie-Caroline. Gentilshommes et dames d'honneur se mettaient alors à hausser le ton, comme si tous les assistants se trouvaient subitement atteints de surdité...

Certains historiens ont raconté la conversation entre Charles X et Marie-Caroline avec un luxe étonnant de dialogues. On ne connaît, en vérité — et pour toute cette semaine de discussions — que six ou sept répliques confiées par le roi à Montbel, historiographe de la rencontre.

— Vous n'êtes plus seule, s'exclama le roi, or je ne puis, sous aucun prétexte mêler M. de Lucchesi-Palli à ma famille.

— Si je ne suis pas reçue à Prague, je suis déshonorée, cria Marie-Caroline.

— Le Dauphin et la Dauphine l'ont déclaré : ils se retireraient de ma cour si vous veniez.

De toute la longue conversation entre la duchesse de Berry et Madame Royale, on en connaît encore moins. Il est vrai que la seule répartie parvenue jusqu'à nous est assez sentie :

— Vous vous montrez bien pour mes enfants et je vous en remercie ; mais à mon égard vous êtes indigne !

M. de Saint-Priest adressa un rapport à Chateaubriand, où la duchesse devenait par précaution la « nièce » de l'écrivain :

« L'entrevue projetée entre Madame votre nièce et son père a eu lieu ce matin, malheureusement le résultat nous laisse jusqu'ici peu d'espoir qu'on parvienne à s'entendre. On paraît fermement résolu à empêcher votre nièce de continuer son voyage jusqu'à Prague... Nous avons trouvé une résistance invincible qui, si je ne me trompe, doit avoir pour cause occulte le refus obstiné du dauphin de revoir sa sœur. Dans cet état de choses, nous devons nous attendre à une rupture prochaine. Les réponses de votre nièce ont été dignes et fermes, je n'ai pas parlé avec moins de force, mais tout a été inutile ; c'est, à ce qu'il paraît, un parti pris... »

Les discussions se prolongèrent durant cinq journées. Ce fut une ridicule parodie du traité de Léoben. Charles X essaya, mais en vain, d'imiter Bonaparte... mais il devait être plus facile d'imposer silence aux plénipotentiaires autrichiens qu'à la terrible Marie-Caroline qui menaçait « de publier dans les journaux, qu'on voulait la séparer d'avec son fils ». Entre chaque entrevue, le comte de Montbel pour le roi, M. de Saint-Priest pour la duchesse de Berry, s'employaient à préparer la conversation suivante et à coudre les plaies causées par le dernier entretien. A trois reprises, Marie-Caroline ferma sa porte au nez de l'envoyé de son beau-père. Charles X fut scandalisé :

— J'ai reçu les vôtres parfaitement. Je me montre affectueux avec M. de Lucchesi, et, en revanche, comment êtes-vous pour ceux qui ont ma confiance ?

On palabrait d'auberge à auberge. Pour tous ces malheureux qui se disputaient un roi-enfant qui ne devait régner, l'*Hôtel du Maure* se muait en Elysée et l'*Hôtel de l'Empereur* en Tuileries. Madame Royale, grande spécialiste en la matière, mêlait les larmes aux négociations...

— Le roi ne peut nous sacrifier, le Dauphin et moi, à la duchesse de Berry, sanglotait-elle.

Quant à Marie-Caroline, elle jouait de l'évanouisse-ment... Elle s'écroulait dans les bras de Lucchesi qui, avec une dignité et un calme étonnants, la faisait revenir à elle, la dopait... et la relançait dans la bagarre.

Le soir, on séchait les larmes, on mettait des robes de soie, Marie-Caroline baissait le diapason de sa voix, Lucchesi devenait encore plus correct, la dauphine arborait une manière de sourire et Charles X reprenait ses manières de Trianon. Tous se retrouvaient dans la salle à manger-salon de l'Hôtel de l'Empereur et échangeaient des banalités de buveurs d'eau durant leur cure... Les adversaires jouaient au whist, tandis que la duchesse de Berry, comme si elle égrenait des souvenirs de vacances, racontait sa noyade dans la Maine en 1832. On riait du bout des lèvres, tout en prenant des forces pour le lendemain.

Le soir du 15 octobre Marie-Caroline eut un peu de joie : deux ardents légitimistes — les frères Walsh — parvinrent à se glisser jusqu'à elle et la traitèrent en régente de leur roi.

Marie-Caroline redressa sa petite taille.

— J'ignore les destins futurs de la France, mais je ne sais qu'une chose que je vous charge de redire à mes amis et à nos ennemis : si jamais les baïonnettes étrangères se croisent contre la France pour la partager, j'irai me mettre à l'encontre, et leur présenterai ma poitrine...

Il faut reconnaître que sa poitrine commençait à présenter des rotondités défensives...

Néanmoins elle n'était plus rien. Charles X la considérait comme un membre de la famille Lucchesi qui ne pouvait rien avoir de commun avec les Bourbons.

— Ce sont là deux intérieurs incompatibles, laissa-t-il tomber de ses lèvres dédaigneuses.

Une dernière fois, elle mit en œuvre toute la « tragi-comédie » italienne. Elle pleura, cria, tempêta, adjura, implora, menaça... Ce fut en vain !

Elle espérait néanmoins, en désespoir de cause, pouvoir sauver la face.

— Le roi, demanda-t-elle à Montbel accepterait-il, en

attendant un « traité » définitif, de signer un pacte par lequel il promettrait :

1º *de s'occuper immédiatement des moyens d'opérer ma réunion avec ma famille ;*

2º *de faire un acte pour la majorité de mon fils et la nomination du conseil de régence ;*

3º *de changer les personnes chargées actuellement de son éducation ?*

Charles **X** refusa d'apposer sa signature au bas de ces nouveaux « Préliminaires de Léoben ». Marie-Caroline n'obtint que de vagues promesses verbales : le roi « allait voir »... Il repoussait le premier article comme insoluble, parlerait du second avec le prince de Metternich et étudierait le problème de l'éducation avec l'évêque d'Hermopolis...

— Je vous donne ma parole d'honneur de père, de Français et de roi, que la majorité (de Henri V) sera reconnue, que je m'entendrai avec les royalistes de France pour la formation d'un conseil, que l'éducation sera changée et remise à M. Frayssinous, enfin que je ferai tous mes efforts pour hâter le moment de notre réunion. Je vous autorise à dire et à écrire à vos amis que je vous ai donné ma parole.

Et il prit congé de sa belle-fille avec cette promesse :

— Je vous promets de vous revoir l'an prochain...

Marie-Caroline se trouvait définitivement rayée de la maison de France... mais elle ne s'avouait pas vaincue. Elle espérait encore !

*

* *

A peine la duchesse eut-elle regagné l'Italie qu'elle apprit la mort de la petite Anna, l'indésirable enfant de la Vendée, déposée, nous dit la comtesse de Boigne, « chez un agent d'affaires comme un paquet également incommode et compromettant »... Ainsi disparaissait celle dont « le berceau avait occupé toute l'Europe », bouleversé le parti légitimiste de France et transformé Marie-Caroline de Naples, duchesse de Berry, régente de France, en comtesse Hector Lucchesi-Palli.

Après avoir passé l'hiver à Gratz, Marie-Caroline, le printemps venu, décida de braver Charles X en allant s'installer près de Prague. Elle désirait obtenir de son oncle François II la jouissance du château de Brandeis, situé à deux lieues de la capitale tchèque. Pour impressionner favorablement l'empereur, elle s'entoura d'une véritable petite cour : les Dampierre, le vicomte de Saint-Priest, les Podenas et le comte Lucchesi-Palli qui jouait le rôle de mari-majordome.

Elle fut reçue à la Hofburg, invitée à dîner à la table de l'empereur et des carrosses de la cour fuent mis à sa disposition. La garde présenta les armes sur son passage et, selon l'usage, pour montrer qu'elle ne restait pas indifférente devant cet hommage, « la personne se trouvant assise à côté de la portière de la voiture, du côté où se trouvaient les soldats du poste, baissait et relevait à mi-hauteur seulement la glace de cette portière et cela à trois ou quatre reprises (1) ».

François II avait offert de bonne grâce à sa nièce la jouissance du château de Brandeis qu'elle demandait. La demeure délabrée était un peu démeublée, des invalides « y fumaient la pipe depuis quarante ans » et, partout, avaient laissé des traces de leur séjour. C'était plus une caserne qu'un château... Néanmoins la vue était belle, l'Elbe coulait en contrebas et, au couchant, on devinait les montagnes de la Bohême.

Marie-Caroline s'en doutait, l'accueil de Charles X et de Madame Royale ne pouvait que manquer de cordialité. « Je ne me fais pas d'illusion sur les difficultés qui m'attendent dans ma famille, écrivait-elle à Chateaubriand. J'y vais parce que je veux pouvoir me dire que j'ai tout tenté, tout essayé dans l'intérêt de mon fils... Mais cette nouvelle épreuve à laquelle j'ai dû me résigner n'en est pas moins rude et amère... »

La duchesse de Berry ne pouvait se douter à quel point !

Elle fut reçue « en visiteuse ». Seuls ses enfants « la comblèrent de caresses », nous dit Mlle de Dampierre. Char-

(1) Archives F.-L.

les X et les Angoulême la tolérèrent avec un minimum d'égards.

Madame Royale fut tout aise de partir pour Carlsbad. Etre obligée de recevoir « Mme Lucchesi » l'insupportait au-delà de toute expression. Au début de juillet elle regagna Prague, « qui est bien différente, soupire-t-elle, et peu agréable pour nous depuis le voisinage qui nous est survenu (1) ». A son arrivée, elle apprend — c'est pour elle le comble — que Marie-Caroline est enceinte ! « Notre voisine, écrit-elle à Charlet, ne songe malheureusement pas à s'éloigner quoique son état présent et avancé doit le lui faire désirer (2). »

Charles X ne veut bientôt plus la recevoir. « La porte du juge est close », écrit Marie-Caroline à l'un de ses amis. Mais elle tempête à un tel point qu'elle obtient que ses enfants lui soient au moins conduits à Brandeis... mais, à peine le déjeuner terminé, ils doivent repartir pour Prague, « Mme la Dauphine ayant expressément fixé le retour à cinq heures »... or, deux heures de route séparaient les deux châteaux. Mademoiselle adressait chaque fois à sa mère des adieux touchants. « Elle la serrait sur son cœur, a raconté Mlle de Dampierre dans son journal peu connu, lui embrassant mille fois les joues et les mains ; puis recommençant encore. Une fois dans la calèche, elle envoyait des baisers avec des signes d'affection et de tristesse. »

Un véritable espionnage entoure les enfants. Lorsque Mlle de Dampierre va rendre visite à Prague à la princesse Louise, la fille de la duchesse de Berry veut lui parler de sa mère, mais « les yeux et les oreilles de Mme d'Agoult, toujours fixes et tendus, étaient là pour empêcher d'en dire trop... »

« Mademoiselle ne vient pas demain voir sa mère, écrit une autre fois Mlle de Dampierre, voilà la triste nouvelle donnée par Madame la Dauphine et cela parce qu'elle y était mercredi. Madame en a versé quelques larmes... »

Pauvre Marie-Caroline. Elle payait bien cher sa faute !...

« J'ai épuisé les ressources de la patience et de la dou-

(1 et 2) Lettres inédites adressées au baron Charlet.

ceur... écrivait-elle à Chateaubriand. Mes épreuves sont devenues plus cruelles que jamais... Je ne veux point laisser achever cette œuvre de ténèbres sans élever ma voix. Je sais combien la vôtre a de puissance ; vous ne refuserez pas, j'espère, de la prêter à une mère pour défendre les droits d'un roi orphelin. »

Sommé de dénoncer « l'usurpation de Prague », de proclamer la « dissidence du parti royaliste », Chateaubriand se déroba... et Marie-Caroline abandonna la lutte. Elle allait vivre désormais « en bourgeoise. »

— N'aurait-elle pas choisi le bon lot ? se demandait Chateaubriand, revenu de ses illusions. Par le temps qui court, ne vaut-il pas mieux être l'heureuse comtesse Lucchesi, que la mère infortunée d'Henri V ?

XIII

« M:ME LUCCHESI »

« **M**A petite engraisse à vue d'œil. Elle rit très joliment à son papa et gazouille, ce qui enchante le Pacha... C'est un bijou. Elle jase si gentiment en allemand et en français. »

Ces lignes sont de Marie-Caroline et datent de 1835, au lendemain de la naissance de sa fille, Clémentine. La duchesse a la manie des surnoms et elle baptise son mari *le Pacha* et sa fille *Titine* ou *Sebrucola*. Les missives si bourgeoises de la duchesse de Berry sont écrites sur un papier à lettres héroïque. Tout le haut de la page représente un sous-bois, au centre duquel on voit un ange arroser un lys gigantesque. Un chien, symbolisant la Fidélité, assiste à l'opération, d'un air ému et satisfait. *Adveniat regnum tuum* certifie la légende (1).

Marie-Caroline a quitté les environs de Prague pour

(1) Les Archives Bourbon-Artois contiennent quelques lettres inédites de Marie-Caroline à Mlle de Kersabiec et écrites sur ce fameux papier à lettres.

s'installer à Gratz. Ses enfants passent parfois non loin de la ville, mais, en dépit de ses demandes, la duchesse d'Angoulême refuse de les lui amener. « Elle a fait répondre qu'il ne fallait pas y songer »... soupire-t-elle, et elle ajoute un peu lasse : « l'entêtement va son train ».

« Madame Lucchesi » se console en mettant d'autres enfants au monde. Francesca — *Lisca* — naît le 12 octobre 1836, Isabelle — *Bebelle* — le 18 mars 1838 et enfin Adrinolfe — *Nonolfe* — en 1840. Les lettres de la duchesse — excepté celles qu'elle écrit à Mlle de Kersabiec, le Petit-Paul de la Vendée, où elle parle parfois des « dangers » d'autrefois — ne traitent le plus souvent que de grossesses, couches, tétées, sevrages, poids, premières dents, premiers pas, coqueluches et varicelles. Son fils — Nonolfe — l'enchante particulièrement : « c'est le plus beau, le plus volontaire, le plus turbulent des quatre, c'est le favori de son papa... »

« Dans les premiers jours de l'année 1845, à l'époque où j'arrivais à Venise, raconte le prince de Faucigny-Lucinge, petit-fils du duc de Berry et d'Amy Brown (1), Madame, née à la fin de 1798, était par conséquent âgée de quarante-six ans. Elle était, on le voit, encore relativement assez jeune, mais commençait cependant à prendre de cet embonpoint qui par la suite s'est fort sensiblement développé. Elle était malgré cette rondeur naissante d'une activité remarquable, alerte, toujours en mouvement, et infatigable à la marche, bien que ses pieds, comme on le sait, ne fussent guère plus grands que ceux d'un enfant, et que l'on pût s'étonner qu'il lui fût même possible de conserver son équilibre sur d'aussi étroites et fines bases. Son teint était resté assez frais et jeune, et elle ressemblait encore aux portraits qui avaient été faits d'elle sous la Restauration. Elle n'était pas, et n'avait jamais été belle dans la stricte conception de ce mot, et je ne sais même

(1) Archives F.-L. *Dans l'Ombre de l'Histoire.* Souvenirs inédits du petit-fils du duc de Berry publiés par André Castelot (Editions André Bonne). Tiré à un nombre restreint d'exemplaires, le tirage de ces princières mémoires est depuis longtemps épuisé... Aussi, pour faire revivre Marie-Caroline jusqu'à sa mort, ferai-je de copieux emprunts à ce texte écrit par un témoin.

pas si les personnes un peu difficiles à satisfaire auraient
permis de dire qu'elle était jolie, mais jolie ou même
belle, aucune femme n'aurait pu être embellie par un
sourire aussi gracieux et un regard plus bienveillant, malgré un si léger défaut dans l'un de ses yeux qu'il passait
presque inaperçu. »

Cependant ses soucis de mère de famille, ses goûts bourgeois n'empêchent nullement Marie-Caroline de continuer
à se considérer comme la veuve du duc de Berry. « Vous
savez sûrement, écrit-elle, que c'est ce mois-ci qu'on doit
vendre à Paris le mobilier de Rosny. Quand nous reviendrons on fera tout neuf... » Et un peu plus tard, elle dé-
clarera : « Quand je reviendrai à Paris, je ferai illuminer
tout le palais de l'Elysée avec des bougies roses. »

Inconsciente, elle se voit habitant Rosny ou la rue Saint-
Honoré avec le Pacha, Titine, Cisca, Bebelle et Nonolfe...

Son mari traite sa femme en « Altesse Royale ». « Dès
qu'il paraissait en public avec la duchesse de Berry, écrit
le prince de Faucigny-Lucinge, il avait toujours pour elle
les plus profonds égards, l'appelait « Madame » en ne lui
adressant jamais la parole qu'à la troisième personne :

— Que désire Madame ? Madame veut-elle sortir ?

« Il poussait même à ce point les attentions qu'il avait
pour Madame, que jamais dans le Palais il n'aurait donné,
devant le monde, un ordre à quelqu'un quand bien même
il se fut mis d'accord d'avance avec la princesse, sans lui
demander d'abord s'il lui convenait que cet ordre fût donné.
Et quand il l'accompagnait à la promenade ou dans des
visites chez quelque prince, il s'effaçait toujours devant
elle sans affectation et en lui donnant tous les témoignages
de la plus grande déférence. C'était le comble du tact, et
en même temps de l'adresse, car il savait bien que tout
le monde lui en savait gré, et qu'on lui prodiguait d'autant
plus d'égards et d'attention qu'il semblait moins en exiger.

« Il fallait qu'il fût heureusement doué, poursuit le fils
de la comtesse d'Issoudun, et possédât bien des qualités
pour évoluer, sans commettre de fautes, au milieu des
mille difficultés que lui créait, dans les rapports avec le
monde extérieur, la position qu'il occupait auprès de la

duchesse de Berry. Certes, il était son mari et nul ne l'ignorait, et quand il se trouvait avec elle dans leur intérieur, personne n'avait à s'occuper de ce qui s'y passait, ni de la façon dont il s'y conduisait. Il n'en allait plus de même quand l'un et l'autre paraissaient en public, Madame alors devenait Altesse Royale, Princesse du sang, parente de l'Empereur d'Autriche, et de tous les Archiducs. Quand elle allait à la Cour, faisait des visites aux princes de la Maison Impériale, ou même simplement voyageait, elle était partout traitée en princesse et on lui rendait les mêmes honneurs qu'à tous les princes de la Maison d'Autriche. Pendant ce temps-là son mari restait *comte Lucchesi,* et bien qu'on fût plein de soins, d'égards et d'attention pour lui, il ne venait cependant qu'en seconde ligne et n'était traité que comme le premier gentilhomme de la Maison de Madame avec une petite nuance de déférence peut-être, mais rien de plus. Sa situation n'était donc pas bien commode et tout autre que lui n'aurait sans doute pas manqué de commettre quelque maladresse, soit qu'il eût voulu prétendre à des marques de déférence plus grandes, qu'on ne pouvait, d'après l'étiquette, lui accorder, soit qu'en ne les recevant pas il eût témoigné maladroitement son mécontentement. Le comte Lucchesi avait trop d'esprit, de mesure et surtout de tact pour agir de la sorte. »

Ce n'est pas seulement en territoire autrichien que la duchesse de Berry demeure « altesse royale ». Lorsqu'elle se rend à Naples auprès de son frère, Ferdinand II des Deux-Siciles, ce ne sont que harangues et réceptions officielles, qui lui rappellent ses randonnées en France. « Jouer à la princesse » n'est pas la raison de ces déplacements, mais séjourner à la cour de Naples était une sérieuse économie pour le ménage Lucchesi-Palli qui n'a pas d'argent et vit de dettes.

« Tâchez, écrit-elle à Suzette de Meffray qui demeure à Naples, que je puisse au moins compter sur la maison éclairée et chauffée et sur l'équipage pour moi ; et, si je puis, à ces conditions faire un séjour prolongé... » Pour le dîner, elle propose d'aller s'asseoir à la table de ses sœurs. Le Pacha et les enfants dîneront chez les Campo-Franco !

Quant au souper, « vous savez, précise-t-elle, que je ne mange presque rien et que je trouverai toujours moyen de m'arranger. » Mais Marie-Caroline arrive avec toute une suite, dont le prince de Faucigny-Lucinge et sa femme, fille d'Amy Brown... Le roi de Naples fait la grimace. « Vous feriez bien de faire réfléchir le roi, plaide la duchesse, que, nonobstant tous mes malheurs, je ne lui ai jamais demandé un sol. »

Autrefois, Marie-Caroline se servait d'encre sympathique pour berner la police de Louis-Philippe... aujourd'hui, c'est pour frauder à la douane. Elle fait envoyer ses achats parisiens à Naples où elle a « l'entrée franche » et en prévient son amie Suzette en lui écrivant à l'aide de jus de citron...

Marie-Caroline n'a rien reçu de la succession du roi Charles X mort en 1836. Les Angoulême, déjà assez fortunés, ont touché, de ce fait, une douzaine de millions-or qui reviendront un jour au duc de Bordeaux. Madame Royale n'ignore pas la situation de sa belle-sœur, mais la pensée de l'aider ne l'effleure même pas. Elle a toujours peur du lendemain — un sac rempli de diamants ne la quittait pas (1). A la mort du duc d'Angoulême en 1844, la fille de Marie-Antoinette ne fera pas un geste en faveur de la duchesse de Berry.

Marie-Caroline et Hector Lucchesi essayent de faire des économies. Ils vendent leurs chevaux « meubles inutiles qui mangent et vieillissent ». Ils épargnent sur les choses les plus infimes : « Je profite de la permission que Madame veut bien me donner, trace le Pacha au bas d'un mot écrit par sa femme, pour écrire ici-même et ne pas doubler le port des lettres... »

Hector économise des timbres-poste et circule en fiacre, Marie-Caroline fraude à la douane pour ne pas payer de droits, ils crient tous deux misère, mais au mois de juin 1837 le ménage achète, pour en faire sa résidence estivale, le château de Brünnsee, grande bâtisse carrée, du style caserne, s'élevant au milieu d'un parc et située à

(1) Archives F.-L.

52 kilomètres de Gratz. En 1844, ils font l'acquisition du palais Vendramin, l'un des plus beaux de Venise, « avec tous ses objets d'art » annonce triomphalement la Duchesse. La demeure est « presque toute meublée », elle comporte « deux jardins sur le grand canal et deux par derrière » sans parler d'un « vieux Vendramin à soigner, aveugle, un vrai vieux Vénitien », donné en prime à l'achat.

« Au palais Vendramin, écrit le prince de Faucigny-Lucinge, la tenue des hommes était assez surprenante. Que l'on se mît en tenue le soir pour dîner, cela va de soi et s'explique tout naturellement, mais que l'on revêtit l'habit, « le sifflet d'ébène », dès le matin pour déjeuner, cela me parut tout d'abord un peu extraordinaire. Il est vrai que la tenue du matin n'exigeait pas que l'on se mît en pantalon noir et en gilet ouvert en cœur, c'eût été en vérité excessif. L'on s'habillait donc comme si l'on allait sortir pour se promener, mais au lieu d'endosser la jaquette ou la redingote, on mettait son frac. Je ne saurais dissimuler que cette tenue hybride et que cet habit du soir accompagnant un pantalon de couleur et un gilet de fantaisie, me parurent le comble du drôle et du ridicule, mais c'était l'étiquette. Il fallait bien s'y conformer ; d'ailleurs, l'on se fait à tout et au bout de quelques jours j'y étais si bien fait que je n'y pensais plus. La même étiquette régnait aussi à Frohsdorf et ne cessa d'exister qu'à la mort de Madame la Dauphine.

« Il y avait encore une autre petite question, ou mieux, une règle d'étiquette qui, dans le début, me surprit ou plutôt me gêna. Cette règle, en effet, voulait que l'on eût toujours son chapeau à la main ; on ne le quittait qu'un instant pour se mettre à table, mais on le reprenait aussitôt après, et jusqu'au moment où l'on sortait du salon on ne devait pas s'en dessaisir. On le glissait sous son bras quand on était debout, on le mettait sur ses genoux quand on était assis, bref, on en faisait ce que l'on voulait, ou mieux ce que l'on pouvait pourvu qu'on ne l'abandonnât point. Cet usage, qui paraissait bizarre, était au fond fort rationnel : à cette époque, on n'avait pas l'usage, qui existe maintenant et nous est venu d'Angleterre, de laisser son chapeau dans l'antichambre, quand l'on va faire une visite, de sorte qu'un étranger entrant dans un salon reconnaissait de suite le maître de la maison à ce fait que, seul, il n'avait pas son chapeau à la main comme l'avaient toutes les autres personnes qui étaient chez lui en visite et en passant.

« C'est en vertu de ce principe que pour démontrer de façon ostensible que Madame était seule et unique maîtresse chez elle, tous les hommes qui se trouvaient en sa présence en ses salons, même ceux qui résidaient chez elle et faisaient partie de sa maison, le comte Lucchesi lui-même, — avaient tous leurs chapeaux à la main. Le même usage existait aussi à Frohsdorf et s'y est toujours perpétué invariablement jusqu'à la mort de Monseigneur.

« La grande pièce qui servait de salle à manger prenait jour par trois énormes baies vitrées situées au centre même de la façade, sur le canal, et qui l'inondaient de lumière, au grand profit des tableaux qui garnissaient les murs et méritaient bien d'être admirés tout particulièrement comme étant les œuvres des plus grands maîtres : Mignard, Rigaud, Largillière, Van Loo, Nattier, Peter Lelly et bien d'autres encore, représentaient, en pied et en grand costume du sacre, quelques-uns de nos rois, et en buste seulement un grand nombre de princes, de princesses et de personnages illustres. Mais il y avait aussi quelques toiles de grande valeur, dues aux pinceaux de peintres contemporains tels que Sir Thomas Lawrence, auteur de deux portraits splendides, l'un, celui de Madame, l'autre, celui du duc d'Angoulême, et Gérard qui, en deux grandes toiles, avait reproduit les traits du duc de Berry en pied, en grand costume de vénerie, et Madame également en pied et en grand deuil de veuve.

« Ce premier jour, sans avoir rien de particulièrement remarquable, le déjeuner fut bon, et je remarquai que le service était très bien fait. Il me sembla que, sous ce rapport, la maison de Madame était bien tenue et fort habilement dirigée. Le personnel des gens de service était assez nombreux et avait à sa tête un premier maître d'hôtel nommé Harson, fils de vieux serviteurs qui, depuis une ou deux générations, avaient été au service de la princesse.

C'était un homme intelligent, adroit, et qui savait se faire obéir. A côté de lui, il avait un premier valet de chambre, celui du comte Lucchesi, un homme chargé de l'office, des pâtisseries, bonbons et desserts, et un autre spécialement préposé aux soins à donner à l'argenterie qui était fort belle et nombreuse. Ces deux hommes comptaient comme maîtres d'hôtel en second. A leur suite venait un nombre respectable de valets de pied, à la livrée d'Artois, verte et rouge, galonnée d'or, qui étaient aidés pour le gros ouvrage par des gens de peine, nommés *facchini* dans le pays. Puis enfin plusieurs gondoliers. Tout cela constituait une petite armée, où heureusement régnait une bonne discipline. Elle était, je l'ai dit, commandée par Harson, mais indépendant de lui régnait à la cuisine un chef, Granger, français, artiste de mérite, et qui avait sous ses ordres un certain nombre d'aides de cuisines. A ce personnel déjà nombreux, on le voit, il faut ajouter l'élément féminin, composé de la première femme de chambre de la princesse, Mme Harson, femme du premier maître d'hôtel, et de plusieurs autres femmes attachées soit au service de la duchesse, soit à celui des enfants. C'était là tout un monde panaché de Français, d'Italiens et d'Allemands, où la confusion serait vite survenue si la direction eût été moins intelligente et moins ferme.

« A la suite du déjeuner qui fut fort gai aussi, la duchesse de Berry passa dans le salon qui faisait suite à la salle à manger, où elle se tenait d'habitude, et sitôt assise, se mit à travailler avec énergie à une gigantesque tapisserie qui l'attendait, étalée sur une table, et entourée d'un nombre effrayant d'écheveaux de laine et de soie. La princesse avait horreur de l'oisiveté. Rester inoccupée était pour elle un véritable supplice, mais de tous les travaux manuels auxquels elle pouvait se livrer, quand elle était dans le salon et entourée de monde, la tapisserie était incontestablement celui qu'elle préférait, parce qu'il ne l'empêchait pas de prendre part à la conversation et qu'il n'était pas encombrant, car son canevas n'était point tendu sur un métier et ne consistait qu'en rouleaux plus ou moins volumineux, mais qu'elle tenait sur ses genoux.

« Comme elle travaillait incessamment, elle ne redoutait pas d'entreprendre des ouvrages de longue haleine et qui eussent découragé toute autre personne. C'est ainsi qu'à l'époque dont je parle, elle continuait une œuvre commencée près de deux années auparavant, et qui devait exiger deux années encore avant d'être terminée. Il ne s'agissait en effet de rien moins que de faire assez de tapisserie pour recouvrir tous les meubles d'un salon bien grand, puisqu'il devait compter deux grands canapés, des fauteuils sans nombre, des poufs, des chaises, des coussins, à l'infini, sans oublier même les tabourets. Or, tout cela se faisait presque au petit point sur un canevas très fin et très serré, dont le dessin, qui était fort compliqué, était composé d'assemblages de fleurs de mille teintes différentes. Le comte Lucchesi prétendait en riant que ce gigantesque travail n'arriverait jamais à sa fin. Il se trompait pourtant, car près de dix-huit mois plus tard, je l'ai vu terminé. Mais il est vrai de dire que quand il fut achevé, on le serra avec soin dans le fond d'une armoire, où il doit être encore sans doute, car jamais on n'en trouva l'emploi. Mais cela était du reste bien indifférent à la bonne princesse qui brodait uniquement pour le plaisir de travailler et qui, après avoir donné le dernier coup d'aiguille au travail dont je viens de parler, s'empressa aussitôt d'en commencer un autre non moins long et compliqué et qui lui aussi eut le même sort que le premier.

« La façon de travailler de Madame était assez amusante. Son aiguille courait avec une rapidité prodigieuse. Cependant la princesse, bien qu'elle dût à chaque instant compter les points de son canevas, n'en prenait pas moins une part fort active à la conversation, mais sans lever un seul instant sa tête qui restait penchée sur son ouvrage. Cela produisait, je dois l'avouer, un assez singulier effet. Ce qu'elle devait consommer de laine et de soie ne pouvait manquer d'être véritablement fantastique, mais de cette laine et de cette soie, il ne se perdait pas le plus léger atome. Elle avait en effet à côté d'elle une paire de ciseaux très fins, à l'aide desquels elle coupait à l'envers de sa tapisserie tous les petits brins, restes des aiguillées qu'elle avait employées, et qu'elle mettait précieusement dans une petite boîte qu'elle avait sous la main, et comme un jour je lui demandais à quoi pouvaient servir ces restes, elle me confessa qu'elle n'en savait trop rien, mais qu'elle donnait cela à des religieuses qui les lui demandaient, et qui en tiraient un profit quelconque. Madame la duchesse d'Angoulême agissait de même et j'ai appris d'elle que ces brins, tissés de nouveau, servaient à fabriquer des étoffes communes.

« Ce travail de tapisserie, entremêlé de conversations et de causeries, durait environ une heure et demie, à la suite des repas ; après quoi la princesse, serrant son ouvrage dans un grand sac qu'elle ne quittait jamais et que venait chercher un valet de pied quand elle sortait du salon, se levait en prenant congé des personnes présentes.

« Après dîner, Madame se précipita de nouveau sur sa tapisserie à laquelle, comme dans la matinée, elle travailla avec acharnement, tout en prenant une part active à la conversation. Puis, à neuf heures, suivant son invariable usage, elle se leva pour se retirer. Comment savait-elle que l'heure de la retraite allait sonner ? Je me le suis toujours demandé. Il n'y avait aucune pendule visible dans le salon où elle se tenait, et je ne l'ai jamais vue consulter sa montre. Je ne me rappelle plus si même elle en portait une. Comment donc pouvait-elle être avertie qu'il était temps de lever la séance et que l'heure sacramentelle était arrivée ? C'était à croire qu'elle avait, dissimulée sous ses vêtements, quelque machine invisible mais d'une parfaite et irréprochable exactitude dans tous ses rouages qui, à un moment donné, sans que le public s'en aperçût, s'agitait et forçait la princesse de se lever.

« Il était donc neuf heures quand Madame quitta le salon. Elle avait coutume, à cette époque de l'année, de sortir à cette heure en gondole pour aller respirer un peu d'air frais sur la lagune avant d'aller passer quelques instants sur la place Saint-Marc et rentrer enfin au palais vers onze heures. Mais ce jour-là, la duchesse de Berry décida d'aller à l'une des paroisses de la ville située sur le Giudecca, et qui célébrait la fête de son saint patron.

« MME LUCCHESI »

« Le quai où se tenait la kermesse, ainsi que la place voisine, étaient envahis par une foule épaisse, compacte, qui allait, venait, se bousculait, et d'où sortaient les bruits les plus variés et les plus assourdissants : musiques, chants, cris, éclats de rire. Nous parvînmes à prendre terre, mais ce flot humain, qui s'était un instant entrouvert, se referma sur nous et nous nous trouvâmes aussitôt en pleine foule, passablement poussés, pressés, bousculés, et j'ajouterai assourdis aussi par le plus infernal des vacarmes et légèrement asphyxiés par un mélange étrange d'odeurs produites par les parfums que dégageaient des fruits écrasés, des fritures à l'huile et une charcuterie dans laquelle ne devaient pas être ménagés l'oignon, et même l'ail.

« Madame était radieuse, et je suis convaincu qu'en cette fête nul n'était plus parfaitement satisfait qu'elle. Quelque précaution que l'on prît, et bien que nous cherchions à l'entourer pour la mettre autant que possible à l'abri des chocs, elle n'en était pas moins passablement bousculée, et sa robe fut même déchirée. Mais cela lui était indifférent. Elle était ravie, et comme à un certain moment elle se reposait en s'appuyant sur mon bras et que je lui demandais si elle n'était pas un peu lasse de tout ce bruit et de tout ce mouvement, elle me regarda d'un air indigné en m'affirmant qu'elle n'avait jamais été si satisfaite et qu'elle s'amusait mieux que si elle assistait à quelque bal de cour, ou quelque fête mondaine où tous se seraient confondus en égards pour elle, tandis qu'ici elle était dans la foule et qu'elle adorait, précisait-elle, « être ainsi dans le tas »...

*

* *

Veut-on voir la duchesse de Berry dans l'intimité ? Suivons-la de Venise à Brünnsee en compagnie du prince de Faucigny-Lucinge. « A Fusine, où nous conduisirent les gondoles, écrit-il, l'on trouva les voitures, toutes chargées et prêtes à partir dès que les chevaux y auraient été attelés, ce qui ne prit pas grand temps. Ces voitures étaient au nombre de deux, d'autres étant déjà parties avec les enfants. L'une d'elles était pour les femmes de chambre, et un ou deux hommes de suite, l'autre naturellement pour la duchesse de Berry. Cette voiture était un véritable monument, assez haute sur ses essieux, large, commode, accompagnée de deux sièges, l'un à l'avant, l'autre à l'arrière, bien suspendue, douce par conséquent, et en somme fort confortable. Doublée à l'intérieur en drap vert, ornée de passementerie à fond rouge et tissée aux armes de Madame, dont les larges armoiries se retrouvaient sur les panneaux des portières qui, de même que la caisse de la voiture, étaient de couleur vert foncé, à filets rouges, couleurs on le sait, de la maison d'Artois, elle avait servi à Madame en France pendant la Restauration, dans tous ses voyages. En somme, l'ensemble était fort solennel et imposant, mais je le répète, c'était un véritable monument qui, lorsqu'il contenait dans son intérieur quatre personnes et quatre autres sur les sièges, devait représenter un poids respectable et donner du fil à retordre aux chevaux qui le devaient traîner. Aussi les maîtres de postes qui connaissaient bien la lourde berline pour l'avoir souvent vue passer, faisaient-ils piteuse grimace quand elle arrivait aux relais, et sous le moindre prétexte de difficultés sur la route, surtout s'il y avait des côtes à gravir, demandaient-ils toujours d'ajouter deux chevaux de renfort aux quatre qui y étaient en tout cas toujours attelés.

« Enfin, tout étant prêt, Madame prit place dans le fond du carrosse, ayant à ses côtés Madame de Quesnay, tandis que le comte Lucchesi s'asseyait en face d'elle et moi près de lui. Je fus assez agréablement surpris de trouver que l'on était en définitive fort à l'aise en cet intérieur qui semblait pourtant bien bondé, mais il était large, si large même que, sans que personne en fût incommodé ou gêné, Madame put placer entre les jambes de tout le monde un sac de taille respectable, que M. de Lucchesi appelait en riant « la couleuvre », car il glissait toujours. En plus d'un ouvrage de tapisserie ou de tricot, car la princesse ne pouvait même en voyage rester un instant sans travailler, la « couleuvre » contenait encore mille choses, étrangement mélangées : flacons d'odeur, sels anglais, petite pharmacie de campagne et Dieu sait quoi encore !

310

Cependant, tout le monde étant installé, deux valets de pied grimpés sur le siège de derrière, et sur celui de devant le valet de chambre du comte, l'on donna le signal du départ et le lourd véhicule se mit en mouvement.

« La première partie de la route n'offrait aucune difficulté, la plaine du Frioul que l'on avait à traverser est fort plate. Sans doute les relais sont-ils fort éloignés les uns des autres — celui entre autres qui s'étend entre Codroipo et Palmanara est interminable — mais les chevaux seuls avaient à en souffrir. Quant à nous, nous ne pouvions nous plaindre que d'un peu de chaleur et de l'abondance de la poussière. Mais c'était peu de chose. D'ailleurs les longueurs et les ennuis de la route étaient singulièrement diminués par la gaîté de Madame qui nous raconta plusieurs épisodes amusants de ses randonnées précédentes. En voici un entre autres survenu pendant le cours du voyage qu'elle avait fait en Italie au début de 1839 et auquel participait ma mère qui, disait la princesse, pourrait en attester l'exactitude. Madame venait de Brünnsee et se rendait à Naples où régnait son frère Ferdinand II. En sa qualité de sœur du roi, la duchesse de Berry était reçue dans tout le royaume des Deux-Siciles avec tous les honneurs qui lui étaient dus. Dès qu'elle arrivait dans une ville, elle voyait accourir au-devant d'elle, à sa descente de voiture, toutes les autorités civiles et militaires, désireuses de lui présenter leurs hommages. Un jour qu'elle mettait pied à terre à Capoue, à la porte de l'hôtel où elle avait l'intention de passer la nuit, elle se trouva en présence de tous les fonctionnaires de l'endroit, à la tête desquels brillait, en grand uniforme, le préfet ou gouverneur de la ville qui, un papier à la main, se disposait à lui en lire le contenu. Mais Madame ne lui en laissa pas le temps, car, si grande princesse qu'elle fût, il n'en était pas moins vrai que de même que les plus faibles mortels, il survenait des moments où... des moments que... Bref, elle se trouvait alors en l'un de ces moments, et éprouvait le plus urgent et impérieux désir de s'isoler un instant. Mettant donc de côté tout amour-propre, elle demanda au fonctionnaire ahuri de vouloir bien rengainer son compliment qu'elle entendrait après avcc plaisir, mais désirait que, sans perdre une minute, on la menât tout d'abord à l'appartement qui lui était destiné, ce que le haut dignitaire s'empressa de faire. Après l'avoir introduite en cet appartement, il se tint discrètement à la porte, attendant qu'elle en ressortît. Il n'attendit du reste pas longtemps, car cette porte se rouvrit soudain, et la princesse au comble de l'indignation l'interpella en lui demandant de venir constater que la chose qui lui était pour l'instant la plus nécessaire avait été oubliée et qu'elle avait trouvé le petit meuble que l'on place à la tête de tous les lits vide de l'ustensile qui l'orne d'habitude. Ce n'était vraiment pas la peine de se trouver à Capoue dont on avait tant vanté les délices ! Le pauvre préfet put, en effet, tout en rougissant, se convaincre de l'exactitude du fait, mais comme il était homme de ressource, il n'hésita pas un instant, et tirant de son fourreau son sabre, se mit à fourgonner avec son arme sous le lit et eut la chance d'y découvrir l'objet désiré qu'il s'empressa d'offrir à la princesse de façon qu'elle en pût commodément saisir l'unique anse. Après quoi, il disparut, en rougissant de plus en plus, reprendre sa faction à la porte. Un petit instant après, la duchesse de Berry reparut souriante et, dégagée de toute préoccupation, reçut toutes les autorités, écouta leurs compliments et les renvoya bien satisfaits de l'accueil aimable qu'elle leur avait fait !

« La princesse riait de bon cœur en racontant cette histoire, et l'on me croira sans peine quand je dirai que j'en fis autant...

« Quand onze heures sonnèrent à la petite pendule de voyage, la princesse déclara qu'elle avait faim et désirait déjeuner. Ces repas pris sur le pouce, en voiture, constituaient même une de ses grandes distractions. Cela ne se passait pas tous les jours et sortait de l'ordinaire. C'était donc une vraie partie de plaisir. Tout du reste était parfaitement combiné pour que cet intermède se pût accomplir aussi confortablement que possible. Quand donc Madame eut décidé que l'heure solennelle était venue, on baissa la glace du fond de la voiture et l'on appela le valet de chambre du comte qui était sur le siège et qui, aussitôt,

par cette ouverture, passa à l'intérieur des petites planchet-
tes, repliées les unes sur les autres, mais qui, une fois dé-
pliées, et assujetties par des petits verrous pour qu'elles
devinssent solides, remplissaient, d'une façon très suffisante, l'office d'une table sur laquelle on étendait un linge
en guise de nappe. La table étant ainsi dressée, il ne
s'agissait plus que d'y placer les couverts, et chacun les
avait à côté de soi, dans l'accotoir placé dans l'angle et
qui servait d'appui au coude. J'ouvris donc le mien sur
l'indication de Madame qui me dit que ce que j'y trouverais
deviendrait ma propriété, car son intention était de m'en
faire présent, espérant que je le garderais en souvenir
d'elle. De cet accotoir, je tirai une assez grosse gourde,
remplie d'un vin généreux, et un étui en cuir qui contenait
une timbale en argent dont le vide était rempli par un
compartiment dans lequel étaient fixés une cuiller, une
fourchette, un couteau à double lame, dont une en argent,
et un rouleau en ivoire renfermant du sel et du poivre. Je
m'empressais de remercier la duchesse de Berry, en lui pro-
mettant bien de garder toujours cet objet en souvenir
d'elle, ce que j'ai fait effectivement, car je le possède
encore.

« Tout le monde ayant ainsi les armes à la main, il ne
restait plus qu'à attaquer les vivres qui, ce jour-là, se
composaient de *salamis*, de *prosciuto*, jambon de Bologne,
de *mortadella*, de Bologne également, de langues froides,
et comme pièce de résistance, d'un fort appétissant poulet.
En le voyant apparaître tout entier, je me demandais
comment on allait s'y prendre pour le découper, mais la
chose était déjà faite, seulement les membres détachés
avaient été remis en place et adroitement maintenus par
des fils de soie qu'un coup de couteau trancha à ma grande
satisfaction. Il fut fort gaiement fait honneur à ce festin
qui se termina par un dessert composé de fruits et fut
arrosé à la fin par un bon verre de vin de Chypre. Quand
tout fut fini, et les débris jetés par la portière, la nappe et
la table reprirent leur place dans le panier qui était sur
le siège, les couverts remis dans les accotoirs, afin qu'on
pût les nettoyer pour le lendemain, et grâce à l'indulgence

de la princesse qui ne le permettait que dans ces occasions, M. de Lucchesi et moi pûmes fumer un bon cigare.

« Dès le lendemain de son arrivée, Madame reprit son train de vie ordinaire qui, à Brünnsee, ne différait en rien de celui qu'elle menait à Venise, à cela près toutefois qu'elle ne sortait pas le soir. Les heures des repas étaient les mêmes, et après chaque repas aussi, on se réunissait autour d'elle dans sa bibliothèque qu'elle affectionnait tout particulièrement, et les conversations allaient leur train, pendant qu'elle travaillait à sa tapisserie. Dans l'après-midi, elle sortait quelquefois, pour faire une promenade en voiture, mais plus généralement, elle préférait faire un peu d'exercice à pied dans le parc, dans les jardins et souvent même au potager, qui l'intéressait fort. Le poulailler, quoi qu'il fût très bien tenu, la trouvait plus indifférente. Elle y allait cependant de temps à autre, mais bien souvent aussi elle se faisait apporter son éternelle tapisserie près de l'orangerie, ou bien encore à l'ombre des grands arbres, près de la pièce d'eau, où ses enfants venaient un instant la rejoindre. C'étaient là ses vrais moments de bonheur. »

*
* *

Lucchesi-Palli et Marie-Caroline avaient pris le parti de faire des dettes... Leur « maison » est toujours princière et certains amis venus de France restent parfois sept ou huit mois auprès d'eux. A Venise et à Brünnsee, c'est un perpétuel défilé de princes, de princesses et de souverains. Le comte de Chambord et Madame Royale sont fréquemment les hôtes « des Lucchesi »... les années ont passé apportant l'oubli. En 1840, le duc de Bordeaux — qui a pris le nom de comte de Chambord — a vingt ans et, de toutes manières, sa mère n'a plus aucun rôle politique ou éducatif à jouer... Les deux belles-sœurs se sont réconciliées et la duchesse de Berry s'est inclinée devant la fille de Marie-Antoinette, maintenant considérée comme chef de la famille.

Une seule question les divise encore : le mariage de Henri V. Durant trois ou quatre ans, Marie-Caroline avait essayé de mettre sur pied un projet matrimonial assez surprenant : elle aurait désiré marier son fils avec sa demi-sœur, la princesse Caroline de Naples, née, comme le comte de Chambord, en 1820. Henri V trouvait, paraît-il, sa tante charmante et en était tombé amoureux... Il eut d'abord comme rival le duc d'Aumale, et Marie-Caroline fulmina contre *Fifi* — c'est ainsi qu'elle nommait le roi Louis-Philippe. Fort heureusement, au dernier moment, le duc épousa une autre princesse de la maison de Naples. Aussitôt la duchesse de Berry reprit ses projets : « Recommandez bien à Caroline, écrit-elle à Suzette, de soigner son teint ; que je voudrais qu'elle fût jolie, jolie... » Marie-Thérèse d'Autriche, reine de Naples, à la fois belle-sœur et cousine germaine de Marie-Caroline, approuva le projet et Montbel partit pour Naples avec la demande officielle... Mais le roi Ferdinand repoussa l'union projetée dans la crainte sans doute de mécontenter le roi Louis-Philippe. Ce dernier aurait, paraît-il, formé contre l'exilé une sorte de blocus matrimonial et Ferdinand des Deux-Siciles ne tenait nullement à se brouiller avec le mari de sa tante Amélie (1).

Madame Royale vit le projet sombrer avec satisfaction... peut-être même, craignant l'influence que Marie-Caroline pourrait avoir sur la future comtesse de Chambord, en empêcha-t-elle la réalisation.

— Le fait que ce projet avait été conçu par moi, déclara la duchesse de Berry au prince de Faucigny-Lucinge, et que la princesse que je proposais avait été élevée dans la même cour que moi, la troublèrent instinctivement et la portèrent à ne pas approuver cette union... (2)

Madame Royale prit la direction de l'affaire et maria son neveu avec la fille du duc de Modène, Marie-Thérèse, sa cousine sous-germaine. « On ne pouvait dire qu'elle était belle, a écrit le prince de Faucigny-Lucinge, bien qu'elle possédât la plupart des détails dont l'ensemble constitue la beauté chez la femme. Sans être trop haute, sa structure dépassait un peu la moyenne ordinaire. Elle était grande,

---

(1 et 2) Archives F.-L.

mince, élancée. Sa taille était fine, souple, gracieuse, la ligne des épaules purement dessinée, les bras bien attachés et les mains assez belles. Sa démarche était élégante. Elle eût été belle si une imperfection, une irrégularité dans les traits de sa figure n'était venue déparer, tant soit peu, un ensemble harmonieux. Ses traits, en effet, qui, n'eût été ce défaut, auraient été fins et agréables, se trouvaient déprimés d'un côté de la figure, à la hauteur de la bouche, dont un des coins était un peu déformé, et dissemblable à l'autre. Cela n'avait rien de très choquant, mais suffisait pour constituer une imperfection évidente, pour attirer même et fixer l'attention. Ce défaut provenait de ce qu'elle n'était point venue aisément au monde et que l'homme de l'art appelé au secours de la mère avait fait un maladroit usage des fers qu'il avait dû employer et, pour aider à la naissance de l'enfant, avait mal saisi et comprimé sa tête. Ce défaut de régularité n'était pas tellement accusé et fort qu'il en devint une laideur repoussante, mais il suffisait pour qu'on ne pût déclarer belle la princesse qui en était affligée. »

Le mariage eut lieu à Brück, en Haute-Styrie et par un froid affreux. L'année précédente, Mademoiselle était devenue princesse de Lucques, en attendant de monter sur le trône du petit duché de Parme. Les deux jeunes ménages venaient souvent à Brünnsee ou à Venise rendre visite à Marie-Caroline. Au cours de ces réceptions, le comte Lucchesi-Palli continuait à évoluer aux côtés de sa femme avec un tact extraordinaire. Cependant « où la situation devenait particulièrement délicate pour le comte Lucchesi et exigeait de sa part de véritables tours de force, d'adresse, d'habileté et de savoir-faire, c'est quand il se trouvait en rapport avec le comte de Chambord.

« Le comte Lucchesi était le mari de la duchesse de Berry et celle-ci était la mère du comte de Chambord. Le prince n'ignorait pas ce fait mais il lui était impossible de voir dans le comte Hector un beau-père et de le traiter comme tel. Il était prince, souverain, chef et maître pour tous ceux qui l'entouraient, et pour lui la situation n'était pas aussi embarrassante qu'elle l'était pour le comte. Il

316

s'en tirait assez aisément, surtout dans l'intention de plaire
à sa mère en témoignant au comte Lucchesi un peu plus
d'égards qu'aux autres, en le prenant un peu plus souvent à
côté de lui à table, ou dans sa voiture, en causant plus
souvent aussi avec lui, toutes formes de politesse pour le
monde, sans l'admettre toutefois en son intimité et vivre
avec lui dans la même familiarité qu'avec quelques-unes
des personnes plus spécialement attachées à sa personne,
telles par exemple que le duc de Lévis, ou plus tard le
comte de La Ferronnays. Mais il est très certain qu'il
tenait le comte en grande estime, lui savait gré des soins
attentifs qu'il donnait à Madame, et au fond, l'affectionnait assez.

« La position du comte Lucchesi était un petit peu plus
malaisée, non pas quand avec Madame il se rendait à
Frohsdorf, car en ces occasions son rôle était assez simple :
il était là, hors de chez lui, en visite, mais lorsque le comte
de Chambord était à Brunnsee, la situation se trouvait tout
autre. Là en effet, Madame étant chez elle, son fils était
son hôte. Or comme elle avait horreur des petites choses
de la vie, et ne voulait surtout en aucune façon s'occuper
de la direction de sa maison, elle chargeait le comte Lucchesi de ce soin, et c'était lui, en son nom, mais purement
pour la forme, qui commandait, organisait et dirigeait
tout. Il semblait donc être le maître, et il pouvait craindre
que cela ne pût offusquer Monseigneur. Pour parer à cet
inconvénient, il avait imaginé que partout où se trouve le
roi, il est le maître. Du moment que le prince arrivait à
Brünnsee, c'était lui qui devait tout ordonner et décider, et
rien ne devait se faire sans son ordre exprès. Aussi, dès
que Henri V était là, le comte allait-il le trouver pour lui
faire ce petit discours :

« — Madame m'envoie demander à Monseigneur ce qu'il
désire faire ; s'il veut chasser, se promener, fixer les heures
des repas, en un mot me faire donner les instructions afin
que je les transmette à Madame pour qu'elle puisse donner
ses ordres en conséquence, car Monseigneur est chez lui
ici, et c'est bien là le désir et la volonté de Madame.

« Naturellement le prince souriait en lui-même, car il

savait fort bien ce que parler veut dire, et s'empressait de répondre qu'il ne voulait en rien changer les habitudes de sa mère, et la priait de continuer à diriger et commander tout chez elle comme s'il n'y était point. Mais il n'en savait pas moins gré au fond au comte Lucchesi de sa délicatesse et de l'adresse dont il faisait preuve. Celui-ci, après avoir ainsi sauvé les apparences, continuait à tout mener comme auparavant dans la maison.

« Décidément c'était un homme habile et adroit. Mais ce qu'il y avait surtout à admirer en lui, c'est qu'en agissant ainsi et en ne voulant pas s'imposer ou trop exiger, il ne cherchait pas non plus à se trop effacer. Tous ses actes étaient toujours accomplis avec dignité et noblesse. »

*

* *

Lorsque les journées de février 1848 balayèrent la monarchie de Juillet, Marie-Caroline et le comte de Chambord se trouvaient à Venise. La duchesse de Berry « jubilait, exultait, se *débondait* — c'était son expression — et ne cherchait en aucune façon à dissimuler l'intime satisfaction qu'elle éprouvait de voir punir comme ils le méritaient Louis-Philippe, mais surtout sa femme que Madame appelait toujours son *affreuse tante.* »

XIV

« CAROLINA VECCHIA »

La révolution française a donné le branle. L'Autriche prend des mesures sévères pour maintenir la paix à Venise. « Nous ne méritons pas cela, soupire Marie-Caroline, dans une de ses lettres, car on n'a fait aucun bruit. Dieu veuille ne pas retirer son Saint-Esprit des souverains, car ils me font l'air dé *(sic)* uné *(re-sic)* maison de fou ! »

Le beau-père de Louise, le duc de Parme, est obligé d'abdiquer et Mademoiselle doit s'enfuir... Marie-Caroline, toujours à Venise, se trouve dans la même situation. Les Vénitiens secouent leur joug et les Autrichiens, battus en dépit des précautions prises, sont obligés de laisser la place à la république de Manin.

La duchesse de Berry, cousine de l'empereur, ne pouvait rester à Venise dans ces conditions.

Le soir de son départ, au moment où la princesse et sa suite s'apprêtaient à monter en gondole, une centaine d'hommes armés voulut l'empêcher de partir. Il s'agissait vraisemblablement d'une méprise, mais la scène aurait pu finir tragiquement. Les révolutionnaires de fraîche date se trouvaient entassés dans trois lourdes barques et « se mettant en ligne devant les gondoliers leur donnèrent l'ordre de ne faire aucun mouvement, en les menaçant d'un air féroce », nous révèle le prince de Lucinge qui se trouvait présent. « A la vue de ces forcenés, poursuit-il, la duchesse de Berry ne put retenir son indignation et, d'une voix qui domina le tumulte et que l'on aurait entendue d'un bout à l'autre du canal, leur demanda ce que signifiait leur insultante et menaçante conduite. Ils ne la reconnaissaient donc pas ? Ils oubliaient donc que depuis de longues années elle vivait parmi eux, qu'elle leur avait toujours voulu du bien et n'avait cessé de leur en faire... Elle n'avait pas dit deux mots qu'elle avait déjà été reconnue et que l'un de ces féroces miliciens — et qui paraissait être leur chef — après avoir imposé silence à ses hommes et leur avoir commandé de se tenir au repos, s'efforçait, chapeau bas, de calmer la princesse en lui disant humblement :

— Scusi, Altessa Reala, scusi... Pardon, Altesse Royale, pardon.

« Mais, raconte le fils de la comtesse d'Issoudun, Madame n'entendait rien. Elle était hors d'elle-même et rugissait comme une lionne qui voit ses lionceaux en danger et les veut défendre. Elle était vraiment grande et belle en son emportement, et j'admirais sincèrement l'énergie dont elle faisait preuve. Elle n'avait jamais su ce qu'était le danger, et le prouvait bien en ce moment. Les pauvres gardes civiques, pendant ce temps-là, faisaient triste figure et paraissaient assez penauds et décontenancés. Ils avaient peu à peu ôté leurs képis, leurs schakos, leurs bonnets à poil, et tête nue, ce qui n'avait rien de militaire — mais ils ne s'en doutaient pas — « ressemblaient à des enfants subissant une semonce de leur magister... »

Et quelques minutes plus tard, lorsque Marie-Caroline, débarrassée de la horde, put poursuivre sa route et monter à bord du vaisseau qui devait la conduire à Trieste, elle se tourna vers le comte Lucchesi et le prince de Lucinge :

— Il ne faut pas avoir peur du peuple, leur dit-elle...

« CAROLINA VECCHIA »

Le peuple n'est qu'un grand enfant. Je l'ai dit au roi Charles X à Rambouillet le 1er août 1830... Ah ! s'il m'avait écoutée ! S'il m'avait laissée partir, je rentrais ce même soir aux Tuileries, je parlais aux Parisiens, et mettais mon fils sur le trône !

On le voit, Marie-Caroline, en dépit de ses maternités et de ses goûts bourgeois, était bien toujours « l'héroïque duchesse de Berry », dont l'Histoire est un peu amoureuse... Souvent encore elle « se débondera »...

Douze ans plus tard — elle avait 62 ans — les événements d'Italie la feront bondir. Accompagné de l'ambassadeur de Napoléon III, le comte d'Aquila, demi-frère de Marie-Caroline, était entré dans la chambre du jeune roi François II et, écrit Marie-Caroline à la comtesse de Meffray, « avait forcé son neveu à signer *constitution tricolore*. C'est infâme, conclut-elle, je me serais fait tuer, mais je n'aurais pas signé. »

En lisant ses lettres — correspondance fort peu connue d'ailleurs et que presque tous les biographes de Marie-Caroline ont voulu ignorer — on croit l'entendre parler. Elle écrit *Moltitude, monsignore,* ou encore *sus* pour *sous,* et *gendres* pour genres...

L'expédition des Mille, la victoire de Garibaldi, qui obligera le neveu de la duchesse à abandonner son royaume de Naples et à se réfugier à Gaëte, permit à Marie-Caroline de prévoir la fin : « Que fera le roi sans le secours de personne ? les souvrains *(sic)* vraiment sont infâmes. Je leur souhaite la révolution rouge chez eux. Et ils l'auront ! » Gaëte capitule le 13 février 1861 devant les troupes piémontaises ; la monarchie bourbonnienne des Deux-Siciles a vécu ! Victor-Emmanuel devient roi d'Italie.

La convention du 15 septembre 1864 entre le nouveau roi et Napoléon III, qui devait soi-disant respecter le territoire pontifical, la laisse sceptique : « Que dites-vous de ce nouveau traité ? Que de cochonneries et de lâchetés !... »

Louise de Parme — Mademoiselle — avait plus de confiance que sa mère en l'empereur. « Ici comme à Turin on se réjouit de l'empire napoléonien qui va ramener l'âge d'or sur la terre », avait écrit la fille du duc de Berry au lendemain de l'avènement de Napoléon III (1). Etrange souhait dans la bouche de la sœur d'Henri V !...

La duchesse de Berry ne fait pas de distinguo : « Tous les souverains me font *stomego* (dégoût) de leur bassesse, écrit-elle, mais Dieu les punira de leur fausseté, car pendant qu'ils font leurs courbettes, on prépare une terrible guerre. »

La défaite autrichienne de 1866 la touche profondément : « Que de tristes événements s'accomplissent chaque jour, ils surpassent toujours les plus fâcheuses prévisions et l'on ne sait où reposer sa pensée ni former le moindre projet pour l'avenir ; on ne peut vivre qu'au jour le jour et s'en remettre à la Providence pour qu'elle nous accorde à tous force, patience et résignation... Comme c'est affligeant de voir ainsi succéder les années aux années sans qu'aucun avenir puisse nous paraître possible. » Et comme *Carolina vecchia* — c'est ainsi que la *vieille Caroline* signe maintenant ses lettres — se plaint de sa vue qui baisse de jour en jour, la comtesse de Meffray lui conseille : « Il faudrait que Madame prenne sur elle d'abandonner un peu la loupe et surtout les journaux dont le fond et la forme redoublent la fatigue sans aucun dédommagement ». « Vous me prêchez la patience et la résignation, répond Marie-Caroline, patience passe, mais résignation, vous savez bien que pour moi c'est impossible ! »

Tout Marie-Caroline se trouve dans ces derniers mots.

Ses dernières années ne furent que misères et deuils. La situation financière est devenue dramatique. Ses trois filles élevées et dotées, elle n'a plus rien que des dettes... Et quelles dettes ! En 1864, elles montaient à six millions. Près de douze millions d'aujourd'hui ! (2) Le comte de Chambord se souvint sans doute que sa mère avait autrefois tout risqué et tout perdu pour lui. Il décida de payer et de venir ainsi au secours de son encombrante famille italienne. Il fit en outre à sa mère une rente de 100 000 francs ; mais

(1) Lettre adressée à la princesse de Lucinge, comtesse d'Issoudun. (Archives F.-L.)
(2) 2 janvier 1963.

il exigea qu'elle vendît *tout* ce qu'elle possédait. Objets précieux, meubles, souvenirs, tableaux de maîtres, accumulés à Brünnsee et à Venise, prirent le chemin de Paris et furent vendus salle Drouot.

On s'est souvent étonné des exigences draconniennes du comte de Chambord. Je laisse à ce sujet la parole à Maurice de Charette qui, ayant à sa disposition les importantes archives de la Contrie, a bien voulu m'envoyer cette précision inconnue jusqu'à ce jour :

« Au cours des arrangements pris entre la duchesse de Berry et la Famille Royale en 1833 par l'intermédiaire de Chateaubriand, il fut convenu qu'Henri V et sa sœur hériteraient des biens immobiliers de leur mère et des *objets de la Couronne,* tandis que les Lucchesi demeureraient propriétaires de tous les meubles, bijoux, tableaux et livres personnels de la duchesse... Les archives de La Contrie contiennent une lettre d'Edouard de Monti (écuyer de la duchesse), écrite en 1837, et dans laquelle il se plaint que le comte Lucchesi fasse acheter trop d'objets d'art « dont il sait qu'ils seront pour ses enfants ». Il revient d'ailleurs à plusieurs reprises sur l'affection que le comte porte à l'argent et, tout en reconnaissant ses qualités de cœur et de bon sens, il y voit un abus très net.

« Je crois que ceci, conclut l'arrière-petit-fils de la comtesse de Vierzon, lave le comte de Chambord des reproches qui lui ont été faits d'avoir obligé sa Mère, ruinée, à vendre ses objets d'art ; en effet, c'était seulement la *fortune Lucchesi* qu'on vendait pour payer les *dépenses Lucchesi.* »

*
*   *

Les deuils n'avaient pas cessé de s'abattre sur la pauvre duchesse. Ses parents avaient eu douze enfants. Quatre de ses demi-frères et trois demi-sœurs devaient mourir avant Marie-Caroline. Et aussi que d'oncles, de tantes, de cousins autrichiens ou napolitains ! La duchesse de Berry est presque toujours en noir... mais certaines pertes la touchent de plus près. Le 26 mars 1854, son gendre le duc de Parme est frappé d'un coup de poignard, alors qu'il se promenait dans les rues de sa petite capitale. Il meurt le lendemain. Le père et le mari de Louise tués de la même façon ! Mademoiselle devient régente de Parme durant la minorité de son fils (1). « Que Dieu le protège, soupire la malheureuse femme, puisque tant de martyrs veillent sur lui ! » (2). Berry !... Enghien !... Louis XVI !... le duc de Parme !...

La pauvre Mademoiselle ne survécut que dix années à son mari. Détrônée, elle aussi, elle mourut à Venise le 1er février 1864. « J'ai été comme une folle à cette affreuse nouvelle », écrit Marie-Caroline qui, prévenue trop tard, n'a même pas pu assister aux derniers moments de sa fille. Le pauvre Pacha est accablé de sa douleur et de la mienne »... Pauvre Pacha ! Deux mois plus tard le comte Lucchesi-Palli — devenu duc Della Grazia depuis la mort de son père — disparaissait à son tour. Marie-Caroline est « si abattue, si triste » qu'elle ne peut même pas tenir une plume ! « Elle est brisée... sa tristesse fait mal », nous dit sa fille Isabelle.

Une seule consolation lui reste : ses petits-enfants.

Clémentine a épousé le comte Zileri ; Francesca, le prince Massimo ; Isabelle, le marquis Cavriani, et Adrinolfe la fille du prince de San Antimo. Ayant de qui tenir, les trois filles et le fils de la duchesse se sont mis « à l'ouvrage »... et c'est bientôt un accouchement perpétuel. Marie-Caroline s'occupe elle-même de ses petits-enfants. « Pardon de mes *scounessiones* et du papier si chiffonné, écrit-elle à Suzette de Meffray. Je suis entourée de trois enfants d'Adrinolfe et deux de Clémentine, les uns me demandent des images, les autres : *poupes, maman mimi,* en grimpant sur ma chaise... »

Marie-Caroline eut trente-deux petits-enfants ! Mme de Meffray s'écrie, effrayée : « Madame aura bientôt toute une peuplade ! »... D'autant plus que les petits-enfants se marient et suivent l'exemple de leurs mères, tante et grand-

(1) Robert 1er, duc de Parme, père de l'impératrice Zita, du prince Félix (mari de la grande-duchesse de Luxembourg), des princes Elie, Sixte, Xavier, etc.

(2) Archives F.-L.

mère. « Marguerite — la fille de Mademoiselle —, écrit la duchesse en 1868, me rendra arrière-grand-mère en septembre et Alix en décembre. Cisca est aussi dans un état intéressant. J'ai également de bonnes nouvelles de Bebelle et de ses sept enfants ; son mari est si parfait pour elle, mais elle m'annonce qu'elle est de la race des lapines car elle aura un huitième en décembre... elle n'en est pas furieuse... Lucrèce, elle aussi, aura un petit à la mi-décembre. »

Robert de Bourbon-Parme, fils de Louise, se maria deux fois et eut vingt-deux enfants ! Mais on doit renoncer à compter le nombre des arrière-petits-enfants de Marie-Caroline. La postérité de la duchesse de Berry doit atteindre aujourd'hui la population d'un chef-lieu de canton !

*

* *

Parfois apparaissait à Brünnsee un étrange personnage portant le triste uniforme noir et vert de lieutenant de chevau-légers autrichiens. Soldats et officiers de ce régiment jouissaient du privilège de ne point porter de moustache (1) et le visiteur était donc « rasé comme un notaire de campagne » (2). Marie-Caroline, chaque fois qu'elle le voyait entrer au salon sentait battre son cœur. Le chevau-léger ressemblait en effet étrangement au duc de Berry... et le fait n'avait rien d'anormal puisqu'il s'agissait de Ferdinand Delaroche, fils de la petite lingère de l'Elysée.

Comme son père, Ferdinand Delaroche était plutôt petit, les épaules larges, la poitrine bien bombée, le front peu

(1) Le régiment des Chevau-légers du prince de Windischgrätz était l'ancien « Dragons de la Tour », composé, au début des guerres napoléoniennes de très jeunes soldats tous imberbes dont la bravoure égala et surpassa même celle des vieux troupiers lors de la capitulation d'Ulm. L'empereur d'Autriche, les passant en revue, les qualifia en riant « de vrais blancs-becs ». Flatté, le régiment demanda — et obtint — la faveur de ne jamais porter de moustache.

(2) Les pages qui vont suivre ont été uniquement écrites grâce aux notes inédites laissées par le fils de la comtesse d'Issoudun et qui feraient presque la matière d'un volume. Le texte cité entre guillemets est de la main du prince Charles. (Archives F.-L.)

élevé, les pommettes saillantes. Velu comme un ours, « ce riche et abondant pelage lui donnait l'apparence d'un fauve ».

Désespéré que la famille royale ne lui eût pas décerné le titre de *marquis de Bourges,* de *comte du Cher* ou de *vicomte de l'Indre,* il avait tout d'abord écrit son nom en trois mots. Un jour, à la pointe de son pinceau — il était peintre à ses heures — il réussit à décrocher le titre de comte. Il avait, en effet, exécuté le portrait de Don Alonzo, frère du duc de Madrid, qui, pour remercier le fils du duc de Berry, l'avait titré. Sans doute cette distinction accordée par un prince exilé était-elle fort discutable, mais le « comte de La Roche » était si heureux que Marie-Caroline elle-même lui donnait son titre...

Il lui rappelait à un tel point son premier mari qu'elle était pour lui pleine d'indulgence. Et Dieu sait si le «comte de La Roche» était insupportable !

A propos de tout et de rien, il sortait d'un carton une espèce de cithare dont il tirait des sons « lamentables et déchirants ». « Il faut dire qu'il se causait à lui-même, en en jouant, tant de peine et de chagrin, et se faisait tellement pleurer qu'il fut contraint à la fin de renoncer à se torturer. » Il adopta alors un « mélophone », genre d'accordéon perfectionné et de proportions réduites dont le son était aussi triste et mélancolique. « Il le faisait gémir en souvenir de sa défunte compagne, Mlle de Baschet »; cela jetait évidemment un froid. Chez lui, à Linz, dans la chambre même de la morte, il se plaisait à revêtir un mannequin d'une robe de sa femme, ajoutant une mantille drapée sur les épaules, et couronnant le tout d'un chapeau dont la voilette épaisse dissimulait l'absence de tête... Puis, après avoir tiré son mélophone d'un carton à chapeaux, dont le fond intérieur du couvercle était orné d'un portrait de la disparue, il jouait de longues heures en pleurant.

Le fils de la petite lingère était « la plainte incarnée, le gémissement fait homme ». Il racontait son histoire à tout le monde et regardait Marie-Caroline en soupirant. Il estimait, en effet, que la pension que lui faisait le comte de Chambord n'était pas suffisante. Il lui avait écrit pour se plaindre. C'était d'ailleurs ainsi qu'Henri V avait appris l'existence de son demi-frère. Le comte de Chambord estima la pension suffisante et ne l'augmenta point. La Roche continua à geindre. Il se lamenta un jour avec tant d'amertume auprès de la comtesse d'Issoudun, sa demi-sœur, que la fille d'Amy Brown alla trouver Marie-Caroline pour lui demander d'intercéder en sa faveur auprès d'Henri V.

— Vous avez tort à tous les points de vue de vous charger d'une pareille commission. Toutes les démarches fort maladroites faites jusqu'à présent par M. de La Roche ont froissé mon fils.

La princesse de Lucinge récidiva.

— Je vous l'ai dit, ma chère Charlotte : j'ai déjà parlé à Henri de votre protégé, mais j'ai été repoussée en pure perte...

Et comme la fille d'Amy Brown insistait encore, la duchesse de Berry se mit en colère :

— Ma chère Charlotte, vous me désobligeriez fort en insistant et je vous répète cette fois fort catégoriquement que je ne veux pas que vous me parliez encore de tout ceci. Au besoin même je vous le défends expressément.

Derrière la porte, la femme de chambre de Marie-Caroline, Mme Harson, entendit des éclats de voix et interpréta la scène à sa manière. Soixante années plus tard elle fit des confidences à un historien, le vicomte de Reiset, qui prétendit qu'une scène d'une rare violence avait opposé les deux femmes à propos du premier mariage du duc de Berry et que la princesse de Faucigny-Lucinge n'avait jamais remis les pieds à Brünnsee. Les Archives de la maison de Lucinge sont là pour nous prouver que la comtesse d'Issoudun, jusqu'en 1870, se rendait presque chaque année auprès de Marie-Caroline...

*
* *

La duchesse de Berry n'avait jamais cessé de se souvenir de la promesse faite au duc de Berry sur son lit de mort.

Charlotte et Louise furent vraiment traitées « comme ses filles ». Leur écrivant, Marie-Caroline signait toujours : « Votre affectionnée mère (1). »

On a prétendu parfois que Marie-Caroline avait oublié son Charles. L'assertion est fausse.

« Quand revenaient chaque année les lugubres dates du 13 et 14 février, nous révèle le prince de Faucigny-Lucinge, Madame s'isolait et vivait dans la retraite la plus absolue. Des messes étaient dites auxquelles elle assistait, puis elle se confinait en ses appartements et ne paraissait point en public. Ceux qui vivaient en son intimité — dont le comte Lucchesi ! — s'associaient à sa tristesse respectueusement, et vivaient également ainsi loin du monde durant ces quarante-huit heures (2). »

Souvent elle prend en main ses chers souvenirs, des miniatures de Charles, son cor... ce cor qui s'était tu depuis un demi-siècle, depuis la dernière chasse de Berry ce 17 janvier 1820, où avec sa robe couleur *Jean de Paris,* garnie de peluche fleur de pensée, Marie-Caroline était restée derrière son mari. Elle passe aujourd'hui ses mains ridées sur le cor d'argent... car elle ne peut plus le voir : Marie-Caroline est devenue aveugle.

Elle n'est plus aujourd'hui qu'une très vieille dame à qui ses yeux en désaccord donnent une expression naïve et presque enfantine. Deux fois veuve, ruinée, souffrant de « reumatismes » à la tête, Carolina Vecchia attend la mort...

Une fièvre typhoïde se déclara au cours de la semaine sainte de 1870, « mais nous ne le savions pas, a écrit un témoin (3), et elle non plus ; pourtant sa langue s'était couverte de petits ulcères et elle ne pouvait plus se faire entendre qu'en bégayant... Pourtant nous étions pleins d'illusions, on nous assurait que cette maladie durait vingt et un jours et que bien souvent on en réchappait. »

« Le matin du 16 avril, a conté son fils Adrinolfe, elle

---

(1) Archives F.-L. et archives de La Contrie.

(2) Archives F.-L.

(3) Archives de La Contrie.

déjeuna avec appétit, joua avec mes enfants et causa avec nous tout comme à l'ordinaire. J'étais sorti pour un moment dans la chambre à côté avec le docteur, quand tout à coup on nous appela... » « On tâchait de la réchauffer avec des serviettes brûlantes... Nous pleurions doucement, tous nous implorions Dieu... Après l'extrême-onction et les prières des agonisants, elle s'est éteinte doucement avec une figure angélique qu'elle a conservée durant deux jours... »(1)

Rayée de la maison de France, son corps ne fut pas enterré à Goritz, près de Charles X, de Madame Royale, de Louis XIX et de la chère Louise de Parme. Elle fut ensevelie dans le caveau du petit cimetière du Mureck où, depuis six années, l'attendait le comte Lucchesi-Palli...

*
* *

Avoir été aimé par le duc de Berry accordait la longévité. Mme Thiryfocq — la petite Barré de 1814 — vivait encore et ne mourra à 86 ans que le 29 octobre 1887. Virginie Oreille mourut en 1875 à 80 ans. Mais, a raconté un visiteur, « la belle Virginie n'était plus qu'une antique ruine effondrée dans un immense fauteuil, dont un tour de cheveux trop noirs venait durcir le visage maigre et grimaçant. Des tics nerveux agitaient sa tête en lui tiraillant la face, et sa bouche entr'ouverte faisait claquer continuellement son râtelier jauni... » (2)

Mais c'est la douce Amy Brown qui vécut la plus âgée... Sans doute parce qu'elle avait été la plus aimée ! Née au milieu du règne de Louis XVI, la compagne du duc de Berry pendant l'Emigration vivait encore sous la IIIᵉ République ! Elle aussi se trouvait entourée de nombreux petits-

---

(1) Archives de La Contrie.

(2) Le 3 juillet 1834, Virginie Oreille avait mis au monde un autre enfant naturel dont le père, Francis Touchard, avait déclaré à la mairie du Iᵉʳ arrondissement le fils posthume du duc de Berry et de la danseuse. Ce même Touchard finira d'ailleurs, le 29 janvier 1844, par épouser Virginie à la mairie du Vᵉ arr. Il avait mûrement médité sa décision...

LA DUCHESSE DE BERRY

enfants (1). Avant de mourir, en 1876, elle connut une quinzaine de ses arrière-petits-enfants, dont le prince Rogatien de Faucigny-Lucinge (2) qui a donné sur son arrière-grand-mère d'émouvants détails.

Son effacement volontaire, le silence où elle avait enseveli son passé, forcent l'admiration. Depuis cette atroce nuit du 13 février 1820 qu'elle avait vécue dans la rue Rameau, sous les fenêtres où agonisait l'être qu'elle aimait, elle n'était plus qu'une ombre. Sa vie fut sans histoire. En compagnie de sa jeune sœur, elle demeurait tantôt en Angleterre, tantôt à la Vigne-Faucigny, en Piémont, chez sa fille la princesse de Lucinge, tantôt au château de La Contrie, près de la baronne de Charette, tantôt encore chez son fils Granville-Brown à Mantes. Elle voyagea un peu. Son passeport (3) nous prouve qu'elle se rendit en novembre 1863 à Rome et qu'elle s'embarqua de là pour l'Espagne.

Pendant le siège de Paris, elle s'était réfugiée à Boulogne-sur-Mer où, précise un témoin, « personne ne doutait de la parfaite légitimité de son mariage avec le duc de Berry ».

Elle fuyait le monde et comme bien des dames de l'aristocratie anglaise, tenait à faire elle-même son lit.

— Au château de La Contrie, m'a raconté le prince Rogatien, elle n'apparaissait pas au déjeuner et descendait seulement de sa chambre vers quatre heures. Aussitôt après le dîner, elle remontait chez elle.

Et le prince — il avait alors cinq ans — se souvient encore du jour où sa grand-mère, la comtesse d'Issoudun (4),

(1) La princesse de Faucigny-Lucinge (comtesse d'Issoudun) avait eu cinq enfants, la baronne de Charette (comtesse de Vierzon) dix.

(2) Le prince Rogatien, quatrième fils du prince de Faucigny-Lucinge (auteur des *Mémoires*), est né le 18 juillet 1871. Il se maria à Paris en 1898 avec Marguerite de Chastenet de Puységur. Ils ont un fils, Henry, né le 29 décembre 1901.

(3) Archives F.-L.

(4) La fille aînée du duc de Berry et d'Amy Brown mourut le 13 juillet 1886. La comtesse de Vierzon s'éteignit le 26 décembre 1891. Elle venait d'entrer dans sa quatre-vingt-deuxième année.

l'avait amené à La Contrie. Une très vieille dame que l'on traitait avec beaucoup d'égards, et qui portait une perruque d'un blanc tirant vers le roux, l'avait pris dans ses bras et embrassé. Son sourire était un peu triste et ses yeux, d'un bleu d'émail, d'une étrange douceur.

— Son charme extraordinaire fit sur moi une profonde impression et je n'ai pas oublié son regard chargé de mélancolie...

D'autre part, M. Jean de Charette, arrière-petit-fils de la comtesse de Vierzon, a bien voulu me raconter qu'un jour l'une de ses tantes avait trouvé Amy, le visage bouleversé... de grosses larmes roulaient sur ses joues ridées.

— « *Ils* » prétendent que je ne suis pas mariée, déclarat-elle à travers ses larmes, et pourtant, je le suis !

Elle avait laissé échapper son secret trop lourd pour ses quatre-vingt-treize ans...

Amy s'éteignit, comme une lampe privée d'huile, le 7 mai 1876.

On trouva au chevet de son lit un coffret contenant une mèche de cheveux du duc de Berry et les lettres d'amour qu'il lui avait écrites. Elle ne l'avait pas oublié et lui était restée fidèle durant soixante années... depuis ce jour où il était venu lui apprendre qu'il devait épouser une princesse.

Son acte de décès inscrit au registre de la commune de Couffé la qualifie de « *veuve de Charles-Ferdinand* » (1).

Veuve de Charles-Ferdinand !

En mourant Amy Brown avait-elle retrouvé son véritable état civil ?

Comment admettre que les Faucigny-Lucinge et les Charette, intimes et fidèles du comte de Chambord, aient

_____

(1) « *L'an 1876, le 7 mai, à midi, par devant nous, Henri Poupet, maire, officier de l'état civil de la commune de Couffé, canton de Ligué, département de la Loire-Inférieure, sont comparus : Macé, Pierre, âgé de 56 ans, domestique au château de La Contrie, commune de Couffé, et Ouvrard, Louis, âgé de 29 ans, instituteur à Couffé, tous les deux voisins de la défunte, lesquels ont déclaré que ce matin à cinq heures, Amy Brown, âgée de 93 ans, née à Maidstone, comté de Kent (Angleterre), rentière audit château de La Contrie, fille des défunts Joseph Brown et Marie-Anne Deacon,* veuve de Charles-Ferdinand, *est décédée dans cette maison, ainsi que nous nous en sommes assurés. Lecture faite, etc.* » Suivent les signatures.

laissé commettre pareille erreur si le mariage d'Amy et de Charles-Ferdinand de Berry n'avait pas réellement été célébré ? D'ailleurs le comte de Chambord n'émit pas la moindre objection. Certain de ne pas avoir d'héritier, certain d'avoir définitivement perdu tout espoir de remonter sur le trône, que pouvait lui importer cette vieille histoire ? Par son silence, il rendait l'honneur à celle qui avait été la première femme de son père.

APPENDICE

LE MARIAGE SECRET DU DUC DE BERRY ET LA DESCENDANCE D'AMY BROWN

LE MARIAGE SECRET DU DUC DE BERRY

et

LA DESCENDANCE D'AMY BROWN

U NE cérémonie religieuse a-t-elle uni légalement Amy Brown et Charles de Berry ? Registres de chapelles, d'églises ou de temples sont muets. Toutes les recherches aussi bien à Kensington (1), à la paroisse de Madstone (2)

(1) Voici le résultat des recherches effectuées dernièrement à la demande de Maria-Juanaria, princesse de Bourbon-Sicile et Bragance, veuve de William Freeman (fils de John) et qui vécut jusqu'en 1941.

A/ Avant 1837, tous les extraits des actes de naissance, mariage et décès étaient conservés par les vicaires des paroisses.

En mil huit cent quatre, il n'existait que deux églises à Kensington, à savoir :

1°) St Mary Abbots, High Street ;
2°) Holy Trinity Church, Prince Consort Road.

En mil huit cent quatre, Kensington semble avoir été un petit village de la banlieue de Londres, et relativement en dehors de la dite capitale.

B) L'église de Saint Mary Abbots a encore tous ses registres et n'a pas trouvé trace desdits actes, les registres paraissent intacts.

C) En ce qui est de l'église Holy Trinity Church, ses registres contenant les actes entre 1752 et 1866 ont disparu.

D) « J'ai fait des recherches étendues dans les paroisses catholiques romaines de Kensington, Londres, comme ci-dessus, pour tâcher de découvrir ledit mariage dudit Charles Ferdinand et d'Amy Brown, mais je n'ai pas eu de succès. J'ai fait des recherches analogues dans la paroisse de Maidstone, dans le Comté de Kent, Angleterre, mais mes recherches ont toutes avorté. »

(sig : Peter-Robert White et abbé Arthur Edward Smith. Affidavits établis par Me John Newton, Notary public à Londres). (Archives B.-A.)

(2) W.-R. Brown soutient que le mariage a été célébré à Maidstone, à l'église de Tous-les-Saints (All-Saints Church).

A ce sujet voici un extrait d'une lettre datée de 1936 et écrite par

ou à Londres même (3) sont demeurés vaines. Une feuille d'un
registre a peut-être été déchirée à l'époque où la raison d'État
exigeait de faire disparaître toute trace du premier mariage de
Charles (4) ?

la marquise Pallavicini à sa cousine la princesse Agnès de Faucigny-
Lucinge, toutes deux arrière-petites-filles du duc de Berry et d'Amy
Brown.

« J'ai eu un ami qui passait à Maidstone et qui, très aimablement,
m'a recommandé au curé catholique de Maidstone. Je suis maintenant
en correspondance avec ce curé qui s'appelle le P. Margilling. Il m'a
écrit ce qui suit : « L'ancienne église catholique de Maidstone a été
détruite en 1559. L'église actuelle date seulement de 1859. Le
mariage n'a pu y être béni, mais il pouvait y avoir une chapelle
et un prêtre pour y servir le peu de fidèles qui y étaient ». La
marquise Pallavicini annonce avoir écrit au curé afin de lui demander
de continuer ses recherches ; « Peut-être, poursuit-elle, existe-t-il dans
les archives un vieux registre, ou peut-être à Londres un registre
central ou peut-être un duplicata de l'acte aurait pu être « régistré ».
Il faudrait aussi chercher à l'église protestante de Maidstone qui est
ancienne et peut-être le mariage a-t-il été protestant ? »
On ignore le résultat de cette dernière enquête. De 1936 à 1939,
nous ne possédons aucune lettre de la marquise Pallavicini. Les
recherches, tant à Londres qu'à Maidstone, n'ont certainement apporté
aucune solution, puisque l'arrière-petite-fille d'Amy Brown écrit à sa
cousine le 6 février 1939 — sa dernière lettre :
« Notre recherche de l'acte de mariage de la grand-mère Brown
subit un temps d'arrêt. Ta fille adoptive, qui s'en occupe avec
beaucoup d'intelligence, croit qu'il est entre les mains de Mme de
La Tour, mais il est très difficile de l'amener à s'en dessaisir. Je
l'espère toujours cependant, je serais si heureuse si je pouvais réha-
biliter cette chère grand-mère. » (Archives B.-A.)

(3) Ces recherches ont principalement porté autour de la chapelle
catholique française de King-Street. En 1902, H. Thirria recevait
cette lettre de l'abbé Tourzel, curé de la French-Chapel de King-
Street : « Je suis allé à l'ambassade de France, le chancelier a bien
voulu m'aider dans la recherche de nos registres, nous n'y avons
pas trouvé le mariage du duc de Berry avec Amy Brown. »
Deux années plus tard, le vicomte de Reiset s'adressait à l'abbé
Tourzel, successeur et neveu du précédent, en lui demandant « jusqu'à
quel point et dans quelles conditions l'enlèvement d'un acte eût été
possible ». Nos registres de King-Street, répondit le curé, ne portent
point de trace de mutilation et les feuillets sont numérotés. Une
soustraction me paraît invraisemblable...
Mais dans une lettre suivante, en date du 20 avril 1904, l'abbé
Tourzel reconnaissait cependant que de 1793 à 1840 ses registres
n'étaient *pas très bien reliés...*

(4) De cette absence de documents il ne faut pas non plus tirer
une conclusion trop hâtive. A ce propos, Maurice de Charette a bien
voulu m'écrire : « Je voudrais m'opposer aux multiples déductions
qu'on a tirées de l'absence d'état civil en soulignant que l'Angleterre
n'obéissait pas, au début du XIXᵉ siècle, à nos prescriptions rigides

APPENDICE

Puisque les registres ont laissé échapper leur secret, nous pouvons exposer deux hypothèses.

Soit :

Amy et Charles ont été unis par un mariage protestant.

La cérémonie a pu être célébrée par le pasteur Brown, père d'Amy, et dans une maison particulière, ainsi qu'il est d'usage encore aujourd'hui dans la religion réformée. Amy étant protestante — elle ne se convertira au catholicisme qu'en 1840 — un mariage célébré par un prêtre n'avait guère pour elle de valeur ! Cette combinaison avait le double avantage de faire taire des scrupules de la jeune femme et de ne pas engager Charles pour l'avenir. Il ne pouvait prendre au sérieux une telle union.

Louis XVIII, lorsqu'il apprit l'événement — il était venu s'installer en Angleterre — ne dut pas s'en émouvoir outre mesure. Puisque le mariage civil n'existait pas en Angleterre, un pasteur n'avait aucun droit, aucun pouvoir, pour marier l'héritier de Sa Majesté Très Chrétienne.

Son neveu était donc toujours célibataire !

Soit :

Amy et Charles ont été unis par un mariage catholique.

La bénédiction a pu leur être donnée dans une chapelle publique ou privée, à Londres ou ailleurs.

Le petit-neveu d'Amy a évidemment une opinion sur la question : le frère d'Amy aurait raconté à son petit-fils que le mariage avait été célébré une première fois par le pasteur Brown et une seconde fois par un prêtre catholique.

Quoi qu'il en soit, Louis XVIII pouvait déclarer à son neveu:

— Votre mariage n'a aucune valeur, ayant été béni sans que vous ayez sollicité l'autorisation du chef de la Maison de France. Pour moi, vous n'êtes pas marié !

La correspondance inédite du duc de Berry nous révèle que Charles considérait ses visites au roi comme un véritable calvaire. Les discussions étaient fréquentes entre les deux hommes... Mais ici le duc dut certainement s'incliner, sentant que Louis XVIII avait raison. Une seule chose importait : la succession au trône. Or n'était-il pas le seul à pouvoir faire refleurir l'arbre des Bourbons ? Un mariage avec une princesse de sang royal pouvait donc uniquement être envisagé — et celui qui l'unissait à Amy ne comptait pas.

Au mois de mai 1810, Charles écrivit son testament, nommant pour tuteurs à ses filles naturelles le baron de Roll et le

en la matière et que l'enregistrement des naissances, mariages et décès y était parfaitement libre ; trop souvent donc, on omettait cette formalité, ou bien on l'accomplissait de façon rapide et incomplète, sans qu'on soit autorisé, pour autant, à penser qu'il y ait eu volonté de dissimulation. »

comte de La Ferronnays. Cet acte officiel est parfaitement normal, le duc ne pouvant pas appeler ses filles des enfants légitimes : il eût reconnu du même fait se trouver marié !

Plus tard, sous la Restauration, peu après son mariage avec Marie-Caroline, le duc de Berry se trouva dans l'obligation d'accomplir un acte qui dut peiner Amy Brown. Le roi l'obligea, en effet, à renouveler son testament de 1810 et à y qualifier ses filles de *naturelles*.

Cette pièce ne saurait évidemment constituer une preuve contre la célébration du premier mariage. En 1817, aucune ombre ne devait, ni ne pouvait, venir ternir la légitimité de l'éventuel héritier du trône... Si le duc de Berry se trouvait bigame, l'intérêt de la dynastie — et par conséquent l'intérêt de la France — exigeait d'agir de la sorte.

En outre, dans ce second testament le duc de Berry mêle le nom de Virginie Oreille à son « petit ménage ».

« Au cas, écrit-il, où je vinsse à mourir sans faire d'autre acte, ma volonté est que mes propriétés particulières, principalement mes tableaux, soient vendus au profit de mes filles naturelles, filles de Mme Brown, et un cinquième de la somme au profit de mon fils naturel par Virginie Oreille. Les 70 000 francs dans mon portefeuille seront partagés entre les deux mères de mes dits enfants.

Elisée (sic), ce 5 septembre 1817.

CHARLES-FERDINAND

Selon le prince de Faucigny-Lucinge, petit-fils du duc de Berry et d'Amy, ce second testament, comme celui de 1810, serait un faux fourni au duc de Parme par Ferdinand Delaroche, fils naturel du duc de Berry et de la lingère de l'Elysée. Le prince de Lucinge, dont la loyauté ne peut absolument pas être mise en doute, ne pouvait formuler une telle accusation sans avoir reçu à ce sujet des confidences d'Amy Brown elle-même auprès de qui il vécut à plusieurs reprises au cours d'un demi-siècle (1). Lorsqu'on voit le duc de Berry mettre sur le même pied sa « bonne Emma », celle qui faisait le « bonheur de sa vie », et Virginie Oreille, on serait tenté de partager l'opinion du prince de Lucinge et de douter de l'authenticité du document... surtout après avoir eu connaissance des lettres écrites par Charles durant son séjour à Londres !

Si la pièce publiée par Reiset est authentique, elle ne peut s'expliquer que par l'inconscience habituelle de Charles, l'oubli des heures d'autrefois et l'attachement sensuel montré par le duc à la petite danseuse. Amy était pour lui un beau passé, Virginie un ensorcelant présent.

(1) Le prince de Faucigny-Lucinge naquit en 1824 et Amy Brown ne mourut qu'en 1876.

APPENDICE

Dans les archives de la famille de La Ferronnays (1) se trouve une lettre datée de Londres pendant l'émigration et écrite à sa femme par l'ami intime du duc de Berry. Deux lignes ont soigneusement été effacées... Or, elles contiennent visiblement une allusion précise à Amy Brown. « Depuis que Terville complote en Sardaigne une nouvelle expédition matrimoniale, son humeur, de pénible, est devenue intolérable. Il m'a signifié que cette fois, il entendait bien se passer de mes services et me laisser à Londres. Il est vrai qu'il entendait, par compensation, me donner une autre et singulière preuve de sa confiance : celle de me constituer le gardien de ....
....

Je me suis gendarmé et nous avons eu une explication. Il est possible, et je le souhaite, que mon refus brise les nœuds de cette belle chaîne. Comme transaction j'ai accepté que l'on menât de temps en temps ses enfants chez toi afin que tu puisses en donner des nouvelles à leur mère pendant qu'elle est aux eaux. Mais si Terville croit que j'en ferai davantage et que je vais accepter le rôle qu'il me propose, il ne me connaît guère ! J'y mettrai du calme et du sang-froid, mais je ne plierai pas. Je ne suis pas fait pour semblables besognes. »

Comprenne qui voudra !... ou plutôt, qui pourra !

Nous nous trouvons ici devant le premier document qui, sans avoir été complètement détruit, comporte néanmoins une suppression importante, puisqu'elle rend le contexte difficilement intelligible. La question prendra plus tard une telle gravité dans le milieu légitimiste, que nous allons assister à un véritable incendie de lettres, de pièces d'archives et même de mystérieuses cassettes... Incendie couvant sous la cendre et se rallumant jusqu'à nos jours.

Pourquoi ?

Parce que l'on a affirmé que le duc de Berry et Amy Brown, « unis en légitime mariage », n'avaient pas seulement en deux filles, mais aussi un, deux, et même trois garçons !... Si le fait est réel, la légitimité du duc de Bordeaux — fils du duc de Berry et de sa seconde femme — serait devenue discutable... et aujourd'hui l'éventuel descendant du fils aîné de Charles et d'Amy passerait avant le comte de Paris dans l'ordre de la succession au trône de France.

Il est un fait certain : trois garçons — pour lesquels on ne possède aucun acte de baptême ou de naissance — demeuraient dans la « petite maison » et furent élevés par Amy ; voici leurs noms et la date de naissance des deux premiers établie d'après leur acte de décès :

John Freeman, né le 25 décembre 1804.

(1) Archives du château de Saint-Mars (Loire-Inférieure).

George Granville Brown, né le 20 avril 1805 (1).

Robert Freeman, né sans doute en 1807.

On a donc avancé — sans aucun document à l'appui — qu'ils étaient tous les trois fils d'Amy Brown et de Charles de Berry. Mais Amy, en dépit d'un tempérament qu'on voulait bien comparer à celui du duc de Berry, ne pouvait tout de même pas rendre Charles père d'un garçon le 25 décembre 1804 et d'un autre garçon le 20 avril 1805 ! Il est donc indispensable, si l'on veut soutenir cette première hypothèse, de bousculer un peu les états civils, c'est-à-dire de faire naître George en 1806. Cette liberté est grandement facilitée puisque les actes de naissance n'existent pas.

Une seconde combinaison consiste à nier la paternité du duc de Berry et à accorder à Amy plusieurs maris. On lui adjuge tout d'abord un M. Marschall... car le « pensionnat » comptait également une petite fille nommée Georgina Marshall, *fille de George et d'Amy Marshall*, précise son acte de baptême. Amy — veuve ou divorcée de ce M. Marshall — aurait épousé alors un M. Freeman, puis un M. Granville... Un léger ennui se présente avec la venue au monde en 1807 de Robert Freeman ; Amy n'a pu se remarier une quatrième fois avec le mari numéro II ! Aussi, M. de Warren suggère-t-il de faire naître :

George Granville Brown, le 20 février 1805 ;

John Freeman, le 25 décembre 1805 ;

Robert Freeman, au mois d'octobre 1806 ;

Ce système a peut-être l'inconvénient de transformer Amy en mère lapine, mais se trouve logique si la séduisante Anglaise eut trois maris avant de faire la connaissance de Charles.

Par ailleurs, les descendants de John Freeman — pour qui les trois garçons sont fils du duc de Berry et d'Amy — affirment que Robert Freeman se nommait en réalité Robert Brown... ce qui permet, toujours en bousculant les dates de naissance, de maintenir l'ordre primitif des venues au monde : un Freeman naissant entre une Marshall et deux Brown. Selon eux, Amy Brown ne fut jamais la femme d'un Freeman. On aurait donné au fils aîné du duc de Berry ce nom de Freeman signifiant : homme libre, sans père légal. Ensuite, les deux autres fils auraient pris le nom de leur mère. Mais que vient faire alors ce M. Granville ?

Nous pénétrons maintenant dans les combinaisons-panachées. George Granville Brown serait le fils d'Amy et de Charles, et les deux Freeman les enfants d'Amy *seule*... ou bien encore — solution mélo-dramatique suggérée par un descendant de la

(1) D'après ses propres déclarations à la mairie de Mantes. Son dossier, conservé au ministère de la Guerre, le fait naître le 20 février.

comtesse de Vierzon — les Freeman, élevés par Amy, seraient les bâtards du duc de Berry et d'une tierce personne !

Quant à W. R. Brown, dans le louable désir d'éclaircir la question, il ne parle pas des deux Freeman, mais il soutient sérieusement que George Granville-Brown était un jeune frère d'Amy !...

Combinaison-charnière qui nous permet d'arriver à la solution la plus généralement répandue, celle du moins que l'on trouve, non dans les dictionnaires, mais chez la plupart des historiens : Amy n'a mis au monde que les deux filles de Charles — les futures comtesses d'Issoudun et de Vierzon... Quant aux autres enfants, — Marshall, Freeman ou Granville — ces messieurs les considèrent comme des « pensionnaires » de l'institution Brown... Les plus hardis font néanmoins une timide exception en faveur de George. Il est en effet difficile de soutenir la thèse suivant laquelle *aucun* des trois garçons n'aurait été fils, au moins, d'Amy Brown. L'acte de décès de George-Granville, on le verra plus loin, l'indique bien comme étant *fils d'Amy Brown* — mais non de « Charles-Ferdinand ». Par ailleurs, on s'en souvient, Mme de Gontaut nous parle dans son récit d'un petit garçon auquel Amy paraissait prodiguer des « soins maternels ». Il s'agissait de l'un de ses « pensionnaires », ont prétendu certains irréductibles. Grâce aux lettres inédites du duc de Berry à son ami Clermont-Lodève, il m'est possible d'apporter ici une précision... « Emma, écrit Charles, ne t'a pas répondu parce qu'elle ne savait pas si tu serais encore à Cheltenham ; elle te remercie bien de la peine que tu as prise et des bonnes nouvelles que tu lui donnes de son petit garçon. »

Amy avait donc au moins un garçon ! S'agit-il de George Granville Brown ou de l'un des Freeman ? La question est d'autant plus difficile à trancher que Berry poursuit sa lettre en ces termes : « Je te prie, mande-moi quand tu reviens ici et comment ; si c'était tout seul par le stage, pourrais-tu te charger de ramener William ici ?... »

William ? S'agit-il d'un septième membre du pensionnat ? Ou bien Amy aurait-elle eu quatre fils ?...

*
* *

Le 4 juillet 1882, le prince René de Faucigny-Lucinge, dernier fils de la comtesse d'Issoudun, et le baron Urbain de Charette, fils de la comtesse de Vierzon, se présentaient à la mairie de Mantes et venaient déclarer le décès de leur oncle « *George Granville-Brown, propriétaire, âgé de 77 ans, décédé la veille, à deux heures du soir, à son domicile, 7, rue Saint-Pierre et fils de George Brown et d'Amy Brown* ».

Qui était ce George Brown, père du décédé et soi-disant mari d'Amy ? On l'ignore absolument. M. Nauroy qui entreprit en Angleterre une longue enquête à ce sujet certifie que *Brown père* n'a jamais existé. Amy semble, en effet, n'avoir jamais été la veuve de M. Brown...

Les habitants de Mantes avaient une opinion : George Granville-Brown était le fils du duc de Berry... et M. Grave, archiviste de la petite ville, « ne voulait voir dans ce nom de Brown inscrit comme celui du père de son concitoyen, que la preuve des précautions prises par MM. de Lucinge et de Charette pour dissimuler la vérité et épargner ainsi à leur mère l'aveu humiliant de la naissance de George Granville-Brown antérieurement à son mariage supposé avec le prince ». Pour M. Grave, le mort avait bien été « l'avant-dernier des Bourbons »... Le « dernier » se trouvant être le comte de Chambord qui vivait encore.

La politique s'empara immédiatement de la question et il parut piquant d'essayer de prouver que Henri V n'était en somme qu'un cadet... Bien plus, George Granville-Brown était non seulement l'aîné, mais, pour certains Orléanistes, le fils légal du duc de Berry. Le premier mariage du fils de Charles X n'avait jamais été annulé, le duc de Berry se trouvait par conséquent avoir été bigame et, de ce fait, le comte de Chambord n'était qu'un bâtard...

Telle était la thèse défendue avec acharnement. Le problème est aujourd'hui bien oublié, mais à lire les journaux de l'époque il passionna. Tous les habitants de Mantes-la-Jolie avaient une émouvante anecdote à raconter... et certains gardaient précieusement les petits objets en bois fabriqués par George Granville-Brown, « fils du duc de Berry ».

Le frère des comtesses d'Issoudun et de Vierzon était-il, lui aussi, le fils de Charles-Ferdinand ? C'est probable... bien qu'il soit absolument impossible de fournir la moindre pièce à ce sujet. Le prince Rogatien de Faucigny-Lucinge, aujourd'hui disparu, a recueilli de nombreuses traditions de famille et considère également George Granville-Brown comme le fils du duc de Berry. Le prince Rogatien se souvient fort bien, étant enfant, avoir été conduit par sa mère chez celui qu'ils nommaient tous « l'oncle Granville » :

— C'était un beau vieillard à barbe blanche qui avait assurément le « type Bourbon », m'a-t-il dit, mais à mon avis, il était né avant le mariage d'Amy Brown et de mon arrière-grand-père, le duc de Berry.

*
* *

Au lendemain de la mort de George Granville-Brown, la petite maison de la rue Saint-Pierre fut vendue à un habitant qui découvrit, un jour, derrière la cloison de la chambre où Amy descendait lorsqu'elle allait voir son fils, « un coffret de citronnier garni d'angles et de filets de cuivre, soigneusement fermé à clef. Ce coffret, d'origine anglaise, semblait remonter aux premières années du siècle. » La boîte fut aussitôt remise aux héritiers. Les Faucigny-Lucinge, interrogés à ce sujet, ont déclaré ne rien savoir... Dans leur famille, il n'a jamais été question de cassette.

Il n'en est pas de même chez les Charette !...

La comtesse de Vierzon possédait une cassette qui ne la quittait jamais. Quelqu'un interrogea un jour Colette de Charette :

— Qu'y a-t-il dans ce coffret ?

— La preuve que ma mère n'était pas une bâtarde, répondit fièrement la jeune fille.

Ces « preuves » provenaient-elles de la cassette découverte à Mantes ? Peut-être... A moins que la baronne de Charette ne les ait soustraites de la cheminée où, avant de mourir, Amy Brown, aidée de sa fille, brûla durant trois jours une masse considérable de lettres et de documents. Tout ne fut donc pas remis à Louis XVIII ? Il faut le supposer, car ce fait m'a été rapporté par le prince Rogatien de Faucigny-Lucinge et confirmé par M. Jean de Charette, qui a ajouté :

— Mon arrière-grand-mère, la comtesse de Vierzon, mourut, comme sa mère, à Couffé. J'ai souvent entendu dire qu'après son décès, en 1891, on retrouva une cassette contenant des cheveux du duc de Berry, son père, et une enveloppe cachetée sur laquelle était inscrite cette mention : « *A brûler après ma mort* ». Ce qui fut fait.

Les descendants de John Freeman possédaient eux aussi des pièces... Malheureusement ces documents se trouvaient à Londres dans une cassette de fer, sur laquelle tomba, durant la guerre, un V1 !

Cependant, en dépit des documents détruits par Louis XVIII, en dépit de ces cassettes jetées dans la Seine ou dans les cheminées, dissimulées derrière des boiseries, et qui apparaissent comme au dernier acte d'un mélodrame... pour disparaître aussitôt après, des documents ont néanmoins survécu à cette rage de destruction et auraient été vus par certains témoins aujourd'hui disparus.

Mais ces témoins sont-ils dignes de foi ?

*
*   *

On s'en souvient peut-être, John Freeman, né le 25 décembre 1804, ne suivit pas Amy Brown à Paris. Avec George Granville-

Brown, il fut élevé en Suisse, à Ouchy. Il entra dans la marine anglaise et, jeune officier, fut envoyé aux Indes où il resta près d'une vingtaine d'années. Rentré en Europe — il avait alors trente-huit ans — il tomba amoureux de Sophie de Blonay, fille du baron de Blonay, chef de l'une des plus anciennes familles du canton de Vaud, et même d'Europe.

Leur petit-fils — John-William Freeman — se considérant comme le descendant du duc de Berry et d'Amy Brown « unis en légitime mariage » présenta en 1944 une requête en rectification d'état civil. Or, à la stupéfaction générale, le tribunal de Thonon, le 14 mars 1945, reconnaissait au demandeur le droit de porter le nom de Bourbon et le déclarait ainsi petit-fils du duc de Berry. Mais, à la demande des princes de Bourbon-Parme, le tribunal de Chambéry, le 3 décembre 1946, cassait le jugement et l'affaire fut à nouveau portée devant la cour de Thonon qui — pour la deuxième fois — le 13 décembre 1946 donnait raison à M. John Freeman. Celui-ci durant cinq années et demie porta donc le nom de *Bourbon-Artois*.

Cependant, sur appel de S.A.R. le prince Félix de Bourbon-Parme, prince de Luxembourg, la cour d'appel de Chambéry, en date du 1er juillet 1952, « faisait défense à John-William de porter le nom de Bourbon » et ordonnait le rétablissement « dans leur ancienne teneur de tous les actes d'état civil rectifiés en exécution de jugement du 13 décembre 1946 ». Reprenant les arguments exposés le 3 décembre 1946, la cour de Chambéry concluait qu'il n'y avait jamais eu de mariage entre le duc de Berry et Amy Brown, rappelait, — ce dont personne ne doute — que les comtesses de Vierzon et d'Issoudun étaient filles du duc de Berry et de « sa maîtresse » Amy Brown, affirmait que Georgina-Emma et George Granville-Brown (frère et sœur et non demi-frère et demi-sœur) étaient bel et bien issus tous deux d'un mariage ayant uni Amy à George Marshall. Enfin, le tribunal interdisait aux Freeman le droit de se dire descendants du duc de Berry et d'Amy Brown et déclarait même que Amy ne pouvait être la mère de John et de Robert Freeman.

Pour la quatrième fois, les actes de naissance, de mariage et de décès furent transformés, sur les différents registres d'état civil, reprirent leur aspect primitif, et le prince de Bourbon-Artois sa femme et leurs enfants redevenaient Freeman.

TABLE DES MATIERES

— ACHEVÉ D'IMPRIMER —
LE 15 FÉVRIER 1964
SUR LES PRESSES
DE
CARLO DESCAMPS
CONDÉ-SUR-ESCAUT

Dépôt légal : 1ᵉʳ trimestre 1964
Nº éditeur 61
Imprimé en France